R. Gupta's®

Day-to-Day Conversation

व्यावहारिक वार्तालाप

by:

H.S. BHATIA

रमेश पब्लिशिंग हाउस, नई दिल्ली

Published by
O.P. Gupta _for_ Ramesh Publishing House
Admin. Office
12-H, New Daryaganj Road, Opp. Officers' Mess,
New Delhi-110002 ☎ 23275224, 23245124
E-mail: info@rameshpublishinghouse.com
For Online Shopping: www.rameshpublishinghouse.com
Showroom
- Balaji Market, Nai Sarak, Delhi-6 ☎ 23253720, 23282525
- 4457, Nai Sarak, Delhi-6, ☎ 23918938

Book Code: R-711

23rd Edition: January, 2024

ISBN: 978-93-5012-873-2

Price: ₹ 260

Printed at: B.K. Offset, Delhi

PREFACE

I feel greatly privileged in presenting my book "Day-to-Day Conversation" to the readers. I thank my son, Mr. P.S. Bhatia, for lending me a helping hand in writing the book and in presenting the matter in the form it has been done. I'm very grateful to M/s Ramesh Publishing House and specially to Mr. Alok Gupta, for publishing this work in a graceful form.

The conversations contained herein are as diverse as they should be and as characteristic as they could be for the curious readers who must be eager to express themselves in simple everyday conversation on all conceivable occasions in various fields of life, including shopping, education, sports, science, arts, agriculture, travelling, immigration, sight-seeing, job requirements, telephonic talks and what not. In fact, the principle of interspersion instead of categorization or compartmentalisation has been followed to blend curiosity and amusement with real applicability in life.

There is no aim at learned scholastic excellence, the real focus being on practical ways of life, where utility, probity and integrity count more than the vague or empty reflection and sheer moralization.

H.S. BHATIA

CONTENTS

R. Gupta's ®

Day-to-Day Conversation

(व्यावहारिक वार्तालाप)

CONVERSATION NO. – 1

Regarding Problem with the Police

पुलिस के साथ समस्या सम्बन्धी

Mr. Jack: Hello, Mr. Gower!

हेलो, श्रीमान् गॉवर!

Mr. Gower: Hello, Mr. Jack! How are you?

हेलो, श्रीमान् जैक! आप कैसे हैं?

Mr. Jack: I'm fine. How are you?

मैं ठीक हूं। आप कैसे हैं?

Mr. Gower: I'm also fine. Please come in.

मैं भी ठीक हूं। कृपया अन्दर आ जाइये।

Mr. Jack: Thank you.

धन्यवाद।

Mr. Gower: Have a seat please.

कृपया पधारिये (या स्थान ग्रहण कीजिये)।

Mr. Jack: Thank you. Mr. Gower I've come here for a favour.

धन्यवाद। मैं यहां आप से कोई सहायता लेने आया हूं।

Mr. Gower: Yes, please, go on.

ठीक है, कृपया कहिये।

Mr. Jack: Last night when I was returning from office I found a man lying unconscious on the road-side. I rang up the police immediately and informed them about it.

कल रात जब मैं कार्यालय से लौट रहा था तो मैंने एक आदमी को सड़क के किनारे बेसुध पड़ा पाया। मैंने तुरन्त पुलिस को फोन किया और उन्हें इसकी सूचना दी।

Mr. Gower: You did a kind service.

आपने एक अच्छा काम किया।

Mr. Jack: But now the police is harassing me. Every now and then the officers call me to the police station. Sometimes I've to leave even my urgent piece of work. You're a retired police officer. I hope you can help me by some means.

परन्तु अब पुलिस मुझे तंग कर रही है। अफ़सर लोग मुझे बार–बार थाने में बुलाते हैं। कई बार मुझे अपना कोई आवश्यक काम भी छोड़कर जाना पड़ता है। आप एक सेवामुक्त पुलिस अफ़सर हैं। मैं आशा करता हूं कि आप किसी प्रकार मेरी सहायता कर सकते हैं।

Mr. Gower: I think, they don't mean to do you any harm. They perhaps want to complete their investigations at the earliest. You should help them. If you still feel harassed, I'll talk to the Superintendent of the Police (S.P.).

मेरा विचार है कि वह तुम्हें कोई हानि नहीं पहुंचाना चाहते। वह सम्भवतः शीघ्रतया छानबीन का काम पूरा करना चाहते हैं। तुम्हें उनकी सहायता करनी चाहिए। यदि फिर भी तुम समझो कि तुम तंग किये जा रहे हो तो मैं पुलिस अधीक्षक से बात करूंगा।

Mr. John: OK, Thank you.

ठीक है, धन्यवाद!

CONVERSATION NO. – 2

Two Friends on the Way
दो सहेलियां रास्ते में

Saveeta: Hi, Meena!

हाइ, मीना!

Meena: Hi, Saveeta! How are you?

हाइ, सविता! कैसी हो?

Saveeta: I'm fine. How are you?

ठीक हूं। आप कैसी हैं?

Meena: I'm also fine. What are you doing here?

मैं भी ठीक हूं। यहां क्या कर रही हो?

Saveeta: I've come here to purchase a few formal dresses.

मैं यहां कुछ औपचारिक पोशाकें खरीदने के लिये आई हूं।

Meena: Are you going to attend some special function in the near future?

क्या आप निकट भविष्य में किसी विशेष समारोह पर जाने वाली हैं?

Saveeta: The marriage of my cousin, Tony is approaching.

मेरे चचेरे भाई टोनी का विवाह निकट आ रहा है।

Meena: OK, I see. But why don't you have lunch at mine? After that we'll together go to the market to make some purchases. I too want to purchase a few dresses.

ठीक है, परन्तु आप मेरे घर दोपहर का खाना खाइये और फिर हम एक साथ बाजार जायेंगे। मुझे भी कुछ पोशाकें खरीदनी हैं।

Saveeta: How far is your house from here?

आपका घर यहां से कितनी दूर है?

Meena: Just at a stone's throw.

पास ही है।

Saveeta: OK! I'll stay at yours for some time but I won't take lunch. Today I have a fast.

ठीक है, मैं कुछ समय के लिए आपके घर ठहरूंगी, परन्तु मैं खाना नहीं खाऊंगी। मेरा आज व्रत है।

Meena: OK! Come on!

ठीक है, तो आइये।

Saveeta: Yes.

हां।

CONVERSATION NO. – 3

About Newspapers
समाचारपत्रों सम्बन्धी

Ruchi: Hello, Hema!

हेलो, हेमा!

Hema: Hi, Ruchi!

हाइ, रुचि!

Ruchi: Where are you going?

कहां जा रही हो?

Hema: I'm going to purchase the Times of India.

मैं टाइम्स आफ इण्डिया खरीदने जा रही हूं।

Ruchi: Is there anything special?

क्या कोई विशेष बात है?

Hema: You know, newspaper is a must for a modern citizen.

तुम जानती हो कि एक आधुनिक नागरिक के लिये समाचारपत्र आवश्यक है।

Ruchi: Yes, newspaper is not only a source of entertainment but also a store-house of knowledge.

हां, समाचारपत्र एक मनोरंजन का साधन ही नहीं बल्कि ज्ञान का भंडार भी है।

Hema: Newspapers bring news from all corners of the world.

समाचारपत्र दुनिया के सब कोनों से समाचार लाते हैं।

Ruchi: Newspaper is essential for all age groups.

एक समाचार पत्र हर आयु के लोगों के लिए अत्यावश्यक है।

Hema: Yes, besides news newspapers have different columns such as science, children's corner, women's corner, sports, education, health, etc.

हां, समाचारपत्रों में समाचारों के अतिरिक्त विभिन्न प्रकार के कॉलम्स होते हैं जैसे कि विज्ञान, बच्चों के लिए, स्त्रियों के लिए, खेल, शिक्षा, स्वास्थ्य आदि।

Ruchi: Please bring one newspaper for me also.

कृपया एक समाचार पत्र मेरे लिये भी लेते आना।

Hema: OK!

ठीक है।

CONVERSATION NO. – 4

Regarding Sanitation

सफाई सम्बन्धी

Mr. Jain: Hi, Mr. Kalia !

हाइ, श्रीमान् कालिया!

Mr. Kalia ! Hi, Mr. Jain ! How are you ?

हाइ, श्रीमान् जैन! कैसे हैं?

Mr. Jain: How are you ?

आप कैसे हैं?

Mr. Kalia: I'm also fine.

मैं भी ठीक हूँ।

Mr. Jain: I'm shocked to see these heaps of garbage on the corner of every street.

हर गली के कोने पर मुझे यह गन्दगी के ढेर देखकर बहुत दुःख हुआ है।

Mr. Kalia: There's no proper sewerage in our locality.

हमारे इलाके में मल व्यवस्था का कोई उचित प्रबन्ध नहीं है।

Mr. Jain: A number of times we've met the Mayor but he has done nothing. Now, why don't we meet the Health Minister?

हम कई बार मेयर साहब से मिल चुके हैं, परन्तु उन्होंने कुछ नहीं किया। अब हम स्वास्थ्य मन्त्री से क्यों न मिलें?

Mr. Kalia: You're right. We must meet the Health Minister.

आप ठीक कहते हैं। हमें स्वास्थ्य मंत्री से अवश्य मिलना चाहिए।

Mr. Jain: On the one hand the government promises to instal the sewerage throughout the country, on the other hand, it does not maintain it where it is already installed.

एक ओर तो सरकार देश भर में मल व्यवस्था स्थापित करने का वचन देती है, दूसरी ओर जहां यह पहले ही स्थापित है, वहां यह उसकी देखभाल नहीं करती।

Mr. Kalia: We'll bring such things to the notice of the Health Minister.

हम इस प्रकार की बातें स्वास्थ्य मन्त्री के ध्यान में लायेंगे।

Mr. Jain: Well ! when should we meet the Health Minister ?

ठीक है, उनसे हम लोग कब मिलें?

Mr. Kalia: I think, tomorrow.

मेरा विचार है कल।

Mr. Jain: OK ! Bye !

ठीक है! विदा!

Mr. Kalia: Bye.

विदा!

CONVERSATION NO. – 5

Complaint Regarding Sewerage
मल-व्यवस्था सम्बन्धी शिकायत

Security man: Good morning, sir !
(सुरक्षा कर्मचारी) श्रीमान् नमस्ते!

Mr. Jain: Good morning ! May we see the Chief Minister ?
नमस्ते! क्या हम मुख्यमन्त्री से मिल सकते हैं?

Security man: Let me get permission. What's your name?
पहले मुझे आज्ञा ले लेने दें। आपका क्या नाम है?

Mr. Jain: I'm S.K. Jain and here with me is Mr. J.P. Kalia. We're retired government officers.
मैं एस.के. जैन हूं और यह मेरे साथ श्रीमान् जे.पी. कालिया हैं। हम सेवामुक्त सरकारी अफसर हैं।

Security man talks to the Chief Minister on phone
(सुरक्षा कर्मचारी मुख्य मन्त्री से फोन पर बात करता है।)

Security man: You may please go inside the room.
कृपया कमरे में प्रवेश करें।

Mr. Jain: Thank you.
धन्यवाद।

(Mr. Jain and Mr. Kalia enter CM's room)
(मि. जैन व मि. कालिया मुख्यमंत्री के कमरे में प्रवेश करते हैं।)

Mr. Jain: Good morning, sir!
नमस्ते, श्रीमान जी!

Chief Minister: Good morning! Take your seats, gentlemen. What can I do for you ?
नमस्ते! भद्रपुरुषों, अपना स्थान ग्रहण कीजिए। मैं आपकी क्या सेवा कर सकता हूं?

Mr. Kalia: Sir, we're here with a complaint against the bad condition of sewerage in our locality.

श्रीमान् हम यहां अपने इलाके में मल व्यवस्था की दुर्दशा के बारे में शिकायत करने आये हैं।

Chief Minsiter: You should go to the Health Minister.

आपको स्वास्थ्य मन्त्री के पास जाना चाहिए।

Mr. Jain: Sir, we met him a month back. No action has been taken by him so far.

श्रीमान्, हम गत मास उनसे मिले थे, परन्तु उन्होंने अभी तक कुछ नहीं किया।

Chief Minister: Well ! You should please leave your address and complaint with the securityman outside this room.

ठीक है, आप कृपया अपना पता और अपनी शिकायत इस कमरे के बाहर सुरक्षा कर्मचारी के पास छोड़ जाइये।

Mr. Kalia: Thank you, sir !

धन्यवाद श्रीमान्!

C.M.: You're welcome !

आपका स्वागत है।

CONVERSATION NO. – 6

Regarding Budget

बजट सम्बन्धी

Feroz: Hi friends !

हाइ, मित्रों!

Rakesh, Asif, David: Hi, Feroz!

हाइ, फिरोज!

Feroz: How do you think about the budget ?

बजट के बारे में आपका क्या विचार है?

David: The Budget is good for the farmers. Now, they can get a loan at a low interest rate.

बजट कृषकों के लिए अच्छा है, अब वे कम ब्याज पर ऋण ले सकते हैं।

Feroz: Students have been neglected.

विद्यार्थियों को नजरअन्दाज कर दिया गया है।

David: The government has played the role of a step-mother with them.

सरकार ने उनके साथ सौतेली मां जैसा व्यवहार किया है।

Rakesh: There is a hike in fee almost in every technical course.

लगभग हर तकनीकी कोर्स की फीस बढ़ा दी गई है।

Feroz: Some of the big industrialists will also be benefited.

कई बड़े–2 उद्योगपतियों को भी लाभ होगा।

Rakesh: Yes, the import duties on some chemicals have been abolished.

हां कुछ रसायनों पर आयात कर समाप्त कर दिया गया है।

David: The salaried persons will also be benefited from the budget.

नौकरीपेशा लोगों को भी इस बजट से लाभ होगा।

Asif: The budget promises to reduce poverty.

बजट निर्धनता को कम करने का वचन देता है।

Rakesh: I don't think so. It offers no social security measures.

मेरा ऐसा विचार नहीं। यह कोई सामाजिक सुरक्षा ढंग प्रस्तुत नहीं करता।

Feroz: At least it is not inflationary.

कम से कम यह मुद्रास्फीति जनित नहीं।

David: In this respect you are right.

इस बारे में तुम ठीक कहते हो।

CONVERSATION NO. – 7

Congratulations on the birth of a Daughter

पुत्री-जन्म पर बधाई

Mr. Ashok: Hello!
हेलो!

Mr. Sandhu: Hello ! Is it 4444561?
क्या यह 4444561 है?

Mr. Ashok: I'm Ashok, May I talk to Mr. Sandhu ?
मैं अशोक हूं, क्या मैं श्रीमान् सन्धु से बात कर सकता हूँ?

Mr. Sandhu: Yes, This is Sandhu speaking.
हां, मैं सन्धु बोल रहा हूँ।

Mr. Ashok: Please accept my heartiest congratulations on the birth of your daughter.
कृपया अपनी बेटी के जन्म पर मेरी हार्दिक बधाई स्वीकार करो।

Mr. Sandhu: Thank you.
धन्यवाद।

Mr. Ashok: When did you become father ?
आप पिता कब बने?

Mr. Sandhu: Yesterday at 9 o'clock in the morning.
कल प्रातः नौ बजे।

Mr. Ashok: How is your daughter ?
आपकी बेटी कैसी है?

Mr. Sandhu: She's all right.
वह ठीक–ठाक है।

Mr. Ashok: How is your wife ?
आपकी पत्नी कैसी है?

Mr. Sandhu: She's also all right.
वह भी बिल्कुल ठीक है।

Mr. Ashok: Was it a normal delivery ?
क्या यह सामान्य–प्रसव था?

Mr. Sandhu: Yes, it was.
हां।

Mr. Ashok: Your wife must have been allowed to go home after the delivery ?
आपकी पत्नी को बच्ची के जन्म के बाद घर जाने की आज्ञा मिल गई होगी?

Mr. Sandhu: Actually, after the delivery a fall in her blood pressure was observed. Consequently she was advised to remain in the hospital a day more. I hope she will be allowed to come home tomorrow.
वास्तव में प्रसव के बाद उसका रक्त–चाप गिर गया। परिणामस्वरूप उसे अस्पताल में एक दिन और रहने का परामर्श दिया गया। मुझे आशा है कि उसे कल घर आने की आज्ञा मिल जायेगी।

Mr. Ashok: OK ! May God bless your family !
ठीक है। परमात्मा आपके परिवार का भला करे।

Mr. Sandhu: Thank you.
आपका धन्यवाद।

Mr. Ashok: Welcome!
स्वागत!

CONVERSATION NO. 8

Joining a Funeral Procession
अन्तिम संस्कार में शामिल होना

John: Hi, friends !
हाई, मित्रों!

Sumit, Amit and Ravi: Hello, John!
हेलो, जॉन!

John: What happened ? All of you look sad.
क्या हुआ? सब उदास दिखाई देते हो!

Sumit: There's a bad news. Mr. XYZ, the renowned doctor passed away last night.
एक बुरा समाचार है। प्रसिद्ध डॉ. श्रीमान् XYZ कल रात गुर्जर गये।

John: Oh, it's really a bad news. What happened to Mr. XYZ ?
ओह, यह तो सचमुच एक बुरा समाचार है। श्रीमान् XYZ को क्या हुआ?

Amit: He died of heart attack.
उन्हें दिल का दौरा पड़ा था।

John: Strange ! He himself was a heart specialist. Anyway ! Let's join the funeral procession.
यह तो अजीब बात है। वह तो स्वयं हृदय विशेषज्ञ थे। आओ उनके अन्तिम संस्कार में शामिल हों।

Ravi: How many children does the doctor have?
डॉक्टर साहब के कितने बच्चे हैं?

Sumit: He is survived by a son, a daughter and wife.
उसके पीछे उसकी पत्नी, एक बेटा और एक बेटी है।

Ravi: How old is his son ?
उसका बेटा कितना बड़ा है?

Amit: He's doing his MBBS.

वह MBBS कर रहा है।

John: And his daughter ?

और उसकी बेटी?

Amit: She's just completed a degree course in some medical institute.

उसने अभी किसी मेडिकल संस्था से डिग्री कोर्स पूरा किया है।

Sumit: May God grant courage to his family !

परमात्मा उसके परिवार को हिम्मत दे।

John: It's truly said that 'Death keeps no calendar'. Only last week I showed him the ECG report of my uncle.

ठीक ही कहा गया है कि मृत्यु का कोई समय नहीं होता। अभी पिछले सप्ताह ही मैंने उसे अपने चाचा की ECG रिपोर्ट दिखाई थी।

Ravi: Anyway, let's take start to join his funeral procession.

कुछ भी हो, आओ उनके अन्तिम संस्कार में शामिल होने के लिए चल पड़ें।

CONVERSATION NO. – 9

Getting An Article Published

एक लेख प्रकाशित करवाना

Clerk: Good morning sir !
नमस्ते, श्रीमान् जी!

Sanjeev: Good morning ! Could I talk to the editor ?
नमस्ते! क्या मैं सम्पादक महोदय से बात कर सकता हूं?

Clerk: Let me first take permission. What's your name ?
पहले मुझे आज्ञा ले लेने दें। आपका क्या नाम है?

Sanjeev: I'm Sanjeev.
मैं संजीव हूं।

(The clerk talks to the editor on phone.)
(क्लर्क संपादक से फोन पर बात करता है।)

Clerk: Please go in Cabin No. 2
कृपया केबिन नं. 2 में जाइये।

Sanjeev: Thank you.
धन्यवाद।

(Sanjeev goes into the editor's room.)
(संजीव संपादक के कमरे में जाते हैं।)

Sanjeev: Good morning, sir !
प्रातः का नमस्ते, श्रीमान् जी!

Editor: Good morning, Mr. Sanjeev. Have a seat, please.
नमस्ते श्रीमान् संजीव। कृपया बैठिये।

Sanjeev: Thank you.
धन्यवाद।

Editor: What can I do for you ?
मैं आपके लिए क्या कर सकता हूं?

Sanjeev: I'm a student of English Literature. I've written an article on the modern society and want to get it published in your newspaper.

मैं अंग्रेजी साहित्य का विद्यार्थी हूं। मैंने आधुनिक समाज पर एक लेख लिखा है जो मैं आपके समाचार–पत्र में प्रकाशित करवाना चाहता हूं।

Editor: Well ! How many words does it contain ?

ठीक है! यह कितने शब्दों का है?

Sanjeev: It contains more than 800 words.

इसमें 800 से अधिक शब्द हैं।

Editor: It's quite lengthy. We accept articles which contain almost 500 words.

यह तो बहुत बड़ा है। हम वही लेख स्वीकार करते हैं जिसमें लगभग 500 शब्द हों।

Sanjeev: OK ! Sir, I'll reduce it to the required length.

ठीक है! श्रीमान् जी, मैं इसको आवश्यक लम्बाई तक कम कर दूंगा।

Editor: You may send your article through registered post or through a courier service.

आप अपना लेख पंजीकृत डाक या कोरियर सेवा द्वारा भेज सकते हैं।

Sanjeev: Thank you, sir

धन्यवाद, श्रीमान् जी।

Editor: Welcome !

स्वागत!

CONVERSATION NO. – 10

About a Stationery Shop
स्टेशनरी दुकान के बारे में

Rajan: Hello, Sumit !
हेलो, सुमित!

Sumit: Hello, Rajan !
हेलो राजन!

Rajan: I'm glad that we meet once again though after a long gap of time.
मैं प्रसन्न हूं कि हम एक बार फिर मिले हैं चाहे बहुत देर के बाद।

Sumit: Well ! What is your business ?
हां। आप क्या करते हैं?

Rajan: I'm running a stationery shop.
मैं स्टेशनरी की दुकान चला रहा हूं।

Sumit: Very good. It's very lucrative business.
बहुत अच्छा। यह बहुत कमाई वाला काम है।

Rajan: But now, there's a slump in the market.
परन्तु अब बाजार बहुत मन्दा है।

Sumit: I'm surprised to learn that the people don't purchase books.
मुझे यह सुनकर हैरानी हुई है कि लोग पुस्तकें नहीं खरीदते।

Rajan: I don't say so. Actually, the students do purchase prescribed books. But they don't spend on extra books.
मैं ऐसा नहीं कहता। वास्तव में विद्यार्थी निर्धारित की गई पुस्तकें अवश्य खरीदते हैं, परन्तु वह अतिरिक्त पुस्तकों पर धन खर्च नहीं करते।

Sumit: Why is it so ?
यह ऐसा क्यों है?

Rajan: The job opportunities have shown a downward trend. So, everybody is trying to gain some or the other technical skill.
काम के अवसरों का रुझान नीचे की ओर हो गया है। इसलिए हर व्यक्ति कोई न कोई तकनीकी कुशलता प्राप्त करने का यत्न कर रहा है।

Sumit: Then the books related to technical jobs must be in good demand.

तब तो तकनीकी कार्य सम्बन्धी पुस्तकों की अवश्य ही अच्छी मांग होगी।

Rajan: In this case also, only the books prescribed by the big institutions are in good demand.

इस बारे में भी बड़ी संस्थाओं द्वारा लगाई गई पुस्तकों की ही अच्छी मांग है।

Sumit: Thank God. I too was thinking to start a stationery shop.

परमात्मा का धन्यवाद। मैं भी एक स्टेशनरी दुकान शुरू करने के बारे में सोच रहा था।

Rajan: Better you should start a courier service.

इससे अच्छा तो आप कोरियर सर्विस आरम्भ कर दें।

Sumit: OK. Thank you.

ठीक है। धन्यवाद।

Rajan: Welcome !

स्वागत!

CONVERSATION NO. – 11

Complaint Against Somebody's Son
किसी के बेटे के विरुद्ध शिकायत

Mr. Joshi: Good morning, Mr. Kainth !
शुभ प्रभात, श्रीमान् कैंथ!

Mr. Kainth: Good morning Joshi ! Please come in.
नमस्ते जोशी जी। कृपया अन्दर आइये।

Mr. Joshi: Thank you, sir !
धन्यवाद, श्रीमान् जी!

Mr. Kainth: Have a seat, please. What would you like coffee or juice ?
कृपया स्थान ग्रहण कीजिए। आप क्या लेंगे कॉफी या जूस?

Mr. Joshi: Thank you very much sir. I'm here with a complaint against your son.
श्रीमान् बहुत–2 धन्यवाद! मैं यहां आपके पुत्र के विरुद्ध शिकायत करने आया हूं।

Mr. Kainth: Please tell me in detail what happened.
कृपया मुझे विस्तारपूर्वक बताइये कि क्या हुआ।

Mr. Joshi: Deepak, your son, beat my son, Harish mercilessly.
आपके बेटे दीपक ने मेरे बेटे हरीश को बुरी तरह से पीटा।

Mr. Kainth: It's a bad news. Why did he beat Harish ?
यह तो बुरा समाचार है। उसने हरीश को क्यों पीटा?

Mr. Joshi: Yesterday when Harish was coming from college he saw Deepak along with his friends smoking near the theatre Natraj. He asked Deepak not to smoke. At this Deepak who was in a drunken state started beating Harish.
कल जब हरीश कॉलेज से आ रहा था, तो उसने दीपक को नटराज थियेटर के पास अपने मित्रों के साथ सिगरेट पीते देखा। उसने दीपक को सिगरेट पीने से मना किया तो दीपक ने जिसने कि मदिरापान भी कर रखा था उसे पीटना आरम्भ कर दिया।

Mr. Kainth: I'm really shocked. I apologize to you Mr. Joshi on behalf of my son. I also appreciate the efforts of Harish.

मुझे बहुत दुःख हुआ है। मैं अपने बेटे की ओर से आपसे क्षमा मांगता हूं। मैं हरीश के यत्नों की भी प्रशंसा करता हूं।

Mr. Joshi: Sir, don't feel small. I've actually come here to make you aware of your son's bad habits.

महाशय! छोटा महसूस न करें। वास्तव में मैं आपको आपके बेटे की बुरी आदतों के बारे में सचेत करने आया हूं।

Mr. Kainth: I'm very thankful to you for this, I assure you there will be no problem to Harish from Deepak in future.

मैं इसके लिए आपका बहुत आभारी हूं और मैं आपको विश्वास दिलाता हूं कि भविष्य में हरीश को दीपक से कोई परेशानी नहीं होगी।

Mr. Joshi: Thank you, sir.

धन्यवाद, श्रीमान्।

Mr. Kainth: Welcome !

स्वागत!

CONVERSATION NO. – 12

Seeking Information of Courses
पाठ्यक्रमों की सूचना प्राप्त करना

Amit: Good morning, madam !
शुभ प्रभात, महोदया!

Clerk: Good morning, sir ! What can I do for you ?
नमस्ते, श्रीमान्! मैं आपके लिए क्या कर सकती हूं?

Amit: I read in the newspaper that your institute has started a few new courses. May I ask you the total fee for each and its duration of completion ?
मैंने समाचार पत्र में पढ़ा कि आपकी संस्था ने कुछ नये पाठ्यक्रम आरम्भ किये हैं। क्या आप मुझे, बताएंगी कि प्रत्येक की कुल फीस क्या है और वह कितने समय का पाठ्यक्रम है।

Clerk: Well ! The courses for learning English Grammar will be of two months. Everyday, there will be a class for one hour. We'll charge Rs. 5000/- in advance for this.
ठीक है। अंग्रेजी व्याकरण सीखने का कोर्स दो महीने का है। प्रतिदिन एक घंटा क्लॉस लगेगी। इसके लिए हम 5000 रुपये पेशगी लेंगे।

Amit: What about learning of spoken English ?
बोली जाने वाली अंग्रेजी सीखने के बारे में भी बताएं।

Clerk: It's a course of three months. Everyday, there will be a class for 1½ hrs. We'll charge a fee of Rs. 15000/- in advance for this.
यह तीन महीने का कोर्स है। प्रतिदिन डेढ़ घंटा कक्षा लगेगी। इसके लिए हम 15000 रुपये पेशगी लेंगे।

Amit: What are the charges for learning of computer ?
कम्प्यूटर सीखने की क्या फीस है?

Clerk: You can learn here basics and fundamentals of computer just in one month by paying Rs. 500/- only.
आप कम्प्यूटर के बारे में आधारमूल बातें 500 रुपये देकर केवल एक महीने में ही सीख सकते हैं?

Amit: May I get the prospectus ?
क्या मुझे परिचय–पुस्तिका मिल सकती है?

Clerk: Here it is.
यह लीजिये।

Amit: How much for it ?
इसके लिए क्या देना है?

Clerk: Rs. 200/-
दो सौ रुपये।

Amit: Here take these.
यह लीजिये!

Clerk: Thank you.
धन्यवाद।

CONVERSATION NO. – 13

Talking About Business
व्यापार सम्बन्धी बातें

Mr. Rakesh: Hello, Mr. Ravindra !
हेलो, श्रीमान् रवीन्द्र!

Mr. Ravindra: Hello, How are you ?
हेलो, आप कैसे हैं?

Mr. Rakesh: I'm fine. How are you ?
मैं ठीक हूं। आप कैसे हैं?

Mr. Ravindra: I'm also fine. What are you doing these days ?
मैं भी ठीक हूं। आप आजकल क्या कर रहे हैं?

Mr. Rakesh: I've set up my own courier service.
मैंने अपनी सन्देशवाहक सेवा स्थापित कर ली है।

Mr. Ravindra: Is it a lucrative business ?
क्या यह लाभप्रद काम है?

Mr. Rakesh: It's a lucrative business but it causes me a lot of tension and worry.
यह कार्य लाभप्रद तो है परन्तु इससे मुझे बहुत तनाव व चिन्ता होती है।

Mr. Ravindra: There's no business without tension these days.
बिना तनाव के आजकल कोई कार्य नहीं।

Mr. Rakesh: What is your business ?
आपका क्या व्यापार है?

Mr. Ravindra: I've recently got a steel plant installed.
मैंने कुछ समय पहले ही इस्पात का कारखाना स्थापित किया है।

Mr. Rakesh: How is your busines ?
आपका व्यापार कैसा है?

Mr. Ravindra: Excellent. The demand for steel has increased world over during the last few years.

बहुत अच्छा। सारे विश्व में पिछले कुछ वर्षों में इस्पात की मांग बढ़ गई है।

Mr. Rakesh: I read in the newspaper that these days China is the chief purchaser of steel and cement.

मैंने समाचारपत्र में पढ़ा कि आजकल चीन इस्पात और सीमेंट खरीदने वाला मुख्य देश है।

Mr. Ravindra: Even in Europe demand of steel is good.

बल्कि यूरोप में भी इस्पात की अच्छी मांग है।

Mr. Rakesh: Let's hope for the best.

हमें अच्छी आशा रखनी चाहिए।

Mr. Ravindra: Yes.

हां।

CONVERSATION NO. – 14

Asking the way to Hotel
होटल जाने का रास्ता पूछना

Passenger: Good morning, sir !

शुभ प्रभात, श्रीमान्!

Mr. Naresh: Good morning ! I think I haven't ever seen you before.

नमस्ते। मैं समझता हूं मैंने पहले आपको कभी नहीं देखा है।

Passenger: You're right, sir ! I've come here for the first time.

श्रीमान् आप ठीक कहते हैं। मैं यहां पहली बार आया हूं।

Mr. Naresh: What can I do for you ?

मैं आपके लिए क्या कर सकता हूं?

Passenger: I'll be thankful to you if you tell me the way to the hotel XYZ.

मैं आपका आभारी रहूंगा यदि आप मुझे होटल XYZ का मार्ग बतायें तो?

Mr. Naresh: Have you got a vehicle ?

क्या आपके पास कोई वाहन है?

Passenger: No, sir

नहीं, श्रीमान्।

Mr. Naresh: You had better catch a bus from the bus stop.

आपके लिए अच्छा होगा यदि आप बस स्टॉप से बस पकड़ लें तो।

Passenger: How far is the bus stop from here ?

यहां से बस स्टॉप कितनी दूर है?

Mr. Naresh: 1 km.

एक किलोमीटर।

Passenger: And hotel XYZ ?

और होटल XYX ?

Mr. Naresh: 3 km. It isn't a long distance. If you like you can go on foot.

तीन किलोमीटर। यह कोई लम्बा रास्ता नहीं है। यदि आप चाहें तो आप पैदल जा सकते हैं।

Passenger: OK ! Thank you, sir ! I'll go on foot.

ठीक है। धन्यवाद श्रीमान्! मैं पैदल ही चला जाऊँगा।

CONVERSATION NO. – 15

Some Indian Festivals
कुछ भारतीय त्योहार

Teacher: Girish ! Can you tell why we celebrate 15th August every year?

गिरीश! क्या तुम बता सकते हो कि हम प्रतिवर्ष 15 अगस्त क्यों मनाते हैं?

Girish: Sir, on 15th August, 1947, India got freedom.

श्रीमान् 15 अगस्त 1947 को भारत को स्वतन्त्रता मिली।

Teacher: Good. Anu ! Why do we celebrate 26th January every year?

अच्छी बात। अनु! हम प्रति वर्ष 26 जनवरी क्यों मनाते हैं?

Anu: Sir, on 26th January, 1950, India became a Republic.

श्रीमान् 26 जनवरी 1950 को भारत एक गणतन्त्र बना।

Teacher: You're right, Ajeet ! Can you tell why we celebrate Diwali?

तुम ठीक कहते हो, अजीत! क्या तुम बता सकते हो कि हम दिवाली क्यों मनाते हैं?

Ajeet: Sir, on the day of Diwali the war between Lord Rama and Ravana took place.

श्रीमान्, दिवाली के दिन श्रीराम और रावण में युद्ध हुआ।

Teacher: Wrong. It's so surprising that you don't know this simple thing. Anybody else ? Yes, Harish.

गलत है। हैरानी की बात है कि तुम्हें इस साधारण सी बात का पता नहीं। क्या कोई और बतायेगा? हां हरीश!

Harish: On the day of Diwali Lord Rama returned to Ayodhya after killing the cruel king, Ravana.

दीवाली के दिन श्रीराम निर्दयी राजा रावण को मार कर अयोध्या लौटे।

Teacher: You're right. Aneeta ! Why do we celebrate Holi ?

तुम ठीक कहते हो। अनीता! हम होली क्यों मनाते हैं?

Aneeta: Sir, on the day of Holi Prahlad, the devotee of Vishnu, was born.

श्रीमान् होली के दिन विष्णु–भक्त प्रह्लाद ने जन्म लिया था।

Teacher: Wrong. Anybody else ? Yes, Meena.

गलत है। और कोई? हां, मीना!

Meena: Sir, on this day Holika sat on the heap of burning twigs with child Prahlad, the devotee of Vishnu, in her lap. Fire burnt Holika but it spared Prahlad. Thus, good triumphed over evil.

श्रीमान्, इस दिन होलिका विष्णु–भक्त शिशु प्रह्लाद को गोद में लेकर जल रही लकड़ियों के ढेर पर बैठी। आग ने होलिका को जला दिया, परन्तु प्रह्लाद को नहीं। इस प्रकार अच्छाई की बुराई पर विजय हुई।

Teacher: You're absolutely right.

तुम बिल्कुल ठीक हो।

CONVERSATION NO. – 16

About College Elections

कॉलेज-चुनाव सम्बन्धी

Anuj: Hi, everybody

हाइ, प्रत्येक!

Rita, Sanju and Seema:

Hi, Anuj !

हाइ, अनुज!

Rita: Who is going to be the new president of the college students' union ?

कॉलेज विद्यार्थी संगठन का कौन नया प्रधान बनने जा रहा है?

Seema: I think, Anuj.

मेरा विचार है, अनुज।

Anuj: I hope so. But we should not forget that my opponent, Jasbir is also very popular among the students.

मैं भी ऐसी आशा करता हूं। परन्तु हमें यह नहीं भूलना चाहिए कि मेरा विरोधी जसबीर भी विद्यार्थियों में बहुत लोकप्रिय है।

Sanju: I think your observation is wrong. He has only a few fair weather friends whom he provides financial help.

मैं समझता हूं कि तुम्हारा पर्यवेक्षण गलत है। उसके तो केवल कुछ मतलबी मित्र हैं जिनकी वह धन से सहायता करता है।

Seema: Moreover, Jasbir isn't in the good books of teachers. He often incites the students to go on strike.

इसके अतिरिक्त जसबीर को अध्यापक पसन्द नहीं करते। वह प्रायः विद्यार्थियों को हड़ताल पर जाने के लिए भड़काता रहता है।

Rita: This time elections in the college are very important because the students are in dire need of a good president who can carry their voice to the management honestly.

इस बार कॉलेज में चुनाव बहुत महत्त्व रखते हैं क्योंकि विद्यार्थियों को एक अच्छे अध्यक्ष की अत्यंत आवश्यकता है जो कि उनकी आवाज को प्रबन्धकों तक ईमानदारी से पहुंचा सके।

Sanju: Anuj has all the qualities of leadership and, I think, he's sure to win the election.

अनुज में नेतृत्व के सब गुण हैं और मैं समझता हूं कि वह अवश्य चुनाव जीत जायेगा।

Anuj: Thank you very much for having so high opinion about me.

मेरे बारे में इतने अच्छे विचार रखने के लिए आप का बहुत–बहुत धन्यवाद।

CONVERSATION No. – 17

About sub-standard Eatables
निम्न-स्तर के खाद्य-पदार्थों के बारे में

Mr. Amar: Hi, Mr. Manoj !

हाइ, श्रीमान् मनोज!

Mr. Manoj: Hi !

हाइ!

Mr. Amar: You look worried, don't you ?

आप चिन्तित दिखाई देते हैं, क्या ऐसी बात नहीं हैं?

Mr. Manoj: Yes, Mr. Amar. My son has been admitted to CMC Ludhiana.

हां, श्रीमान् अमर। मेरा बेटा CMC लुधियाना में दाखिल है।

Mr. Amar: What happened to him ?

उसे क्या हुआ?

Mr. Manoj: He is suffering from gastroenteritis.

उसे गैस्ट्रोइन्ट्राइटिस हो गया है।

Mr. Amar: Don't worry, Mr. Manoj. You've sent him to the right place. By God's grace, he'll soon be all right. Actually, we should not allow the children to take ice-creams, cut-up fruits, juice and cold drinks in the market. Most of these are contaminated or adulterated. And there isn't any checking.

श्रीमान् मनोज, आप चिन्ता न करें। आपने उसे उचित स्थान पर भेज दिया है। परमात्मा की कृपा से वह जल्दी ही ठीक हो जायेगा। वास्तव में हमें बच्चों को आज्ञा नहीं देनी चाहिए कि वह बाजार से आइस–क्रीम, कटे हुए फल, जूस और ठंडे पेय लें। इनमें से बहुत से गन्दे या मिलावट वाले होते हैं और फिर इनकी कोई चेकिंग नहीं।

Mr. Manoj: You're right. The concerned authorities are sleeping in deep slumber. So, it is now the duty of the parents to look into the matter seriously.

आप ठीक कहते हैं। सम्बन्धित अधिकारी गहरी नींद में सोए हुए हैं। इसलिए अब माता–पिता का कर्तव्य है कि वह इस मामले की ओर गम्भीरता से ध्यान दें।

Mr. Amar: Should we meet the Health Minister ?

क्या हम स्वास्थ्य मन्त्री से मिलें?

Mr. Manoj: Yes, he's the only hope.

हां, केवल उन्हीं पर आशा की जा सकती है।

Mr. Amar: Come on; Let's go to see the Health Minister.

आओ, स्वास्थ्य मंत्री से मिलने चलें।

CONVERSATION No. – 18

Friendly Chit-Chat
मैत्रीपूर्ण अनौपचारिक बातचीत

Ravi: Hi friends !
हाइ मित्रों!

Honey, Mohan & Dinesh:
Hi, Ravi !
हाइ, रवि!

Ravi: What's going on ?
क्या हो रहा है?

Honey: We're talking about our ambitions in life.
हम अपने–अपने जीवन लक्ष्यों के बारे में बात कर रहे हैं।

Ravi: Mohan, what do you want to be ?
मोहन, तुम क्या बनना चाहते हो?

Mohan: I want to be a heart specialist.
मैं एक हृदय विशेषज्ञ बनना चाहता हूं।

Dinesh: Not possible. It needs lakhs of rupees to be a doctor these days.
यह सम्भव नहीं। आजकल डॉक्टर बनने के लिए लाखों रुपयों की आवश्यकता होती है।

Mohan: This is something I'm always worried about.
यह एक ऐसी बात है जिसके बारे में मुझे सदा चिन्ता रहती है।

Dinesh: What is your ambition in life, Ravi ?
रवि, आपका जीवन में क्या लक्ष्य है?

Ravi: I want to join the army.
मैं सेना में भर्ती होना चाहता हूं।

Honey: Good idea. It needs only a few hundred rupees to join the army. Mohan why don't you too think of joining the army ?

अच्छा विचार है। सेना में भर्ती होने के लिए कुछ सौ रुपयों की ही आवश्यकता होती है। मोहन, आप भी सेना में भर्ती होने के बारे में क्यों नहीं सोचते?

Mohan: Army demands strength and courage.

सेना में जाने के लिए शक्ति और उत्साह की आवश्यकता होती है।

Dinesh: Which you lack ? (All laugh.)

जिसकी तुम्हारे में कमी है? (सभी हंसते हैं।)

Ravi: Dinesh, wants to be a comedian ? Am I right ?

दिनेश एक हास्य–अभिनेता बनना चाहता है। क्या मैं ठीक हूं?

Mohan: Comedy requires great skill and a special kind of physical structure.

हास्य–नाटक के लिए एक महान् कुशलता और विशेष प्रकार के शारीरिक ढांचे की आवश्यकता होती है।

Honey: I think Dinesh had better take the charge of his grandfather's sweets shop. (All laugh.)

मैं समझता हूं कि दिनेश के लिए अच्छा होगा यदि वह अपने दादाजी की मिठाई की दुकान चलाने लगे। (सभी हँसते हैं।)

Ravi: Don't be disappointed friends. Be optimistic and courageous. Nothing can defeat you. There's no indignity even in running a sweats shop.

मित्रों, निराश मत हो। आशावादी और उत्साही बनो। आपको कोई हरा नहीं सकता। मिठाई की दुकान चलाने में भी कोई अपमानजनक बात नहीं है।

CONVERSATION No. – 19

Indian Marriages & Money Power
भारतीय विवाह और धन शक्ति

Reena: Hi, everybody !

हाइ, प्रत्येक!

Meena, Tina & Neha:

Hi, Reena !

हाइ, रीना!

Neha: What function did you attend yesterday ?

आप कल कौन से समारोह पर गई थी?

Reena: Yesterday, I attended the marriage of my cousin.

कल मैं अपनी चचेरी बहन के विवाह पर गई थी।

Tina: How did you enjoy yourself at the function ?

आपने समारोह में कैसे आनन्द मनाया?

Reena: It was a grand function. I think my uncle spent no less than 20,00,000/- on the marriage of his daughter.

यह एक महान् समारोह (उत्सव) था। मैं समझती हूं कि मेरे चाचा ने अपनी बेटी के विवाह पर कम से कम बीस लाख रुपये लगाए।

Neha: Was it an act of wisdom ? What do you say ?

क्या यह बुद्धिमानी का कार्य था? तुम्हारा क्या विचार है?

Tina: To spend too much on marriages isn't an act of wisdom in my opinion.

विवाहों पर अत्यधिक व्यय करना मेरे विचार में बुद्धिमानी की बात नहीं।

Meena: I agree with you.

मैं आपके साथ सहमत हूं।

Reena: Actually money is power, and the rich people want to show it.

वास्तव में धन शक्ति है और धनी लोग इसे दिखाना चाहते हैं।

Neha: But that is not proper. They should pay all the taxes and help the poor people with money.

परन्तु यह उचित नहीं। उन्हें सब कर देने चाहिए और निर्धन लोगों की धन के साथ सहायता करनी चाहिए।

Meena: Damn all these things. Let us go to see a movie.

इन सब बातों को छोड़ो। आओ सब सिनेमा देखने चलें।

CONVERSATION No. – 20

Purchasing Dresses
पोशाकें खरीदना

Salesman: Good morning, madam !
शुभ प्रभात, महोदया जी!

Mrs. Geeta: Good morning !
नमस्ते!

Salesman: What will you purchase, madam ?
श्रीमती जी, आप क्या खरीदेंगी?

Mrs. Geeta: I want to purchase a few dresses for a newly married bride.
मैं एक नव–विवाहिता दुल्हन के लिए कुछ पोशाकें खरीदना चाहती हूं।

Salesman: Please sit down, madam. What would you prefer mango juice or pineapple juice ?
महोदया, कृपया बैठ जाइये। आप क्या पसन्द करेंगी। आम रस या अनानास रस?

Mrs. Geeta: No, thanks.
नहीं, धन्यवाद।

Salesman: Well ! Madam, see these silk sarees. All these are from a branded company.
तो ठीक है। महोदया, ये रेशमी साड़ियां देखिये। ये सब एक व्यापारिक मार्का कम्पनी से हैं।

Mrs. Geeta: What is the price of this pink one ?
इस गुलाबी रंग की साड़ी का क्या मूल्य है?

Salesman: It'll cost you two thousand rupees.
इसके आपको दो हजार रुपये देने होंगे।

Mrs. Geeta: Well ! Show me some luxury suits.
ठीक है, मुझे कुछ लग्ज़री सूट दिखाइये।

Salesman: Madam, please look at these imported suits.
महोदया, यह आयात किये हुए सूट देखिये।

Mrs. Geeta: What is the price ?
क्या मूल्य है?

Salesman: Each of these suits will cost you Rs. 2000/-. All these are made of China silk.
प्रत्येक सूट का मूल्य 2000/- रुपये है। यह सब चाइना सिल्क के बने हुए हैं।

Mrs. Geeta: Give me these two suits one blue and one bottle green.
यह दो सूट एक नीला और एक बॉटल हरा दीजिये।

Salesman: Well ! Anything else ?
ठीक है। और कुछ?

Mrs. Geeta: No, thanks. Please get this pink saree and these suits packed, please.
नहीं, धन्यवाद। कृपया यह गुलाबी साड़ी और सूट पैक करवा दीजिये।

Salesman: Here you are.
यह लीजिये।

Mrs. Geeta: How much in all ?
कुल कितनी रकम?

Salesman: Rs. 6000/-
छः हजार रुपये।

Mrs. Geeta: Yes, please, take this amount.
यह लीजिये।

Salesman: Thanks.
धन्यवाद।

CONVERSATION No. – 21

Seeking Admission to an Institute

एक संस्था में प्रवेश लेने का प्रयास करना

Vinod: Good morning, sir !

शुभ प्रभात, श्रीमान् जी !

Clerk: Good morning ! What can I do for you ?

नमस्ते। मैं आपकी क्या सेवा कर सकता हूं?

Vinod: May, I talk to the head-clerk ?

क्या मैं हेड क्लर्क से बात कर सकता हूं?

Clerk: Yes, he's there at table No. 9.

हां, वह नौ नम्बर मेज पर हैं।

Vinod: Thank you.

धन्यवाद।

(विनोद मेज नम्बर नौ पर पहुंचता है।)

Vinod: Good morning, sir !

शुभ प्रभात, श्रीमान जी !

Head Clerk: Good morning ! What Can I do for you ?

नमस्ते! मैं आपकी क्या सेवा कर सकता हूं?

Vinod: Sir, I'm a student of ABC College. I want to get admission in your college. In this regard I want to know what papers I should bring.

श्रीमान् जी, मैं ABC कॉलेज का विद्यार्थी हूं। मैं आपके कॉलेज में दाखिला लेना चाहता हूं। इस बारे में मैं जानना चाहता हूं कि मुझे कौन–कौन से कागज लाने चाहिए।

Head Clerk: Well ! You must bring your college leaving certificate. You must have a character certificate and a copy of your detailed marks certificate of the previous class you passed. You'll also bring a xerox copy of you birth certificate.

ठीक है। आप कॉलेज छोड़ने का प्रमाण–पत्र लायें। आप एक चरित्र प्रमाण–पत्र भी लायें और अपनी पिछली कक्षा जो आप ने पास की है उसके विस्तृत अंकों का प्रमाण–पत्र भी लायें। आपको अपने जन्म प्रमाण–पत्र की एक फोटो कॉपी भी लानी होगी।

Vinod: Should I bring passport size photographs also ?

क्या! मुझे पासपोर्ट साइज फोटो भी लानी होगी?

Head Clerk: Yes, we need two photographs.

हां, हमें दो फोटो की आवश्यकता है।

Vinod: Anything else, sir !

श्रीमान् जी, और कुछ?

Head Clerk: You've to deposit Rs. 500/- as admission fee plus Rs. 150/- as monthly tuition fee.

आपको 500 रुपये दाखिला शुल्क और डेढ़ सौ रुपये मासिक ट्यूशन फीस जमा करवानी होगी।

Vinod: Thank you, sir !

धन्यवाद, श्रीमान् जी।

Clerk: It's Ok.

सब ठीक है।

CONVERSATION No. – 22

Complaint Against Ticket-Clerk

टिकट-बाबू के विरुद्ध शिकायत

Clerk: Good morning, sir !

नमस्ते, श्रीमान् जी।

Mr. Deol: Good morning ! Could I talk to the Railway Minister ?

नमस्ते। क्या मैं रेल मन्त्री से बात कर सकता हूं?

Clerk: Let me first get permission. What's your name ?

पहले मुझे आज्ञा ले लेने दीजिए। आपका नाम क्या है?

Mr. Deol: I'm S.P. Deol from Chandigarh.

मुझे एस.पी. दिओल कहते हैं। मैं चंडीगढ़ से हूं।

Clerk: You should go in room no. 19.

आप कमरा नं. 19 में जाइये।

Mr. Deol: Thank you

धन्यवाद। (मि. दिओल कमरा नं. 19 में चले जाते हैं।)

Mr. Deol: Good morning, sir !

नमस्ते, श्रीमान् जी।

Railway Minister: Good morning ! Sit down please. What's the matter ?

नमस्ते। कृपया बैठ जाइये। क्या बात है?

Mr. Deol: Sir, I'm here with a complaint against the booking clerk, Mr. XYZ. He demands some extra money for booking.

मैं यहां XYZ टिकट बाबू के विरुद्ध शिकायत करने आया हूं। वह टिकट देने के लिए कुछ अतिरिक्त धन मांगता है।

Railway Minister: Why haven't you met the Station Master in this connection ?

इस सम्बन्ध में आप स्टेशन मास्टर के पास क्यों नहीं गये?

Mr. Deol: Sir, I met him twice. I even met to the General Manager of Railways and Chairman, Railway Board, but no action so far has been taken against the booking clerk.

मैं उन से दो बार मिला। बल्कि मैं रेलवे के जनरल मैनेजर और चेयरमैन रेलवे बोर्ड से भी मिला। परन्तु उस टिकट बाबू के विरुद्ध कोई कार्यवाही अभी तक नहीं की गई।

Railway Minister: Don't worry. Mr. Deol. I'll look into the matter and the culprit will soon be brought to book.

श्रीमान् दिओल, चिन्ता मत करो। मैं इस मामले की छानबीन करूंगा और दोषी को जल्दी ही सजा दी जायेगी।

Mr. Deol: Thank you, sir.

धन्यवाद श्रीमान् जी।

Railway Minister: Welcome !

स्वागत!

CONVERSATION No. – 23

Complaint Against Gas Supplier
गैस-आपूर्तिकर्त्ता के विरुद्ध शिकायत

Clerk: Good morning, sir !
नमस्ते, श्रीमान् जी!

Mr. Jain: Good morning ! Could I talk to the Petroleum Officer ?
नमस्ते! क्या मैं पेट्रोलियम अफसर से बात कर सकता हूं?

Clerk: Let me first take permission. What's your name ?
पहले मुझे आज्ञा लेने दें। आपका नाम क्या है?

Mr. Jain: I'm P. P. Jain from XYZ city.
मैं XYZ नगर से पी.पी. जैन हूं।
(Clerk Petroleum Officer से फोन पर बात करता है।)

Clerk: Yes, sir. You may please go in room no. 6.
हां, श्रीमान। आप कृपया छः नम्बर कमरे में चले जाइये।

Mr. Jain: Thank you.
धन्यवाद। (मि. जैन पेट्रोलियम ऑफिसर के कमरे में चले जाते हैं।)

Mr. Jain: Good morning, sir !
नमस्ते, श्रीमान्!

Petroleum Officer: Good morning ! Sit down please. What's the matter, Mr. Jain ?
नमस्ते। कृपया बैठ जाइये। श्रीमान् जैन, क्या मामला है?

Mr. Jain: Sir, I'm here with a complaint against the sole supplier of gas in our city. He always supplies unsealed cylinders. I'm sure the cylinders supplied by him are underweight.
मैं यहां अपने नगर के एकमात्र गैस सप्लायर के विरुद्ध शिकायत करने आया हूं। मुझे विश्वास है कि जो सिलिण्डर वह देता है उनका वजन कम होता है।

Petroleum Officer: Did you meet our inspector there in this connection ?
क्या इस सम्बन्ध में आप वहां हमारे इंस्पेक्टर से मिले?

Mr. Jain: Yes, sir, I met him thrice in this connection but he diddn't take any action.
हां, श्रीमान्। मैं इस सम्बन्ध में उनसे तीन बार मिला, परन्तु उन्होंने कोई कार्यवाही नहीं की।

Petroleum Officer: Well ! Mr. Jain don't worry. I'll look into the matter and the culprit will be given a severe punishment.
ठीक है, श्रीमान् जैन, चिन्ता मत कीजिए। मैं इस मामले की छानबीन करूंगा और दोषी को सख्त सजा दी जायेगी।

Mr. Jain: Thank you, sir !
धन्यवाद, श्रीमान जी!

Petroleum Officer: You're welcome !
आपका स्वागत है!

CONVERSATION No. – 24

Complaint Against Municipal Committee

नगरपालिका के विरुद्ध शिकायत

Clerk: Good morning, sir !
नमस्ते, श्रीमान्!

Mr. Agrawal: Good morning ! May I see the Health Officer ?
नमस्ते। क्या मैं स्वास्थ्य अधिकारी से मिल सकता हूं?

Clerk: Let me first ask for permission. What's your name ?
पहले मुझे आज्ञा लेने दीजिए। आपका क्या नाम है?

Mr. Agrawal: I'm J.K. Agrawal.
मैं जे.के. अग्रवाल हूं।
(क्लर्क स्वास्थ्य अधिकारी से फोन पर बात करता है।)

Clerk: Mr. Agrawal, you should go in room no. 18.
श्रीमान् अग्रवाल, आप कमरा नं० 18 में चले जाइये।

Mr. Agrawal: Thank you.
धन्यवाद।
(Mr. Agrawal Health Officer के कमरे में पहुंच जाते हैं।)

Mr. Agrawal: Good morning, sir !
नमस्ते, श्रीमान् जी!

Health Officer: Good morning ! What's the matter ?
नमस्ते, क्या बात है?

Mr. Agrawal: Sir, I'm here with a complaint against the municipal committee of my city.
श्रीमान्, मैं यहां अपने नगर की नगरपालिका के विरुद्ध शिकायत करने आया हूं।

Health Officer: Which city ?
कौन सा नगर?

Mr. Agrawal: Sir, XYZ. On every corner of the streets you'll find heaps of garbage. A foul smell always emanates from these heaps. The flies and mosquitoes hover around here in multitudes.

श्रीमान् XYZ गलियों के हर कोने पर गन्दगी का ढेर मिलेगा। इन ढेरों से हर समय गन्दी बदबू निकलती रहती है। यहां मक्खियों और मच्छरों के झुंड मंडराते रहते हैं।

Health Officer: Did you ever complain about it to municipal committee ?

क्या आपने इस बारे में कभी नगरपालिका को शिकायत की?

Mr. Agrawal: Yes, I complained about it to the municipal committee many times. I even met the president of the committee in person but he took no action.

हां, मैंने कई बार इस बारे में नगरपालिका को शिकायत की। बल्कि मैं नगरपालिका प्रधान से भी स्वयं मिला, परन्तु उसने कोई कार्यवाही नहीं की।

Health Officer: Don't worry, Mr. Agrawal, I myself will look into the matter and solve the problem of your city as early as possible.

श्रीमान् अग्रवाल, चिन्ता मत कीजिए। मैं स्वयं इस मामले की छानबीन करूंगा और आपके नगर की समस्या यथासम्भव जल्दी से जल्दी हल करूंगा।

Mr. Agarwal: OK ! Thank you, sir !

ठीक है। धन्यवाद, श्रीमान् जी।

Health Officer: It's all right.

सब ठीक है।

CONVERSATION No. – 25

Inviting Somebody to Daughter's Marriage

किसी को पुत्री-विवाह पर निमन्त्रित करना

Mrs. Sahu: Hello !
हेलो!

Mr. Kamal Nath: Hello ! Is it 99545/45321 ?
हेलो! क्या यह 99545/45321 है?

Mrs. Sahu: Yes.
हां।

Mr. Kamal Nath: Is it Mr. Sahu's house ?
क्या यह साहू का घर है?

Mrs. Sahu: Yes.
हां।

Mr. Kamal Nath: May I talk to Mr. Sahu ?
क्या मैं श्रीमान् साहू से बात कर सकता हूं?

Mrs. Sahu: Yes, please hold on.
हां, कृपया पकड़े रहना।
(श्रीमती साहू फोन श्री साहू को दे देती हैं।)

Mr. Sahu: This is Sahu speaking.
साहू बोल रहा हूं।

Mr. Kamal Nath: Namaskar Mr. Sahu, This is Kamal Nath.
श्रीमान् साहूजी नमस्कार। मैं कमलनाथ हूँ।

Mr. Sahu: Namaskar Mr. Kamal Nath. How is everybody at home?
नमस्कार श्रीमान् कमल नाथ। घर में सब कैसे हैं?

Mr. Kamal Nath: Fine, how is everybody there at yours ?
बढ़िया। आपके वहां सब कैसे हैं?

Mr. Sahu: Fine

बढ़िया।

Mr. Kamal Nath: Now, listen to me. I invite you along with all members of your family to the marriage of my daughter on 26th of this month.

अब मेरी बात ध्यान से सुनिये। मैं आपको अपने परिवार के सब सदस्यों सहित इस महीने की 26 तारीख को अपनी लड़की के विवाह पर निमन्त्रित करता हूं।

Mr. Sahu: Please accept my heartiest congratulations.

कृपया मेरी हार्दिक बधाई स्वीकार करें।

Mr. Kamal Nath: Thank you. Don't mind, Mr. Sahu, I'm not able to send you an invitation card. It is because the date of marriage has been decided suddenly and it is so near.

धन्यवाद। श्रीमान् साहू, बुरा न मानना, मैं आपको निमंत्रण पत्र नहीं भेज सकता। इसका कारण यह है कि विवाह की तिथि का निर्णय अचानक हुआ है और वह बिल्कुल पास है।

Mr. Sahu: I won't mind it. I assure you that we'll definitely attend the function.

मैं बुरा नहीं मानता। मैं आपको विश्वास दिलाता हूँ कि हम अवश्य ही इस उत्सव पर पहुँचेंगे।

Mr. Kamal Nath: Thank you ! Good day !

धन्यवाद! शुभ दिन!

Mr. Sahu: Good day!

शुभ दिन!

CONVERSATION No. 26

Telephonic Conversation
दूरभाष पर बातचीत

Aunt Suman: Hello !
हेलो!

Aman: Hello ! Is it 2255881 ?
हेलो! क्या यह 2255881 है?

Aunt Suman: Yes. Whom do you want to talk to ?
हां। आप किससे बात करना चाहते हैं?

Aman: I'm Aman. I want to talk to Aunt Suman.
मैं अमन हूं। मैं सुमन आंटी से बात करना चाहता हूं।

Aunt Suman: Hello, Aman ! This is Aunt Suman speaking. How is everybody at home ?
हेलो अमन! मैं सुमन आंटी ही बोल रही हूं। घर में हर कोई कैसे हैं?

Aman: Everybody here is hale and hearty. How are uncle and kids ?
यहां हर कोई कुशलपूर्वक हैं। अंकल और बच्चे कैसे हैं?

Aunt Suman: Fine.
बढ़िया।

Aman: I invite you along with all other members of the family to my birthday on 28th of this month.
मैं आपको परिवार के सब सदस्यों सहित इस महीने की 28 तारीख को अपने जन्मदिन पर निमन्त्रित करता हूं।

Aunt Suman: Please accept our heartiest congratulations.
कृपया हमारी हार्दिक बधाई स्वीकार करें।

Aman: Thank you. I'm in dire need of blessings of you and reverential uncle. Everybody here is eager to see the kids.

धन्यवाद। मुझे आपके और आदरणीय अंकल के आर्शीवाद की अति आवश्यकता है। यहां हर कोई बच्चों को देखने के लिए बहुत उत्सुक हैं।

Aunt Suman: Well, Aman ! We'll definitely attend the function. Which gift would you like, a ring or a watch ?

ठीक है, अमन! हम निश्चित रूप से इस उत्सव में भाग लेंगे। आप कौन सा तोहफा पसंद करेंगे एक अँगूठी या घड़ी?

Aman: Please don't bring any gift for me dear aunt. No gift can be better than your blessings.

प्रिय आंटी, कृपया मेरे लिए कोई तोहफा न लायें। आपके आशीर्वाद से बेहतर कोई तोहफा नहीं हो सकता।

Aunt Suman: OK ! I'll see.

ठीक है। मैं ध्यान रखूँगी।

Aman: Good day, Auntie !

आंटी, दिन मंगलमय हो!

Aunt Suman: Good day !

शुभ दिन!

CONVERSATION No. 27

Inspection of a Chemist Shop

एक औषधालय का निरीक्षण

Drug Inspector: Good morning, sir !
शुभ प्रभात, श्रीमान् !

Chemist: Good morning, sir ! What Can I do for you ?
नमस्ते, श्रीमान्! मैं आपकी क्या सेवा कर सकता हूं?

Drug Inspector: I'm the new Drug Inspector here. Here's my Identity Card.
मैं यहां का नया ड्रग इन्स्पेक्टर हूं। यह मेरा पहचान पत्र है।

Chemist: Please, sir. What would you like tea or coffee ?
कृपया बतायें श्रीमान् जी, आप क्या लेना पसन्द करेंगे चाय या कॉफी ?

Drug Inspector: No, thanks. May I ask you for the bill of this box of paracetamol ?
कुछ नहीं, धन्यवाद। क्या मैं आपसे इस पैरासीटामोल के बाक्स के बिल के बारे में पूछ सकता हूं?

Chemist: Here it is.
यह लीजिये।

Drug Inspector: Please show me also the bill of this box of 'Aspirin'.
कृपया मुझे इस एस्परिन के बॉक्स का बिल भी दिखायें।

Chemist: Sir, I think I've misplaced it somewhere.
श्रीमान् जी, मैं समझता हूं कि मैंने इसे इधर–उधर कहीं रख दिया है।

Drug Inspector: Do you know it is an offence ?
क्या आप नहीं जानते कि यह एक अपराध है?

Chemist: I'm sorry, sir. I beg your pardon, sir. In future I'll be more careful.
मुझे खेद है, श्रीमान। मैं आप से क्षमा चाहता हूं, श्रीमान्। भविष्य में मैं अधिक ध्यान रखूंगा।

Drug Inspector: If you purchase everything on bill and if you keep all the bills carefully in a file, you needn't kneel down before anybody. Moreover, self-respect is the highest form of morality.

यदि आप प्रत्येक वस्तु बिल के साथ खरीदें और यदि आप सब बिल ध्यानपूर्वक फाइल में लगा कर रखें, तो आपको किसी के सामने घुटने न टेकने पड़े। इससे बढ कर बात यह है कि आत्म–सम्मान नैतिकता की उच्चतम प्रकार है।

Chemist: You're right, sir. The next time when you come to my shop, you'll find everything in a proper order.

श्रीमान् जी, आप ठीक कहते हैं। अगली बार जब आप मेरी दुकान पर आयेंगे तो आप हर वस्तु को ठीक ढंग से पायेंगे।

Drug Inspector: OK. I let you go this time. Be extra careful in future.

ठीक है। इस बार मैं तुम्हें छोड़ देता हूं। भविष्य में आप अधिक ध्यानपूर्वक रहें।

Chemist: I'll sir ! Thank you !

श्रीमान् मैं ऐसे ही करूगा। धन्यवाद।

Drug Inspector: It's all right.

सब ठीक है।

CONVERSATION No. – 28

Inspection of a Confectionery Shop

एक कन्फेक्शनरी दुकान का निरीक्षण

Health Inspector: Good morning, sir !

शुभ प्रभात, श्रीमान्!

Shopkeeper: Good morning, sir ! What can I do for you ?

नमस्ते, श्रीमान्! मैं आपके लिये क्या कर सकता हूं?

Health Inspector: I'm a Health Inspector. I've been assigned to take a few samples from your shop to get them checked against the required purity.

मैं एक स्वास्थ्य निरीक्षक हूं। मेरे जिम्मे यह कार्य लगाया गया है कि मैं आपकी दुकान से कुछ नमूने लूं ताकि उनकी आवश्यक शुद्धता की परख की जाये।

Shopkeeper: You're most welcome, sir. Please tell me first what will you take a cold drink or coffee ?

आपका भरपूर स्वागत है, श्रीमान्। कृपया पहले मुझे बताइये कि आप क्या लेंगे–ठंडा पेय या कॉफी?

Health Inspector: Thank you, sir ! During my duty I don't take anything. First please show me the bill of these 'Butter Cookies' ?

धन्यवाद, श्रीमान्। जब मैं ड्यूटी पर होता हूं तो कोई चीज नहीं लेता। कृपया पहले मुझे इन 'बॅटर कुक्कीज' का बिल दिखाइये।

Shopkeeper: Here you are.

यह लीजिये।

Health Inspector: Now please show me the bill of these sweets ?

अब कृपया मुझे इन मिठाइयों का बिल दिखाइये।

Shopkeeper: Here you are.

यह लीजिये।

Health Inspector: Still, I'm going to take a sample of these sweets and I'll seal it here in your presence.

फिर भी मैं इन मिठाइयों का एक नमूना ले रहा हूँ जो मैं यहां आपके सामने सील करूंगा।

Shopkeeper: With great pleasure, sir.

बड़ी प्रसन्नता से, श्रीमान् जी।

CONVERSATION No. 29

Consulting a Dentist
दंत चिकित्सक से परामर्श लेना

Mr. Gupta: Hello, Mr. Des Raj ! How are you ?
हेलो, श्रीमान् देसराज! कैसे हो?

Mr. Des Raj: Good morning, Mr. Gupta ! I'm fine. How are you ?
नमस्ते, श्रीमान् गुप्ता। मैं ठीक हूं। आप कैसे हैं?

Mr. Gupta: I'm also fine now.
अब मैं भी ठीक हूं।

Mr. Des Raj: Was there any problem ?
क्या कोई समस्या थी?

Mr. Gupta: Yes, last month, my gums began to bleed.
हां, पिछले मास मेरे मसूढ़ों में से रक्त बहने लगा।

Mr. Des Raj: What did you do then ?
तब आपने क्या किया?

Mr. Gupta: One of neighbours suggested that I should take some carminative mixture. He guessed that it was the sign of indigestion of food.
मेरे एक पड़ोसी ने यह परामर्श दिया कि मैं कोई कर्मीनेटिव मिक्सचर लूं। उसने अनुमान लगाया कि यह भोजन के अपच का लक्षण था।

Mr. Des Raj: Did you act upon his advice ?
क्या आपने उसकी सलाह मानी?

Mr. Gupta: Yes, but I found no relief from toothache and my gums kept bleeding. After a few days I met a dentist.
हां, परन्तु मुझे दांतों के दर्द से कोई राहत नहीं मिली और मेरे मसूढ़ों में से रक्त संचार होता रहा। कुछ दिनों के बाद मैं एक दंत–चिकित्सक के पास गया।

Mr. Des Raj: What did he say ?

उसने क्या कहा?

Mr. Gupta: He advised me to take citrus fruits in abundance. He also prescribed me a gum paint that I'm still applying to my gums twice a day after meals.

उसने मुझे परामर्श दिया कि मुझे पर्याप्त मात्रा में रस वाले (सिट्रस) फल लेने चाहिए। उसने एक गम पेंट का भी प्रयोग करने को कहा जो कि मैं अभी भी खाना खाने के बाद दिन में दो बार मसूढ़ों पर मल रहा हूं।

Mr. Des Raj: You made the right decision and met the dentist. It's always better to see a specialist than to ask any lay man about your medical problems.

आपने ठीक निर्णय लिया और आप एक दांतों के डॉक्टर से मिले। हमेशा ही एक विशेषज्ञ का परामर्श बेहतर होता है बजाय इसके कि अपनी स्वास्थ्य–सम्बन्धी समस्याओं के बारे में आप एक साधारण व्यक्ति से बात करें।

Mr. Gupta: You're right, sir ! thanks.

श्रीमान् आप ठीक कहते हैं। धन्यवाद।

Mr. Des Raj: Welcome.

स्वागत!

CONVERSATION No. – 30

Purchasing a Mobile Phone

मोबाइल फोन खरीदना

Company's Agent: Good Morning, madam !
नमस्ते, महोदया !

Shilpa: Good morning !
नमस्ते।

Company's Agent: You're most welcome here. What can I do for you ?
आपका यहां भरपूर स्वागत है। मैं आपके लिए क्या कर सकता हूं?

Shilpa: Sir, I want to purchase a mobile phone.
श्रीमान् जी मैं एक मोबाइल फोन खरीदना चाहती हूं।

Company's Agent: Please read this booklet with illustrations and select your mobile phone.
कृपया यह सचित्र पुस्तिका पढ़िये और अपना मोबाइल फोन चुनिये।

Shilpa: What discount will you offer me ?
आप मुझे क्या कटौती देंगे?

Company's Agent: Madam, we don't offer any discount. But luckily the company has recently started a scheme. It'll give one ticket to each of its customers free of charge. You'll scratch the number on the ticket and you'll be entitled to get the prize which it promises.
महोदया, हम कोई छूट नहीं देते। परन्तु सौभाग्यवश कम्पनी ने कुछ समय पहले ही एक स्कीम आरम्भ की है। इसके अनुसार अपने प्रत्येक ग्राहक को एक टिकट मुफ्त दी जाती है। आप टिकट पर लिखे नम्बर को खुरचेंगी और जिस इनाम का इसमें वचन दिया गया हो, वह आपको मिलेगा।

Shilpa: May I see this mobile phone model no. 408 ?
क्या मैं यह मोबाइल फोन नं. 408 देख सकती हूं?

Company's Agent: Why not ?
क्यों नहीं?

Company's Agent: Here you are.
यह लीजिये।

Shilpa: What is the price of it ?
इसका क्या मूल्य है?

Company's Agent: It'll cost you five thousand rupees.
इसका मूल्य पांच हजार रुपये है।

Shilpa: What are its specialities ?
इसकी विशेषताएं क्या हैं?

Company's Agent: You can send SMS through it. You can also record the voice of the person you're talking to.
आप इसके द्वारा SMS भेज सकते हैं। आप इसके द्वारा जिस व्यक्ति से आप बात कर रहे हैं, उसकी आवाज भी रिकार्ड कर सकते हैं।

Shilpa: That's interesting. Give me this model.
यह रुचिकर है। आप मुझे यह माडल दे दीजिए।

CONVERSATION No.– 31

Inviting a Friend to Ring Ceremony
मंगेतर को अँगूठी पहनाने के रस्म पर मित्र को निमंत्रण

Mohan: Hello !
हेलो!

Kirti: Hello ! Is it 775599 ?
हेलो! क्या यह 775599 है?

Mohan: Yes. Whom do you want to talk to ?
हां, आप किस से बात करना चाहते हैं?

Kirti: This is Kirti. I want to talk to Mr. Mohan
मैं कीर्ति हूं। मैं मोहन से बात करना चाहता हूं।

Mohan: Hi Kirti ! How are you ?
हाइ कीर्ति! कैसे हो?

Kirti: I'm fine. How are you ?
ठीक हूं। आप कैसे हैं?

Mohan: I'm also fine.
मैं भी ठीक हूं।

Kirti: Mohan, I invite you to dinner tonight.
मोहन, मैं आपको आज रात के खाने पर निमन्त्रित करता हूं।

Mohan: May I ask you the reason behind it ?
क्या मैं आपसे इसका कारण पूछ सकता हूं?

Kirti: We're going to celebrate the ring ceremony of me and Renu, my school time mate.
हम अपनी और रेणु की रिंग सेरेमनी मनाने जा रहे हैं जो कि स्कूल में मेरे साथ पढ़ती थी।

Mohan: Please accept my heartiest congratulations.

कृपया मेरी हार्दिक बधाई स्वीकार करें।

Kirti: Thank you. I'm sorry to say that I'm not able to send you an invitation card due to paucity of time.

धन्यवाद। मुझे खेद है कि मैं समय की कमी के कारण आपको निमन्त्रण कार्ड नहीं भेज सकता।

Mohan: Don't be tense about it. I'll definitely attend the function. How are my respected uncle and aunt ?

इस बारे में तनावग्रस्त न हो। मैं निश्चित रूप से समारोह में भाग लूंगा। आदरणीय अंकल और आंटी कैसे हैं?

Kirti: They're all right. They remember you almost everyday.

वह बिल्कुल ठीक हैं। वह आपको प्रायः प्रतिदिन याद करते हैं।

Mohan: Please convey my heartiest congratulations to them also.

कृपया मेरी हार्दिक बधाई उनको भी पहुंचा दें।

Kirti: OK ! Thank you.

ठीक है। धन्यवाद

Mohan: OK !

ठीक है।

CONVERSATION No. – 32

Conveying the Death News

मृत्यु समाचार देना

Tina: Hello !

हेलो!

Rinku: Hello ! Is it 593041 ?

हेलो! क्या यह 593041 है?

Tina: Yes, who is that ?

हां, आप कौन हैं?

Rinku: I'm Rinku. May I talk to Mrs. Tina ?

मैं रिंकू हूं। क्या मैं श्रीमती टीना से बात कर सकती हूं?

Tina: Hi, Rinku ! I'm Tina. How is everybody at home ?

हाइ रिंकू! मैं टीना ही हूं। घर में हर कोई कैसे हैं?

Rinku: There is a bad news. My grandmother passed away last night.

एक बुरी खबर है। मेरी दादीजी कल रात गुजर गयीं।

Tina: Oh, it's a matter of grief. What was her age ?

ओह! यह तो दुःख की बात है। उनकी आयु क्या थी?

Rinku: She was about ninety.

वह लगभग नब्बे वर्ष की थीं।

Tina: I think it isn't possible for me to attend the funeral ceremony as there will be no train for Jaipur at the moment. Moreover, it's quite at a distance from Jalandher.

मुझे लगता है कि मैं अन्तिम संस्कार में सम्मिलित नहीं हो सकूंगी, क्योंकि इस समय जयपुर के लिए कोई गाड़ी नहीं होगी। इसके अतिरिक्त जयपुर जालन्धर से काफी दूर है।

Rinku: Please don't bother to come here at the funeral ceremony.

कृपया अन्तिम संस्कार औपचारिकता पर आने का कष्ट मत करें।

Tina: When is the Rasam Pagri ?

रस्म पगड़ी कब है?

Rinku: It'll be held on 25th of this month.

वह इस माह की 25 तारीख को है।

Tina: I'll be able to attend it.

मैं इस पर पहुंच सकूंगी।

Rinku: That's right.

ठीक है।

CONVERSATION No. 33

About Postponement of a function
किसी समारोह के स्थगन सम्बन्धी

Sangeeta: Hello !

हेलो!

Radhika: Hello ! Is it 2959908 ?

हेलो! क्या यह 2959908 है?

Sangeeta: Yes. Whom do you want to talk to ?

हां, आप किससे बात करना चाहती हैं?

Radhika: I'm Radhika, Nina's friend. Could I talk to her ?

मैं नीना की सहेली राधिका हूं। क्या मैं उससे बात कर सकती हूं?

Sangeeta: I'm sorry. She isn't at home at the moment. She has gone to the market. Could I help you ?

मुझे खेद है कि वह इस समय घर पर नहीं है। वह बाजार गई हुई है। क्या मैं आपकी सहायता कर सकती हूं?

Radhika: Thank you, when she comes, tell her that the date of fancy show competition has been postponed. It'll now be held on 29th of this month instead of 20th.

धन्यवाद। वह जब आये तो उसे बता देना कि फैंसी शो मुकाबले को स्थगित कर दिया गया है। अब वह इस महीने की 20 के स्थान पर 29 को होगा।

Sangeeta: I'll do that.

मैं ऐसा ही करूंगी।

Radhika: And please also tell her to bring her new black leather purse.

और उसे यह भी कह दें कि वह अपना नया चमड़े का काला पर्स लेती आये।

Sangeeta: OK ! I'll convey your message. May I ask you what dress Nina is going to wear at the show ?

ठीक है। मैं आपका संदेश उसे दे दूंगी। क्या मैं आप से पूछ सकती हूं कि शो पर नीना कौन सी पोशाक पहनने जा रही है?

Radhika: She is going to wear the dress of a Queen.

वह एक रानी की पोशाक पहनने जा रही है।

Sangeeta: Oh ! quite interesting.

ओह! यह तो बहुत रुचिकर है।

Radhika: I'm sure that she will win a prize.

मुझे विश्वास है कि वह इनाम जीतेगी।

Sangeeta: OK !

ठीक है!

Radhika: Good day !

दिन मंगलमय हो!

Sangeeta: Good day !

आपके लिए भी!

CONVERSATION No. – 34

Conveying Message Regarding Tennis Match

टेनिस मैच के सम्बन्ध में संदेश देना

Rahul: Hello !

हेलो!

Avtar: Hello ! Is it 25239051 ?

हेलो! क्या यह 25239051 है?

Rahul: Yes. Who is that ?

हां। आप कौन हैं?

Avtar: My name is Avtar. I am classmate of Harish. May I talk to him ?

मेरा नाम अवतार है। मैं हरीश का सहपाठी हूं। क्या मैं उससे बात कर सकता हूं?

Rahul: I'm sorry, friend. He isn't at home at the moment.

मुझे खेद है, मित्र कि वह इस समय घर पर नहीं है।

Avtar: Could you please convey my message to him ?

क्या आप कृपया उसे मेरा संदेश दे देंगे?

Rahul: Sure.

अवश्य।

Avtar: So nice of you. As he comes, tell him that the tennis match which was planned to be played in the Ram Nath Hall in our school, will now be played in the Laxmi Hall in J & J Convent School (near Bus stand).

आपकी कृपा है। जब वह आये तो उसे बता दें कि टेनिस मैच जो कि हमारे स्कूल के रामनाथ हाल में आयोजित होनेवाला था, अब जे एण्ड जे कान्वेन्ट स्कूल (बस स्टैंड के पास) में खेला जायेगा।

Rahul: I'll do this, friend

मैं ऐसा ही करूंगा, मित्र।

Avtar: Thank you.

धन्यवाद।

Rahul: May I ask how is Harish in tennis ?

क्या मैं पूछ सकता हूं कि हरीश टेनिस में कैसा है?

Avtar: He is the best tennis player of our school. Without him we cannot win.

वह हमारे स्कूल का सबसे बढ़िया टेनिस का खिलाड़ी है। उसके बिना हम मैच नहीं जीत सकते।

Rahul: OK !

ठीक है।

Avtar: Good day !

दिन मंगलमयी हो!

Rahul: Good day !

आपके लिए भी!

CONVERSATION No. 35

Regarding Aim in Life
जीवन में लक्ष्य-सम्बन्धी

Mr. A: Do you like sports?
क्या आपको खेल पसन्द है?

Mr. B: Yes, I do.
हां, है।

Mr. A: What else do you like to do in leisure hours ?
आप खाली समय में और क्या करना पसन्द करते हैं?

Mr. B: I like to read books.
मैं पुस्तकें पढ़ना पसन्द करता हूं।

Mr. A: Which books do you like the most ?
आपको कौन–सी पुस्तकें सर्वाधिक पसन्द हैं?

Mr. B: In general, all books are good. But I like to read the books on science, particularly on animals and plants.
आमतौर पर सब पुस्तकें अच्छी होती हैं। परन्तु मैं विज्ञान सम्बन्धी पुस्तकें पढ़ना पसन्द करता हूं, विशेषतया पशुओं और पौधों पर।

Mr. A: What is your aim in life ?
आपका जीवन में लक्ष्य क्या है?

Mr. B: I want to be a scientist.
मैं एक वैज्ञानिक बनना चाहता हूं।

Mr. A: Why a scientist ? Why not a doctor ?
एक वैज्ञानिक ही क्यों? एक डॉक्टर क्यों नहीं?

Mr. B: Scientists have a bright future. They are in great demand all over the world. In reality, it doesn't matter whether you are a doctor, teacher, scientist or an engineer. Your final goal should be the establishment of peace and brotherhood through the world.

वैज्ञानिकों का भविष्य बहुत उज्ज्वल है। उनकी संसार भर में बहुत मांग है। वास्तव में इसमें कोई अन्तर नहीं पड़ता कि कोई डॉक्टर, अध्यापक, वैज्ञानिक या इन्जीनियर है। आपका परम लक्ष्य संसार में शान्ति और भाईचारा स्थापित करना होना चाहिए।

Mr. A: You're absolutely right. I'm very much impressed to find you so peace-loving. Thanks for a nice meeting. Good day !

आप बिल्कुल ठीक कहते हैं, आपको शान्तिप्रिय पाकर मैं बहुत प्रभावित हुआ हूं। एक अच्छी बैठक के लिए धन्यवाद। दिन मंगलमय हो।

Mr. B: Same to you, Mr. A.

आँपको भी।

CONVERSATION No. – 36

Buying a Jacket

एक जैकट खरीदना

A: Come in, you're most welcome, sir. Choose whichever garment you like. Don't miss the opportunity, sir. It's time to make the best of the chance.

श्रीमान् जी अन्दर आइये। आपका अत्यन्त स्वागत है। पसंद कीजिए जो वस्त्र आपको अच्छा लगता है। मौका हाथ से मत जाने दीजिये, श्रीमान्। यह मौके का लाभ उठाने का अच्छा अवसर है।

B: Well, please show me a pullover.

ठीक है, कृपया मुझे एक स्वेटर दिखाइये।

A: It's my pleasure, sir. Here you are.

यह तो मेरे लिए प्रसन्नता की बात है, श्रीमान् जी। यह लीजिए।

B: Do you have a black one ?

क्या आपके पास काले रंग का स्वेटर है?

A: Why black, sir ? You're so handsome, sir, each of these will look good on you.

काला ही क्यों, श्रीमान् जी? आप तो इतने सुन्दर हैं कि आप पर तो इन सब में से प्रत्येक अच्छा लगेगा।

B: You may be right. But I wonder if you've a black one.

आप ठीक होंगे। परन्तु मैं जानना चाहता हूं कि क्या आप के पास काला स्वेटर है?

A: I am afraid, we're running out of stock. If you think a jacket will do, then there it is. Useless to say, it's soft, graceful, warm and will suit your pocket.

मैं समझता हूं कि हमारे पास स्टाक की कमी है। यदि आप यह मानते हैं कि एक जैकट से आपका काम चल जायेगा, तो यह लीजिये। कहने की

आवश्यकता नहीं कि यह नर्म, सुन्दर और गर्म है और आपकी जेब के अनुसार भी है।

B: Can you bring it out of the case ?

क्या आप इसे केस में से बाहर निकाल सकते हैं?

A: Sure. Here you are.

अवश्य! यह लीजिये।

B: What's the price ?

क्या मूल्य है?

A: Just five hundred rupees.

केवल पांच सौ रुपये।

B: Well, pack it up please.

ठीक है, इसे पैक कर दो।

CONVERSATION No. – 37

Complaint About A.C.

ए.सी. सम्बन्धी शिकायत

Salesman: Good morning, sir !
नमस्ते, श्रीमान्!

Customer: Good morning !
नमस्ते!

Salesman: What can I do for you sir ?
श्रीमान् मैं आपके लिए क्या कर सकता हूं?

Customer: May I talk to the manager ?
क्या मैं प्रबन्धक से बात कर सकता हूं?

Salesman: Yes, he is in the first cabin.
हां, वह प्रथम केबिन में हैं।

Customer: Thank you.
धन्यवाद।
(ग्राहक प्रबंधक की केबिन में चला जाता है)

Customer: May I come in, sir ?
श्रीमान्, क्या मैं अन्दर आ सकता हूं?

Manager: Yes, please. Have a seat, please. What is the matter, sir?
हां, कृपया स्थान ग्रहण करें। क्या मामला है, श्रीमान्?

Customer: Sir, I purchased an AC from your shop. After working properly for a few weeks, it, all of a sudden, stopped working.
श्रीमान्, मैंने आपकी दुकान से एक ए.सी. खरीदा। कुछ सप्ताह ठीक ढंग से काम करने के बाद यह एकदम रुक गया।

Manager: Of which company is it ?
यह कौन सी कम्पनी का है?

Customer: Sir, XYZ.
श्रीमान्, XYZ।

Manager: When did you purchase it ?
आपने यह कब खरीदा?

Customer: Sir, three months ago.
श्रीमान्, तीन महीना पहले।

Manager: Have you shown it to any local electricians ?
क्या आपने किन्हीं स्थानीय इलेक्ट्रीशियन्स को यह दिखाया है?

Customer: No, sir.
नहीं, श्रीमान्।

Manager: May you please show the cash memo ?
क्या आप कैशमीमो (नकद की पर्ची) दिखा सकते हैं?

Customer: Here you are.
यह लीजिये।

Manager: Please fill in this form.
कृपया यह फार्म भर दें।

Customer: Yes, sir !
हां, श्रीमान्।

Manager: Please give here your contact number. Also mention here the day and time when you're free to get your AC repaired by the company's engineer. Here get the form duly signed by me.
कृपया यहां अपना कान्टैक्ट नम्बर दीजिये। यहां यह भी वर्णन करें कि आप कम्पनी के इंजीनियर द्वारा अपने ए.सी. की मरम्मत करवाने के लिए कब फ्री हैं। यहां मुझसे इस फार्म पर हस्ताक्षर करवा लीजिये।

Customer: OK, sir ! Thank you.
ठीक हे श्रीमान्! धन्यवाद।

Manager: OK !
ठीक है !

CONVERSATION No. – 38

Complaint About Fridge
फ्रिज सम्बन्धी शिकायत

Salesman: Good morning, sir ! What can I do for you ?
नमस्ते, श्रीमान्! मैं आपकी क्या सेवा कर सकता हूं?

Customer: Good morning ! Can I meet the owner of the shop ?
नमस्ते! क्या मैं दुकान के मालिक से मिल सकता हूं?

Salesman: Yes, sir ! He is in his Cabin.
हां, श्रीमान्। वह अपने केबिन में हैं।

Customer: Thank you.
धन्यवाद। (ग्राहक shop owner के केबिन में चला जाता है।)

Shop owner: Please come in.
कृपया अन्दर आ जाइये।

Customer: Thank you, sir !
धन्यवाद, श्रीमान्।

Shop owner: Please be seated.
कृपया बैठ जाइये।

Customer: Sir, a few days back I purchased a refrigerator from your showroom.
श्रीमान् कुछ दिन पहले मैंने आपके शोरूम से एक रेफ्रिजरेटर खरीदा।

Shop owner: We'll talk about it later on. First tell me what you would like—a tea or coffee.
हम उसके बारे में बाद में बात करेंगे। पहले आप मुझे यह बतायें कि आप क्या पसन्द करेंगे—एक चाय या कॉफी?

Customer: No, thanks, sir !
नहीं, धन्यवाद, श्रीमान्।

Shop owner: Now, please go on. Yes, you purchased a fridge from our showroom of which company ?

अब, कृपया बताइये। हां, आपने हमारे शोरूम से एक फ्रिज खरीदा। कौन सी कम्पनी का?

Customer: Sir, XYZ.

श्रीमान्, XYZ

Shop owner: What is the problem now ?

अब समस्या क्या है?

Customer: While opening or closing its door it gives a loud creaking sound.

इसको खोलते या बंद करते समय एक ऊंची तीखी आवाज आती है।

Shop owner: Is the cooling good ?

क्या इसका ठंडा करने का गुण ठीक है?

Customomer: Yes, sir.

हां, श्रीमान्।

Shop owner: Any other problem ?

कोई और समस्या?

Customer: No, sir !

नहीं श्रीमान्!

Shop owner: Please fill in this form. In a couple of days the engineer of the company will visit your house and solve your problem.

कृपया यह फार्म भरिये। दो दिनों में कम्पनी का इंजीनियर आपके घर जाकर आपकी समस्या हल कर देगा।

Customer: Thanks !

धन्यवाद !

Shop owner: Welcome !

स्वागत !

CONVERSATION No. – 39

Complaint Against Neighbour
पड़ोसी के विरुद्ध शिकायत

Policeman: Good morning, sir ! What can I do for you ?
नमस्ते श्रीमान्। मैं आपकी क्या सेवा कर सकता हूं?

Mr. ABC: Good morning ! May I talk to the DSP ?
नमस्ते! क्या मैं डी.एस.पी. से बात कर सकता हूं?

Policeman: Let me ask him. You may please sit on this chair. What's your name ?
पहले मुझे उनसे पूछ लेने दें। आप कृपया इस कुर्सी पर बैठ जाइये। आपका नाम क्या है?

Mr. ABC: Thank you. I'm ABC.
धन्यवाद! मैं ABC हूं।
(Policeman फोन पर DSP से कुछ बात करता है तथा Mr. ABC को DSP के केबिन में जाने की अनुमति दे देता है।)

Policeman: Sir, you may go in cabin number 18.
श्रीमान्, आप केबिन नं. 18 में जा सकते हैं।

Mr. ABC: Thank you.
धन्यवाद।
(Mr. ABC DSP के केबिन में पहुंच जाता है।)

Mr. ABC: Good morning, sir !
नमस्ते, श्रीमान्!

DSP: Good morning, Mr. ABC ! Be seated please.
नमस्ते, श्रीमान् ABC पधारिये।

Mr. ABC: Thank you, sir.
धन्यवाद, श्रीमान्।

DSP: What help do you want from the police department ?

आप पुलिस विभाग से क्या सहायता चाहते हैं?

Mr. ABC: Sir, one of my neighbours, Mr. XYZ, is a drunkard. In the evening, while returning from his shop he most often stops at my house for a few minutes and he abuses me and the other members of my family. Then he goes to his own house.

श्रीमान् जी, मेरा एक पड़ोसी XYZ एक शराबी है। सायं के समय अपनी दुकान से लौटते समय वह प्रायः कुछ मिनटों के लिए मेरे घर के सामने रुकता है तथा वह मुझे और मेरे परिवार के बाकी सदस्यों को बुरा भला कहता है। फिर वह अपने घर चला जाता है।

DSP: Have you ever asked him why he does so ?

क्या आपने कभी उससे पूछा है कि वह ऐसा क्यों करता है?

Mr. ABC: No, sir ! I'm afraid of him.

नहीं श्रीमान्, मुझे उससे डर लगता है।

DSP: Well ! Please leave your address with the policeman outside. I'll soon take action against Mr. XYZ.

ठीक है, कृपया आप अपना पता बाहर बैठे सिपाही के पास छोड़ जायें। मैं जल्दी ही XYZ के विरुद्ध कार्यवाही करूंगा।

Mr. ABC: Thank you very much, sir.

आपका बहुत–बहुत धन्यवाद, श्रीमान्।

DSP: Wellcome !

स्वागत !

CONVERSATION No. – 40

Complaint About Telephone
दूरभाष सम्बन्धी शिकायत

Customer: Good morning, sir !
नमस्ते, श्रीमान्!

Clerk: Good morning, sir ! May I help you ?
नमस्ते, श्रीमान्। क्या मैं आपकी सहायता करूं?

Customer: I want to talk to the officer regarding my telephone.
मैं अपने टेलीफोन के बारे में अधिकारी से बात करना चाहता हूं।

Clerk: Sir, you should go to cabin No. 75 on the third floor.
श्रीमान्, आप तीसरे फ्लोर पर केबिन न. 75 में चले जाइये।

Customer: Thank you, sir.
धन्यवाद, श्रीमान्।
(ग्राहक 3rd Floor पर केबिन न॰ 75 में चला जाता है)

Customer: Good morning, sir !
नमस्ते श्रीमान्।

Officer: Good morning ! What is the matter, sir ?
नमस्ते, श्रीमान्! क्या बात है?

Customer: I'm here with a complaint about not proper functioning of my telephone.
मैं यहां अपने दूरभाष के ठीक काम न करने के बारे में शिकायत करने आया हूं।

Officer: What is your telephone number ?
आपका दूरभाष नम्बर क्या है?

Customer: Sir, 456853.
श्रीमान् यह 456853 है।

Officer: Since how long has it not been working properly ?
यह कब से ठीक काम नहीं कर रहा है?

Customer: Sir, from 15th of the previous month.

श्रीमान्, पिछले महीने की पंद्रह तारीख से।

Officer: What is the actual problem ?

वास्तविक समस्या क्या है?

Customer: Whenever I dial a number, it becomes dead. But after sometime the dial tone returns.

जब भी मैं कोई नम्बर डायल करता हूं तो यह डेड हो जाता है। परन्तु थोड़ी देर के बाद डायल टोन आ जाती है।

Officer: Well ! I'll send an experienced engineer and soon get your problem solved.

ठीक है, मैं जल्दी ही कोई अनुभवी इंजीनियर भेजूंगा और शीघ्र ही आपकी समस्या हल करवा दूंगा।

Customer: Thank you, sir.

धन्यवाद, श्रीमान्।

Officer: It's all right.

सब ठीक है।

CONVERSATION No. – 41

Regarding a Rental House
एक किराये के मकान सम्बन्धी

Sandeep: Hi, Pradeep ! How are you ?
हाइ, प्रदीप! कैसे हो?

Pradeep: Hi, Sandeep ! I'm fine. How are you ?
हाइ संदीप! मैं ठीक हूं। आप कैसे हैं?

Sandeep: I'm also fine. Where are you living these days ?
मैं भी ठीक हूं। आप आजकल कहाँ रह रहे हैं?

Pradeep: We've rented a new house from Mr. Om Das. It's just a few yards away from here.
हमने श्रीमान् ओमदास से मकान किराये पर लिया है जो कि यहां से कुछ गज ही दूर है।

Sandeep: Very good. The locality here looks good.
बहुत अच्छा। यह इलाका अच्छा प्रतीत होता है।

Pradeep: This is one of the posh areas in our city.
यह हमारे नगर के पॉश इलाकों में से एक है।

Sandeep: How many rooms have you at present ?
इस समय आपके पास कितने कमरे हैं?

Pradeep: Three rooms, one kitchen, two bathrooms and a big porch.
तीन कमरे, एक रसोई, दो गुसलखाने और एक बड़ा पोर्च।

Sandeep: How much are you paying for this ?
आप इसके लिए कितना किराया दे रहे हैं?

Pradeep: Fifteen thousand per month.
पन्द्रह हजार रुपये प्रति मास।

Sandeep: It's too much. Why don't you apply for a housing loan?
यह तो अत्यधिक है। आप हाउसिंग लोन के लिए प्रार्थना पत्र क्यों नहीं देते?

Pradeep: Actually, my dad wants to purchse a big piece of land that he wants to get constructed in his own presence. But at present he is awfully busy and has no time for such things.

वास्तव में, मेरे पिता जी जमीन का एक बड़ा टुकड़ा खरीद कर स्वयं अपनी उपस्थिति में उसे बनवाना चाहते हैं। परन्तु इस समय वह काम में अत्यधिक व्यस्त हैं और उनके पास इन कार्यों के लिए कोई समय नहीं है।

Sandeep: Anyway, how do you like this new house ?

कुछ भी हो, आपको यह नया मकान कैसा लगा?

Pradeep: It's good, airy, and comfortable.

यह अच्छा है, हवादार है और आरामदायक है।

Sandeep: Goodbye !

अच्छी बात है। विदाई !

Pradeep: Bye !

विदाई !

CONVERSATION No. – 42

Regarding Heirlooms
पूर्वजों की वस्तुओं सम्बन्धी

Manoj: Good morning, aunt !
नमस्ते, आंटी!

Aunt: Good morning !
नमस्ते!

Manoj: Could I help you lift this heavy box ?
क्या यह भारी सन्दूक उठाने में मैं आपकी सहायता करूं?

Aunt: Oh, yes. How nice of you !
ओह, हां। तुम कितने अच्छे हो।

Manoj: May I ask you what is there inside the box ?
क्या, मैं आपसे पूछ सकता हूं कि इस सन्दूक में क्या है?

Aunt: This box contains some antiques and some articles which belong to the other members of my house.
इस सन्दूक में कुछ पुरानी वस्तुएं हैं और कुछ ऐसी वस्तुएं हैं जो इस घर के दूसरे व्यक्तियों की हैं।

Manoj: Where are the other members of your house living these days ?
आपके घर के बाकी सदस्य आजकल कहां रहते हैं?

Aunt: They are all dead.
वे सब मर चुके हैं।

Manoj: I'm sorry, aunt. What will you do with these old items?
मुझे खेद है आंटी, आप इन सब पुरानी वस्तुओं का क्या करेंगी?

Aunt: Nothing.
कुछ नहीं।

Manoj: Why don't you sell all these to a junk dealer ?
आप यह सब वस्तुएं किसी कबाड़िये के पास बेच क्यों नहीं देती हैं?

Aunt: These old articles are my life and breath. They remind me of my childhood and my mother, father, brother, grandmother and grandfather. How happy we were !

पुरानी वस्तुएं ही तो मेरा जीवन और सांस हैं। यह मुझे अपने बचपन और अपने माता–पिता, भाई, दादाजी और दादीजी की याद दिलाते हैं। हम कितने प्रसन्न हुआ करते थे।

Manoj: I'm sorry, aunt. I could not regard your emotions.

मुझे खेद है आंटी। मैं आपकी भावनाओं का आदर नहीं कर सका।

Aunt: It's not your fault, my son. You're too young to understand such things. Let us put this box in a corner of the room.

इसमें, पुत्र, तुम्हारा कोई दोष नहीं। तुम इतने छोटे हो कि तुम इन बातों को नहीं समझ सकते। आओ इस सन्दूक को कमरे के एक कोने में रख दें।

Manoj: OK, aunt !

ठीक है, आंटी।

Aunt: Thank you, my son.

धन्यवाद, बेटा।

Manoj: Please do not mention of it.

कृपया ऐसा न कहिए।

CONVERSATION No. – 43

Going on a Picnic
पिकनिक पर जाना

Harish: Hello !
हेलो!

Kuldeep: Hello ! Is it 498888 ?
हेलो! क्या यह 498888 है?

Harish: Yes ! Who is that ?
हां, आप कौन हैं?

Kuldeep: This is Kuldeep, Ajay's classmate. Could I talk to Ajay ?
मैं अजय का सहपाठी कुलदीप हूं। क्या मैं अजय से बात कर सकता हूं?

Harish: Please hold on.
कृपया होल्ड रखिये।
(हरीश अपने भाई अजय को फोन दे देता है तथा बताता है कि कुलदीप का फोन है)

Ajay: Hi, Kuldeep ! How are you ?
हाइ, कुलदीप! कैसे हो?

Kuldeep: Fine. There's a good news. I along with Riya, Priya, Bobby, Feroz and Jack am going to the hill-side on bicycles for a day's picnic.
अच्छा हूं। एक अच्छा समाचार है। मैं रिया, प्रिया, बॉबी, फिरोज और जैक के साथ एक दिन के लिए साइकिल पर पहाड़ी इलाके में पिकनिक मनाने जा रहा हूं।

Ajay: Cycling on the hill-side seems to be an exciting prospect. I'll also join you. When should we go ?
पहाड़ी इलाका में साइकिल चलाना बहुत उत्साहजनक बात है। मैं भी आप के साथ जाऊंगा। हम लोगों को कब जाना है?

Kuldeep: Tomorrow, you should come at mine before 9 a.m.

कल प्रातः 9 बजे आप मेरे घर पर आ जाइये।

Ajay: Oh, sure.

ओह, अवश्य।

Kuldeep: Don't forget to bring a delicious afternoon meal for each of the boys and girls. I know your mom keeps a very good kitchen.

सब लड़कों और लड़कियों के लिए दोपहर का भोजन लाना मत भूलें। मैं जानता हूं कि तुम्हारी माता जी खाना बहुत अच्छा बनाती हैं।

Ajay: What about the breakfast ?

नाश्ता के बारे में?

Kuldeep: Oh, yes. All of you have to eat morning meal at mine.

ओह, हां! आप सब को प्रातः का खाना मेरे घर खाना है।

Ajay: OK ! See you tomorrow.

ठीक है। कल प्रातः आपसे मिलूंगा।

Kuldeep: Good day !

दिन मंगलमय हो !

Ajay: Good day !

आपके लिए भी !

CONVERSATION No. – 44

Purchasing Books for Library
पुस्तकालय के लिये पुस्तकें खरीदना

Customer: Good morning !

नमस्ते!

Shopkeeper: Good morning, sir ! What can I do for you ?

नमस्ते, श्रीमान्! मैं आपकी क्या सेवा कर सकता हूं?

Customer: Sir, I want to purchase some books for a private library being run by my father in the city.

श्रीमान् मेरे पिताजी नगर में एक प्राइवेट लाइब्रेरी का संचालन कर रहे हैं जिसके लिए मैं कुछ पुस्तकें क्रय करना चाहता हूँ।

Shopkeeper: You're most welcome. What kind of books would you like to purchase ?

आपका भरपूर स्वागत है। आप किस प्रकार की पुस्तकें खरीदना पसन्द करेंगे?

Customer: Sir, I want to purchase a few books on competitive examinations. These're often expensive and all the students do not have sufficient funds to buy these.

श्रीमान् जी, मैं प्रतियोगिता परीक्षाओं के लिए कुछ पुस्तकें क्रय करना चाहता हूं। ये प्रायः महंगी होती हैं और सब विद्यार्थियों के पास इन्हें खरीदने के लिए पर्याप्त धन नहीं होता।

Shopkeeper: The best books for examination are published by M/s Ramesh Publishing House. Here get a few ones.

इस प्रकार की परीक्षाओं के लिए सब से बढ़िया पुस्तकें मै॰ रमेश पब्लिशिंग हाउस द्वारा प्रकाशित की जाती है। ये कुछ पुस्तकें लीजिये।

Customer: Well ! Now, give some books for a common reader.

ठीक है। अब कुछ पुस्तकें एक साधारण पाठक के लिए दीजिये।

Shopkeeper: Would you like an English Grammar with Hindi Explanations ?

क्या आप हिन्दी व्याख्या के साथ अंग्रेजी व्याकरण पसन्द करेंगे?

Customer: Have you got a good book on it ?

क्या इस पर कोई अच्छी पुस्तक आपके पास है?

Shopkeeper: Please take this Popular English Grammar from M/s Ramesh Publishing House.

कृपया यह रमेश पब्लिशिंग हाउस द्वारा प्रकाशित पापुलर इंगलिश ग्रैमर लीजिये।

Customer: Give me five copies of it and pack all the books.

इसकी पांच प्रतियां दे दीजिये और सब पुस्तकों को पैक कर दें।

Shopkeeper: Here you are.

यह लीजिये।

Customer: Here, please take one thousand rupees and give me the balance amount.

यह कृपया एक हजार रुपये ले लीजिये और बाकी रकम मुझे दे दीजिये।

Shopkeeper: Here you are.

यह लीजिये।

Customer: Thank you, sir !

श्रीमान्, धन्यवाद।

Shopkeeper: O.K.

ठीक है।

CONVERSATION No. – 45

Going to Market
बाजार जाते हुए

Rohit: Good morning, uncle !
नमस्ते, अंकल!

Uncle: Good morning ! Could you do me a favour ?
नमस्ते! क्या आप मेरा एक काम कर सकते हैं?

Rohit: Yes, please.
हां, कृपया बोलिये।

Uncle: Bring me a big pack of biscuits.
मुझे बिस्कुट का एक बड़ा पैक ला दीजिए।

Rohit: Yes, I'll do. There's a baker round the corner.
हां, मैं ऐसा करूंगा। एक बेकर पास ही है।

Uncle: Also bring me some sweets.
मेरे लिए कुछ मिठाइयां भी लाइये।

Rohit: There's no sweet seller in the proximity of this locality. I've to travel two miles for the sweets.
इस इलाके में पास में कोई मिठाई बेचने वाला नहीं है। मुझे मिठाइयों के लिए दो मील तक जाना होगा।

Uncle: You must dash. Guests are waiting.
आप अब शीघ्र प्रस्थान कीजिए। अतिथि प्रतीक्षा कर रहे हैं।

Rohit: Uncle, may I take your motorbike to bring biscuits and sweets ?
अंकल, क्या मैं बिस्कुट और मिठाइयां लाने के लिए आपका मोटर–बाइक ले लूं?

Uncle: Why not ?
क्यों नहीं?

Rohit: OK !
ठीक है।

Uncle: But, wait a minute. Before riding this bike check all its papers. Have you got a driving licence ?
परन्तु, एक मिनट रुको। बाइक पर बैठने से पहले इसके सब कागज देख लो। क्या आपके पास ड्राइविंग लाइसेंस है?

Rohit: Yes, uncle.
हां, अंकल।

Uncle: Check air pressure in both the tyres of the bike.
बाइक के दोनों टायरों में हवा का दबाव जाँच कर लें।

Rohit: I have checked these things. Everything is all right.
सभी चीजें मैंने जाँच कर ली है। सब ठीक है।

Uncle: OK. Now, go quickly, but don't be rash.
ठीक है, अब जल्दी जाओ, परन्तु बेतहाशा नहीं।

Rohit: OK.
(He goes)
ठीक है।
(वह जाता है)

CONVERSATION NO. – 46

Going to Shimla
शिमला जाना

Passenger No. 1: May I sit beside you, sir?
श्रीमान्, क्या मैं आपके पास बैठ सकता हूं?

Passenger No. 2: Why not ?
क्यों नहीं?

Passenger No. 1: Where are you going, sir?
श्रीमान्, आप कहां जा रहे हैं?

Passenger No. 2: I'm going to Shimla?
मैं शिमला जा रहा हूं।

Passenger No. 1: On a business tour?
किसी कारोबार के सम्बन्ध में?

Passenger No. 2: No sir ! for relaxation.
नहीं श्रीमान् आराम करने के लिए।

Passenger No. 1: Good decision. I too am going to Shimla. I think it is the best place to spend holidays.
अच्छा निर्णय है। मैं भी शिमला जा रहा हूं। मेरा विचार है कि छुट्टियां बिताने के लिए यह सबसे अच्छा स्थान है।

Passenger No. 2: It is a zero-pollution region.
यह बिल्कुल प्रदूषण–मुक्त इलाका है।

Passenger No. 1: It is the best place to have some respite from the scorching heat of the plains.
मैदानों की झुलसाने वाली गर्मी से कुछ चैन पाने के लिए यह सबसे अच्छा स्थान है।

Passenger No. 2: Moreover, the region is full of mountainous beauty. Wherever you look, you'll find charming scenery.
इससे बढ़कर यह इलाका पहाड़ी सौंदर्य से भरपूर है। आप जिधर देखें आपको मोहक दृश्य मिलेगा।

Passenger No. 1: I agree with you. The people here are polite and respectful.

मैं आपसे सहमत हूं। यहां के लोग विनम्र और सम्मानपूर्ण हैं।

Passenger No. 2: Every year I go to Shimla and spend at least fifteen days there.

प्रति वर्ष मैं शिमला जाता हूं और कम से कम पन्द्रह दिन वहां बिताता हूं।

Passenger No. 1: This will be my third chance to visit Shimla.

मेरा शिमला जाने का यह तीसरा अवसर होगा।

Passenger No. 2: That's good.

यह अच्छी बात है।

CONVERSATION No. – 47

Getting a Berth Booked
एक बर्थ बुक करवाते हुए

Passenger: What's the arrival time of the Flying Mail?
फ्लाइंग मेल का पहुंचने का समय क्या है?

Enquiry clerk: Which one, up train or down train?
कौन सी, जाने वाली या आने वाली?

Passenger: Up train, sir.
श्रीमान् जाने वाली।

Enquiry clerk: It arrives at 5 o'clock. But today it's late by half an hour.
यह पांच बजे पहुंचती है, परन्तु आज यह आधा घंटा लेट है।

Passenger: What's its departure time?
इसका जाने का समय क्या है?

Enquiry clerk: It stops here for five minutes.
यह यहां पांच मिनट रुकती है।

Passenger: At which platform will it arrive?
यह कौन से प्लेटफार्म पर पहुंचेगी?

Enquiry clerk: At platform No. 5.
पांच नम्बर प्लेटफार्म पर।

Passenger: Will you please book a berth for me?
क्या कृपया मेरे लिए आप एक बर्थ बुक कर देंगे?

Enquiry clerk: Where do you want to go, sir?
आप कहां जाना चाहते हैं, श्रीमान् ?

Passenger: Amritsar
अमृतसर।

Enquiry clerk: Well, you may have a berth booked provided that you pay one hundred more besides the fare.

हां, आप बर्थ बुक करवा सकते हैं, परन्तु आपको किराये के अतिरिक्त सौ रुपये अधिक देने पड़ेंगे।

Passenger: How much does it work out altogether?

कुल मिलाकर यह कितना बनता है?

Enquiry clerk: Five hundred only.

केवल पांच सौ।

Passenger: Here you are.

यह लीजिये।

CONVERSATION NO. – 48

Visiting the Book Fair
पुस्तक मेले में जाना

Reena: Hello Jyoti ! How are you?
हेलो, ज्योति! कैसी हो?

Jyoti: Hi, Reena ! I'm fine. How are you?
हाइ रीना! मैं ठीक हूं। आप कैसी हैं?

Reena: I'm also fine. Did you visit the book fair last year?
मैं भी ठीक हूं। क्या पिछले वर्ष आप पुस्तक मेला में गई थीं?

Jyoti: Yes, I did.
हां, गई थी।

Reena: How was it?
कैसा था?

Jyoti: Quite interesting.
बहुत रुचिकर।

Reena: Did you buy any books?
क्या आपने कोई पुस्तकें खरीदी?

Jyoti: I bought about a dozen books.
मैंने लगभग एक दर्जन पुस्तकें खरीदी।

Reena: Which book did you like the most?
आपको कौन-सी पुस्तक सब से अधिक अच्छी लगी?

Jyoti: All books were good. I was lucky for having found my history book which was not available in my own city.
सब पुस्तकें अच्छी थी। मैं भाग्यशाली थी कि मुझे अपनी इतिहास की पुस्तक मिल गई जो बाजार में नहीं मिलती थी।

Reena: I also went to the fair last year and bought a very interesting book. But I have forgotten its name.

मैं भी पिछले वर्ष पुस्तक मेले पर गई थी और मैंने एक बहुत रुचिकर पुस्तक खरीदी, परन्तु मैं उसका नाम भूल गई हूं।

Jyoti: Where is the book now?

अब वह पुस्तक कहां है?

Reena: My brother lost it.

मेरे भाई ने गुम कर दी।

Jyoti: Oh, very bad. This year we will together visit the book fair. We should keep all books carefully in shelves.

ओह, बहुत बुरी बात है। इस वर्ष हम इकट्ठे पुस्तक मेले में जायेंगे। हमें सब पुस्तकें ध्यान से शेल्फों में रखनी चाहिए।

Reena: OK ! I understand.

ठीक है। मैं समझती हूं।

CONVERSATION NO. – 49

Giving Important Information

महत्त्वपूर्ण सूचना देना

Goldsmith: Good morning, sir !
नमस्ते, श्रीमान्!

Mr. Deva: Good morning !
नमस्ते!

Goldsmith: What can I do for you?
मैं आपके लिए क्या कर सकता हूं?

Mr. Deva: Sir, my name is R. R. Deva. I'm an officer in the bank. I've come here to give you an important piece of information.
श्रीमान् जी, मेरा नाम आर.आर. देवा है। मैं एक बैंक में अधिकारी हूं। मैं यहां आपको एक महत्त्वपूर्ण सूचना देने आया हूं।

Goldsmith: What would you like coffee or juice?
क्या आप काफी लेंगे या जूस ?

Mr. Deva: No, thanks.
नहीं, धन्यवाद।

Goldsmith: Please tell me what the matter is.
कृपया मुझे बताइये कि क्या मामला है।

Mr. Deva: Sir, yesterday it being the year's closing day I had to stay in the bank for late at night. After finishing the work while I was returning home, I saw six men sitting on the threshold of your shop. Each of them was carrying an iron rod. It seemed to me that they were trying to break into your shop.
श्रीमान्, कल वर्ष का क्लोजिंग डे था, मुझे बैंक में देर रात तक ठहरना था। काम समाप्त करने के बाद जब मैं घर लौट रहा था तो मैंने छः लोगों को आपकी दुकान की दहलीज पर बैठे देखा।

उनमें से प्रत्येक के पास एक लोहे का डंडा था। मुझे ऐसा प्रतीत हुआ कि वे आपकी दुकान में सेंध लगाना चाहते थे।

Goldsmith: Thank you, Mr. Deva. I too noticed some strange imprints on the threshold of my shop. I'll be more conscious about it in the future.

धन्यवाद, श्रीमान् देवा। मैंने भी दुकान की दहलीज पर कुछ अद्‌भुत निशान देखे। मैं इस बारे में अब अधिक सचेत हो जाऊंगा।

Mr. Deva: Being an ideal citizen I thought it was my responsibility to inform you about it.

एक आदर्श नागरिक होने के नाते मैंने यह अपनी जिम्मेदारी समझी कि आपको सूचना दे दूं।

Goldsmith: I'll be grateful to you for this kind of service.

मैं इस सेवा के लिए आपका आभारी हूं।

Mr. Deva: OK, sir ! I must dash now. I'm getting late.

ठीक है, श्रीमान् जी। अब मुझे तुरन्त जाना चाहिए, मुझे देर हो रही है।

CONVERSATION NO. – 50

Providing Secret Information to Police

पुलिस को गुप्त सूचना देना

Policeman: Good morning, sir !
नमस्ते, श्रीमान्!

Mr. Das: Good morning !
नमस्ते जी!

Policeman: Whom do you want to talk to?
आप किस से बात करना चाहते हैं?

Mr. Das: May I talk to the SSP?
क्या मैं एस.एस.पी. से बात कर सकता हूं?

Policeman: Wait, sir. Let me first take permission from him. What's your name, sir?
प्रतीक्षा कीजिये, श्रीमान्। पहले मुझे उनसे आज्ञा ले लेने दीजिये। आपका नाम क्या है?

Mr. Das: My name is J.K. Das. I'm a local resident.
मेरा नाम जे.के. दास है। मैं इस नगर का निवासी हूं।
(Policeman फोन पर एस.एस.पी. से बात करता है तथा मि. दास को उसके कमरे में जाने की अनुमति दे देता है)

Mr. Das: Good morning, sir !
नमस्ते, श्रीमान् जी!

SSP: Good morning ! What is the matter, sir?
नमस्ते! श्रीमान्, क्या मामला है?

Mr. Das: Sir, I'm suspicious of one of my neighbours, Raj Kumar's activities. Almost everyday, late at night a white Maruti Zen stops outside his house. Three young men each of them having weapons enter the house.

श्रीमान् जी मुझे अपने एक पड़ोसी राजकुमार की हरकतों पर शंका हैं। लगभग प्रतिदिन रात को एक सफ़ेद मारुति जेन उसके घर के बाहर रुकती है। तीन हथियारबंद नवयुवक घर के अन्दर प्रवेश करते हैं।

SSP: When did you first notice this?

आपने सबसे पहले यह कब देखा?

Mr. Das: Sir, a month back.

श्रीमान् जी, एक मास पहले।

SSP: What does that your neighbour do?

वह आपका पड़ोसी क्या काम करता है?

Mr. Das: Sir, he's a hotel owner. A few years back he was arrested by the police for selling some contraband goods.

श्रीमान्जी, वह एक होटल का मालिक है। कुछ वर्ष पहले उसे पुलिस ने कुछ वर्जित सामान बेचने के आरोप में गिरफ्तार किया था।

SSP: Thank you, Mr. Das. I'll do something about it.

धन्यवाद श्रीमान् दास। मैं इसके बारे में कुछ करूंगा।

Mr. Das: OK, sir !

ठीक है, श्रीमान् जी !

CONVERSATION NO. – 51

Providing some Information to Forest Officer
वन अधिकारी को कुछ सूचना देते हुए

Clerk: Good morning, sir !
नमस्ते, श्रीमान्!

Mr. Bhandari: Good morning !
नमस्ते!

Clerk: What can I do for you?
मैं आपकी क्या सेवा कर सकता हूँ?

Mr. Bhandari: May I talk to the forest officer?
क्या मैं वन अधिकारी से बात कर सकता हूँ?

Clerk: Let me first take permission from him. What's your name and in what regard do you want to see him?
पहले मुझे उनसे आज्ञा ले लेने दें। आपका नाम क्या है और आप किस अभिप्राय के लिए उनसे मिलना चाहते हैं?

Mr. Bhandari: My name is J.H. Bhandari. I'm a resident of Amritsar. I've come here as a visitor to see the scenic beauty of the place.
मेरा नाम जे.एच. भण्डारी है। मैं अमृतसर का निवासी हूं और मैं यहां का प्राकृतिक सौन्दर्य देखने के लिए एक दर्शक के रूप में आया हूं।

Clerk: Why do you want to see the officer?
आप अधिकारी जी से क्यों मिलना चाहते हैं?

Mr. Bhandari: I want to give him some information.
मैं उन्हें कुछ सूचना देना चाहता हूं।

Clerk: Well ! Please wait.
ठीक है, कृपया प्रतीक्षा कीजिये।

(Clerk, Forest Officer को मि. भण्डारी के बारे में बताता है। फिर वह मि. भण्डारी को ऑफिसर के कमरे में जाने की अनुमति दे देता है)

Mr. Bhandari: Good morning, sir !
नमस्ते, श्रीमान् जी!

Officer: Good morning ! What is the matter, Mr. Bhandari?
नमस्ते! क्या बात है, श्रीमान् भंडारी?

Mr. Bhandari: Sir, is hunting allowed in this region?
श्रीमान् जी, क्या इस इलाके में शिकार खेलने की अनुमति है?

Officer: No, not at all.
नहीं, बिल्कुल नहीं।

Mr. Bhandari: Sir, I want to inform you that yesterday I saw three hunters entering the forest through the narrow path at the foot of the hill.
श्रीमान् जी, मैं आपको यह सूचना देना चाहता हूं कि कल मैंने तीन शिकारियों को पहाड़ी के किनारे से तंग रास्ते से जंगल में प्रवेश करते हुए देखा।

Officer: Thank you, Mr. Bhandari. I'll alert my men in the forest.
धन्यवाद, श्रीमान् भण्डारी। मैं जंगल में अपने अधिकारियों को सचेत कर दूंगा।

Mr. Bhandari: OK, sir !
ठीक है, श्रीमान् जी !

CONVERSATION NO. – 52

Conversation Between Teacher & Student

शिक्षक एवं छात्र के बीच वार्तालाप

Teacher: Sunil, stand up . What are you doing?
सुनील, खड़े हो जाओ, तुम क्या कर रहे हो?

Sunil: Sir, I was reading my book.
श्रीमान् जी, मैं अपनी पुस्तक पढ़ रहा था।

Teacher: Which book?
कौन-सी पुस्तक?

Sunil: Of English.
अंग्रेजी की।

Teacher: You're telling a lie.
तुम झूठ बोल रहे हो।

Sunil: No, sir.
नहीं, श्रीमान् जी।

Teacher: Show me the book which is in your hands now.
इस समय जो पुस्तक तुम्हारे हाथ में है वह मुझे दिखाओ।

Sunil: I'm sorry, sir. I was reading a novel.
मुझे खेद है, श्रीमान् जी। मैं एक उपन्यास पढ़ रहा था।

Teacher: Why did you tell a lie?
तुमने झूठ क्यों बोला?

Sunil: Sir, I was afraid of punishment.
श्रीमान् जी, मैं दंड से डरता था।

Teacher: Why don't you take interest in studies?
तुम पढ़ाई में रुचि क्यों नहीं लेते?

Sunil: Sir, I assure you that in future I'll take interest in studies.

श्रीमान् जी, मैं आपको विश्वास दिलाता हूं कि आगे से मैं पढ़ाई में रुचि लूंगा।

Teacher: Sit down, Sunil. In future if I find you not attending to your lessons in the class, I'll get you shunted out of this school. And this is a warning to all the inattentive students in the class.

सुनील, बैठ जाओ। भविष्य में यदि मैंने देखा कि तुम कक्षा में अपने पाठ की ओर ध्यान नहीं दे रहे हो तो मैं तुम्हें इस स्कूल से निकलवा दूंगा और यह चेतावनी कक्षा के सभी लापरवाह विद्यार्थियों के लिए है।

CONVERSATION NO. – 53

Interview for a Teacher
एक अध्यापक के लिए साक्षात्कार

Candidate: May I come in, sir?
श्रीमान् जी, क्या मैं अन्दर आ सकती हूं?

Interviewer: Yes, please come in.
हां, कृपया आइये।

Candidate: Good morning, sir !
प्रातः की नमस्ते, श्रीमान् जी।

Interviewer: Good morning ! Please sit down. When did you do your B.Ed.?
नमस्ते। कृपया बैठ जाइये। आपने बी.एड. कब पास की?

Candidate: Sir, in 2003.
श्रीमान् जी, 2003 में।

Interviewer: Why have you applied for the job of a teacher?
आप ने अध्यापक के लिए क्यों प्रार्थना पत्र दिया है?

Candidate: Sir, it's a respectable job.
श्रीमान् जी, यह एक सम्मानजनक काम है।

Interviewer: Do you think there is no other respectable job in our country?
क्या तुम्हारा यह विचार है कि हमारे देश में और कोई सम्मानजनक कार्य नहीं?

Candidate: I don't mean so, sir. Actually, since my childhood I've the desire to be a teacher.
श्रीमान् जी, मेरा यह अभिप्राय नहीं। वास्तव में, बचपन से ही मेरी एक अध्यापक बनने की इच्छा है।

Interviewer: Which subject would you like to teach if you're appointed?
यदि आपको नियुक्त कर दिया जाये, तो आप कौन सा विषय पढ़ाना चाहेंगी?

Candidate: Upto the middle classes, I can teach any subject to the students.

माध्यमिक कक्षाओं तक मैं विद्यार्थियों को कोई भी विषय पढ़ा सकती हूँ।

Interviewer: What are your favourite subjects?

आपके चहेते विषय कौन–कौन से हैं?

Candidate: Sir, I like all subjects. But I like science subjects the most. That is why I did B.Sc. instead of B.A.

श्रीमान् जी मुझे सब विषय अच्छे लगते हैं। परन्तु मुझे विज्ञान के विषय सबसे अच्छे लगते हैं। इसीलिए मैंने B.A. के स्थान पर B.Sc. की।

Interviewer: You can go Miss Rosy. You'll be informed about our decision later on.

मिस रोजी, आप जा सकती हैं। हमारे निर्णय के बारे में आपको बाद में बताया जायेगा।

Candidate: Thank you.

धन्यवाद।

CONVERSATION NO. – 54

Seeking a Home Loan
होम लोन के लिए प्रयास करना

Receptionist: Good morning, sir !
नमस्ते, श्रीमान् जी!

Customer: Good morning ! May I talk to the manager?
नमस्ते! क्या मैं मैनेजर से बात कर सकता हूं?

Receptionist: Let me first take permission from him.
पहले मुझे उनसे आज्ञा लेने दें।

(Receptionist Manager से फोन पर बात करने के बाद Customer को Manager के केबिन में जाने को कहती है।)

Customer: Good morning, sir !
नमस्ते, श्रीमान् जी!

Manager: Good morning !
नमस्ते!

Customer: Sir, I want Rs. 2,00,000/- as a home loan from your bank. What are the conditions for the same?
श्रीमान् जी, मैं आपके बैंक से 2,00,000/- रुपये का होम-लोन लेना चाहता हूं। उसके लिए क्या–क्या शर्तें हैं?

Manager: You must have a copy of your previous year's income tax return. You have to open a saving account in our bank. The most important point is that you have to mortgage some movable or immovable property with our bank against the loan.
आपके पास पिछले वर्ष की आयकर की रिटर्न की नकल होनी चाहिए। आपको हमारे बैंक में बचत खाता खोलना होगा। सब से महत्त्वपूर्ण बात यह है कि आपको कुछ चल या अचल सम्पत्ति लोन के प्रति बैंक के पास गिरवी रखनी होगी।

Customer: What is the rate of interest?

ब्याज दर क्या है?

Manager: At present it is 8% per year.

इस समय यह 8 प्रतिशत प्रति वर्ष है।

Customer: Any other charges ?

कोई और खर्चा?

Manager: You've to pay Rs. 1000/- every year as the file maintenance charges.

आपको प्रतिवर्ष 1000 रुपया फाइल रख–रखाव खर्चा देना होगा।

Customer: Thank you, sir ! I'll come tomorrow with all the documents required by your bank.

धन्यवाद, श्रीमान् जी ! मैं कल सभी आवश्यक कागजों के साथ बैंक में आऊंगा।

Manager: OK, sir ! you're most welcome here.

ठीक है, श्रीमान्। आपका स्वागत है।

CONVERSATION NO. – 55

Regarding Price Rise
मूल्य-वृद्धि सम्बन्धी

Mr. Kansal: Hi, everybody !

हाइ, हर कोई!

Mr. Bansal, Mr. Arora & Mr. Gill: Hi, Mr. Kansal !

हाइ, श्रीमान् कांसल!

Mr. Bansal: Come in, Mr. Kansal. Sit down on the sofa.

श्रीमान् कांसल, अन्दर आ जाइये और सोफे पर बैठिये।

Mr. Kansal: Thank you. I think some important discussion is going on.

धन्यवाद। मैं समझता हूं कि कोई आवश्यक विचार–विमर्श हो रहा है।

Mr. Gill: Yes, we're discussing the causes of price rise of essential items.

हां, हम आवश्यक वस्तुओं के मूल्यों में बढ़ोतरी के कारणों के बारे में विचार–विमर्श कर रहे हैं।

Mr. Kansal: The ever-increasing consumption of petroleum has affected the economy of our country adversely.

पेट्रोलियम की लगातार बढ़ रही खपत ने हमारे देश की आर्थिक अवस्था पर बुरा प्रभाव डाला है।

Mr. Arora: You're right. The government should find out some solution to it.

आप ठीक कहते हैं। सरकार को इसका कोई हल निकालना चाहिए।

Mr. Gill: What can the government do regarding this matter? It's for us to reduce the consumption of petrol.

इस मामले में सरकार क्या कर सकती है? यह तो हमें चाहिए कि हम तेल की खपत को कम करें।

Mr. Kansal: I agree with you. After all we are responsible citizens of our country.

मैं आपसे सहमत हूं। आखिरकार हम अपने देश के जिम्मेदार नागरिक हैं।

Mr. Arora: I don't agree with you, Mr. Gill. It's government's duty to take the preventive measures to reduce the consumption of petrol.

श्रीमान् गिल, मैं आपके साथ सहमत नहीं हूं। यह तो सरकार का कर्तव्य है कि वह पेट्रोल की खपत को कम करने के लिए रोकने वाले तरीके अपनाये।

Mr. Bansal: It deserves to be considered why government has allowed so many companies to manufacture luxury cars.

यह बात सोचने वाली है कि सरकार ने इतनी कम्पनियों को लग़जरी कारें बनाने की आज्ञा क्यों दे दी है।

Mr. Kansal: Well ! I think I should go now. I've an urgent piece of work at home.

ठीक है। मेरा विचार है कि मुझे अब जाना चाहिए क्योंकि मुझे घर पर आवश्यक काम है।

All: OK ! Good day !

ठीक है! दिन मंगलमय हो।

CONVERSATION NO. – 56

Regarding An Unwanted Letter

एक अनचाहे पत्र सम्बन्धी

Mr. Anup: Hello, Mr. Ashok !

हेलो, श्रीमान् अशोक!

Mr. Ashok: Hello, Mr. Anup ! How are you?

हेलो, श्रीमान् अनूप! कैसे हैं?

Mr. Anup: I'm fine. How are you?

मैं ठीक हूं। आप कैसे हैं?

Mr. Ashok: I'm also fine. Yesterday the postman dropped this letter in our letterbox mistakenly. I think it belongs to you.

मैं भी ठीक हूं। कल डाकिया ने यह पत्र हमारे लेटर बॉक्स में गलती से डाल दिया। मेरा विचार है कि यह आपका है।

Mr. Anup: Let me see it. No, it does not belong to me. Our house number is 508 but this letter bears the house number 1508.

मुझे यह देखने दो। नहीं यह मेरा नहीं है। हमारा मकान नं. 508 है, परन्तु इस पत्र पर मकान नम्बर 1508 दिया हुआ है।

Mr. Ashok: Oh, I'm sorry, Mr. Anup I bothered you.

ओह, श्रीमान् अनूप मुझे खेद है कि मैंने आपको कष्ट दिया।

Mr. Anup: Oh, no ! I'm thankful to you for this service. The letter does not belong to me, it's a different matter.

ओह, नहीं! मैं इस सेवा के लिए आपका आभारी हूं। यह दूसरी बात है कि यह पत्र मेरा नहीं है।

Mr. Ashok: Where should I look for this house number?

मैं इस मकान नम्बर को कहां ढूंढूं?

Mr. Anup: Mr. Ashok, it isn't easy to find out this house as our colony bears irregular numbers of houses. Better you had return this letter to the postman when he comes.

श्रीमान् अशोक, यह मकान ढूंढ़ना सुगम नहीं, क्योंकि हमारी कॉलोनी में मकानों के नम्बर अनियमित ढंग से लिखे हुए हैं। अच्छा हो कि जब डाकिया आये यह पत्र आप उसे लौटा दें।

Mr. Ashok: I agree with you. OK !

मैं आपके साथ सहमत हूं। ठीक है।

CONVERSATION NO. – 57

Regarding English Grammar Classes

अंग्रेजी व्याकरण की कक्षा सम्बन्धी

Miss Tina: Hello, Meena ! How are you?

हेलो, मीना! कैसी हो?

Miss Meena: I'm fine. How are you?

मैं ठीक हूं, आप कैसी हैं?

Miss Tina: I'm also fine. Where are you going?

मैं भी ठीक हूं। कहां जा रही हो?

Miss Meena: I'm going to attend my English grammar class.

मैं अपनी अंग्रेजी व्याकरण की कक्षा में उपस्थित होने जा रही हूं।

Miss Tina: Why to waste time when already you know most of its rules?

जब तुम पहले ही इसके अधिकतर नियम जानती हो तो समय नष्ट करने की क्या आवश्यकता है?

Miss Meena: It's wrong of you to think what you or me know about English is enough. It's a vast language, and needs a great deal of knowledge of grammar to speak or write correct English.

आपका यह सोचना कि अंग्रेजी के बारे में आप या मैं जो जानते हैं वह काफी है, गलत है। यह एक बहुत बड़ी भाषा है और शुद्ध अंग्रेजी बोलने या लिखने के लिए व्याकरण का अत्यधिक ज्ञान होना आवश्यक है।

Miss Tina: Why to give so much importance to a foreign language?

एक विदेशी भाषा को इतना महत्त्व क्यों दिया जाये?

Miss Meena: Do you know most of the important books in the world are written in English and almost all the immortal books have already been translated into English?

क्या तुम जानती हो कि संसार में अधिकतर महत्त्वपूर्ण पुस्तकें अंग्रेजी में लिखी जाती हैं और लगभग सब अमर पुस्तकों का अनुवाद अंग्रेजी में हो चुका है?

Miss Tina: I think you're right.

मैं समझती हूं कि तुम ठीक कहती हो।

Miss Meena: If you don't have adequate knowledge of English you cannot operate a computer. You cannot do any office work.

यदि आपको अंग्रेजी का पर्याप्त ज्ञान नहीं है, तो आप कम्प्यूटर आपरेट नहीं कर सकती। आप कोई भी दफ्तर का काम नहीं कर सकती।

Miss Tina: I agree with you. I think I should also join the English grammar classes.

मैं आपसे सहमत हूं। मैं समझती हूं कि मुझे भी अंग्रेजी की व्याकरण की कक्षा में सम्मिलित होना चाहिए।

Miss Meena: Why are you wasting time? Join them from today.

आप समय क्यों नष्ट कर रही हैं? आज से ही सम्मिलित हो जाइये।

Miss Tina: OK.

ठीक है।

CONVERSATION NO. – 58

Inserting an Advertisement in the Newspaper

समाचार-पत्र में विज्ञापन छपवाने सम्बन्धी

Clerk: Good morning, sir !
नमस्ते, श्रीमान्।

Mr. Katkar: Good morning !
नमस्ते।

Clerk: What can I do for you?
मैं आपकी क्या सेवा कर सकता हूं?

Mr. Katkar: I want to get this advertisement published in your newspaper.
मैं यह विज्ञापन आपके समाचार–पत्र में प्रकाशित करवाना चाहता हूं।

Clerk: Sir, you should go to Mr. Jain at counter No. 16.
श्रीमान्, आप 16 नम्बर काउंटर पर श्रीमान् जैन के पास जाइये।

Mr. Katkar: Thank you.
धन्यवाद।
(मि. काटकर 16 नम्बर काउंटर पर चले जाते हैं तथा वहां वे मि. जैन से बातचीत करते हैं।)

Mr. Katkar: Good morning, sir !
नमस्ते, श्रीमान्!

Mr. Jain: Good morning ! What can I do for you?
नमस्ते! मैं आपकी क्या सेवा कर सकता हूँ?

Mr. Katkar: I want this advertisement to be published in your newspaper. How much should I pay for it?
मैं यह विज्ञापन आपके समाचार–पत्र में छपवाना चाहता हूं। मैं इसके लिए क्या दूँ?

Mr. Jain: We charge rupees 5/- per word. Secondly on which day do you want it to be published?

हम प्रति शब्द के पांच रुपये लेते हैं, दूसरी बात यह है कि आप इसे किस दिन छपवाना चाहते हैं?

Mr. Katkar: Sir, on Sunday.

श्रीमान्, रविवार के दिन।

Mr. Jain: We charge Rs. 50/- extra for each advertisement on Sunday.

हम रविवार के प्रति विज्ञापन के 50 रुपये अधिक लेते हैं।

Mr. Katkar: How much total works out for the advertisement?

विज्ञापन के लिए कुल कितना बनता है?

Mr. Jain: Let me count the words. Well ! This advertisement contains 100 words. Sir, you have to pay 100×5+50 = Rs. 550/-

मुझे शब्द गिनने दो। ठीक है, इस विज्ञापन में 100 शब्द हैं। श्रीमान् जी आपको 100×5+50 अर्थात् पांच सौ पचास रुपये देने होंगे।

Mr. Katkar: Here you are.

यह लीजिये।

Mr. Jain: Please fill in this form.

कृपया यह फार्म भरिये।

Mr. Katkar: Thank you !

धन्यवाद।

CONVERSATION NO. – 59

Regarding Gift Pack
उपहार सम्बन्धी

Shopkeeper: Good morning, sir !
नमस्ते, श्रीमान् जी!

Customer: Good morning !
नमस्ते!

Shopkeeper: What can I do for you, sir?
मैं आपके लिए क्या कर सकता हूं, श्रीमान्?

Customer: May I get a few gift packets from your shop?
क्या मैं आपकी दुकान से कुछ उपहार पैकेट्स ले सकता हूं?

Shopkeeper: Why not? Everything in this shop is for you. Which gift packet would you like?
क्यों नहीं? इस दुकान में सब कुछ आपके लिए है। आप कौन सा उपहार पैकेट लेना चाहेंगे?

Customer: To be frank, sir, I don't have much idea what should be given to a new-wed couple on Diwali.
श्रीमान् जी, स्पष्ट तो यह है कि एक नवविवाहित जोड़े को दिवाली पर क्या दिया जाये, इस का मुझे कोई अधिक ज्ञान नहीं है।

Shopkeeper: Oh, I see. You should give them a two kg. pack of dry fruit.
अच्छा, तो यह बात है। आपको चाहिए कि आप उन्हें एक दो किलो ड्राई फ्रूट का पैक दें।

Customer: What dry fruit does the pack contain?
इस पैक में क्या–क्या ड्राई फ्रूट है?

Shopkeeper: Sir, it contains almost all kinds of important dry-fruits Cashew, almonds, Chestnuts, currants, pistachio, etc.
श्रीमान् जी, इसमें लगभग हर प्रकार के ड्राई फ्रूट्स हैं जैसे कि काजू, बादाम, अखरोट, मुनक्का, पिस्ता इत्यादि।

Customer:	What is the price?
	क्या मूल्य है?
Shopkeeper:	Sir, Rs. 1000/-
	श्रीमान् जी 1000 रुपया।
Customer:	May I see the pack, please?
	क्या मैं पैक देख सकता हूं?
Shopkeeper:	Of course, yes.
	हां, बिल्कुल (या अवश्य)
Customer:	Please give me three packs.
	कृपया मुझे तीन पैक दें।
Shopkeeper:	Here you are.
	यह लीजिये।
Customer:	Will you please offer me some discount?
	कृपया आप मुझे कुछ छूट देंगे?
Shopkeeper:	I'm sorry, sir.
	मुझे खेद है, श्रीमान् जी।
Customer:	Well ! Please get the money.
	ठीक है! कृपया पैसे लीजिये।
Shopkeeper:	Thank you, sir !
	धन्यवाद, श्रीमान् जी।

CONVERSATION NO. – 60

Firing an Employee
कर्मचारी की सेवाएं समाप्त करने सम्बन्धी

Mr. Prabhakar: Good morning, sir ! Why did you call me?

श्रीमान् नमस्ते! आपने मुझे क्यों बुलाया?

Manager: Mr. Prabhakar, you are fired.

श्रीमान् प्रभाकर, तुम्हारी सेवाएं समाप्त कर दी गई हैं।

Mr. Prabhakar: May I ask you for what reason?

क्या मैं आप से पूछ सकता हूं कि किस कारण से?

Manager: You're habitual to starting strikes in our factory.

आपको हमारे कारखाने में हड़ताल करवाने की आदत है।

Mr. Prabhakar: When have I incited the workers to go on strikes?

मैंने कब कार्यकर्ताओं को हड़ताल पर जाने के लिए उकसाया?

Manager: I don't have time to listen to your lame excuses.

आपके झूठे बहानों को सुनने का मेरे पास समय नहीं है।

Mr. Prabhakar: You've to listen to me. You exploit the workers. You rob them of their skills.

आपको मेरी बात सुननी पड़ेगी। आप कार्यकर्ताओं का शोषण करते हैं। आप उनकी कुशलताओं को लूटते हैं।

Manager: What skills? Most of the works in our factory require no special skill at all. In spite of that the management is paying them wages and you incite them?

कैसी कुशलताएं? हमारे कारखाने में अधिकतर कार्यों के लिए किसी विशेष कुशलता की आवश्यकता नहीं होती। फिर भी मैनेजमेंट उनको वेतन दे रही है और आप उन्हें भड़काते हैं?

Mr. Prabhakar: Aren't you ready to reconsider your decision?

क्या आप अपने निर्णय पर पुनर्विचार करने को तैयार नहीं हैं?

Manager: I'll talk to the General Manager and let you know his decision by the evening.

मैं जनरल मैनेजर से बात करूंगा और सायं तक उनका निर्णय आपको बता दूंगा।

Mr. Prabhakar: OK.

ठीक है।

Manager: Now, you may go and till then do your work.

अब आप जा सकते हैं और तब तक अपना कार्य कीजिए।

CONVERSATION NO. – 61

Hiring An Auto-Rickshaw
ऑटो-रिक्शा किराये पर लेना

Mr. Sood: Autorickshaw !
ऑटोरिक्शा!

Driver: Yes, sir !
हां, श्रीमान्!

Mr. Sood: Will you go to Chandni Chowk?
क्या चाँदनी चौक चलोगे?

Driver: Yes, sir. Please come in.
हां श्रीमान्। कृपया अन्दर आइये।

Mr. Sood: Start the meter, please.
कृपया मीटर चालू कीजिए।

Driver: I'm sorry the meter of my autorickshaw does not work.
मुझे खेद है कि मेरा ऑटोरिक्शा का मीटर काम नहीं करता।

Mr. Sood: This is wrong. You must have got it checked before plying it on the road.
यह तो गलत बात है। आपको इसे सड़क पर लाने से पहले अवश्य जाँच करवाना चाहिए था।

Driver: Don't be tense, sir. I'll charge Rs. 150/- only from you.
श्रीमान् तनाव में मत आइये। मैं आप से केवल 150 रुपये लूंगा।

Mr. Sood: But I won't give you this much.
परन्तु मैं इतने पैसे नहीं दूंगा।

Driver: Then please get down.
तो नीचे उतर जाइये।

Mr. Sood: I won't get down either.
मैं नीचे भी नहीं उतरूंगा।
(यात्री सामने खड़े पुलिस वाले को बुलाता है तथा उसे सारी बात बताता है)

Policeman: Driver ! Show me your licence.
ड्राइवर, मुझे अपना लाइसेंस दिखाओ।

Driver: Here you are.
यह लीजिये।

Policeman: Why are you harassing this gentleman? Aren't you ready to obey the court's order?
आप इस भद्रपुरुष को क्यों तंग कर रहे हैं? क्या आप कचहरी का आदेश मानने को तैयार नहीं हैं?

Driver: I'm sorry, sir.
मुझे खेद है, श्रीमान् जी।

Policeman: Drop this gentleman at Chandni Chowk for Rs. 100/- only and then get the meter of your auto repaired otherwise you'll be fined heavily.
इस भद्रपुरुष को केवल 100 रुपये में चाँदनी चौक ले जाओ और फिर अपने ऑटो के मीटर की मरम्मत करवा लो, अन्यथा तुम्हें भारी जुर्माना किया जायेगा।

Driver: Right sir !
ठीक है, श्रीमान्।

Passenger: (to the policeman) Thank you, sir !
धन्यवाद, श्रीमान् जी।

Policeman: It's all right.
सब ठीक है।

CONVERSATION NO. – 62

Interviewing at a New Company

नई कम्पनी में साक्षात्कार सम्बन्धी

Candidate: May I come in, sir !
श्रीमान् जी, क्या मैं अन्दर आ सकता हूं?

Interviewer: Yes, please be seated.
हां, कृपया बैठिये।

Candidate: Good morning, sir !
नमस्ते, श्रीमान् जी।

Interviewer: Good morning !
नमस्ते।

Interviewer: Well Mr. Gurpreet you passed your MBA degree in 2000. Why didn't you apply for the post to some MNC?
ठीक है, श्रीमान् गुरप्रीत, आपने MBA डिग्री 2000 में पास की। आपने किसी बहुराष्ट्रीय कम्पनी में प्रार्थना पत्र क्यों नहीं दिया?

Candidate: Sir, I'd prefer an Indian Company. Though I don't have a very bright academic record, I've a very rich marketing experience.
श्रीमान् जी, मैं एक भारतीय कम्पनी को बेहतर समझता हूं। यद्यपि मेरा पढ़ाई सम्बन्धी ब्यौरा बहुत बढ़िया नहीं है, मुझे मार्केटिंग का बहुत तजुर्बा है।

Interviewer: Well ! Can you throw some light on your experience?
ठीक है। क्या आप अपने अनुभव पर कुछ रोशनी डाल सकते हैं?

Candidate: Sir, I'm working as a sales representative in ABC Company. When I joined the company a few years ago, the total sale of the company was in lakhs but now it is in crores.
श्रीमान् जी, मैं ABC कम्पनी में एक सेल प्रतिनिधि के रूप में काम कर रहा हूं। जब मैंने कुछ वर्ष पहले कम्पनी में प्रवेश किया, तो इसकी कुल सेल लाखों में थी परन्तु अब यह करोड़ों में है।

Interviewer: Then why do you want to leave that company?
तो फिर आप उस कम्पनी को छोड़ना क्यों चाहते हैं?

Candidate: Sir, the company is diversifying towards consumer goods. I am sure this will bring the company into red.
श्रीमान् जी, यह कम्पनी अब कंज्यूमर गुड्स की ओर जा रही है। मुझे विश्वास है कि इससे कम्पनी कर्जे के नीचे दब जायेगी।

Interviewer: Well ! You can go. You'll be informed about our decision later on.
ठीक है। आप जा सकते हैं। हम आपको अपना निर्णय बाद में बताएंगे।

Candidate: Thank you, sir.
धन्यवाद, श्रीमान् जी।

CONVERSATION NO. – 63

Finding a Lost Purse
खोया पर्स ढूंढ निकालना

Mr. Bakshi: Good evening, sir !
शुभ सायं, श्रीमान् जी।

Mr. XYZ: Good evening, sir ! I'm afraid sir, I haven't seen you before.
नमस्ते, श्रीमान्। मुझे भय है श्रीमान् कि मैंने आपको पहले कभी नहीं देखा।

Mr. Bakshi: You're right, sir ! I'm Bakshi. My full name is R.R. Bakshi.
आप ठीक कहते हैं श्रीमान्। मैं बख्शी हूं। मेरा पूरा नाम आर.आर. बख्शी है।

Mr. XYZ: Yes, Mr. Bakshi, you may please sit beside me.
हां, श्रीमान् बख्शी, आप कृपया मेरे पास बैठ सकते हैं।

Mr. Bakshi: Thank you, sir !
धन्यवाद, श्रीमान् जी।

Mr. XYZ: What is the matter, sir? You look a bit tense.
श्रीमान् जी, क्या बात है? आप कुछ तनावग्रस्त प्रतीत होते हैं।

Mr. Bakshi: Sir, a few hours ago I was sitting on this bench where you are sitting at present and I lost my passport here.
श्रीमान् जी, कुछ घंटे ही पहले मैं इसी बेंच पर बैठा था जिस पर इस समय आप बैठे हैं और मेरा पासपोर्ट गुम हो गया।

Mr. XYZ: Was it in a black purse?
क्या यह एक काले पर्स में था?

Mr. Bakshi: Yes, it was. But how do you come to know this?
हां, यह था। परन्तु आप यह बात कैसे जानते हैं?

Mr. XYZ: When I came here I found on the bench an unclaimed purse. I picked it up and deposited it in the nearby police station. I didn't even open it.

जब मैं यहां आया तो मैंने इस बेंच पर एक लावारिस पर्स पाया। मैंने उसे उठा लिया और पास के थाने में जमा करवा दिया। मैंने इसे खोला भी नहीं।

Mr. Bakshi: Oh, thank you, sir.

ओह धन्यवाद, श्रीमान् जी।

Mr. XYZ: Please come with me and I'll take you to the police station and request the officer to return your purse.

कृपया मेरे साथ आइये और मैं आपको पुलिस स्टेशन ले चलूंगा और पुलिस ऑफीसर से प्रार्थना करूंगा कि वह आपका पर्स लौटा दे।

Mr. Bakshi: Thank you very much, sir.

बहुत–बहुत धन्यवाद, श्रीमान् जी।

CONVERSATION NO. – 64

Learning French
फ्रेंच भाषा सीखने सम्बन्धी

Riya: Hi, Anu ! How are you?
हाइ अनु! कैसी हो?

Anu: Hi, Riya ! I'm fine. How are you?
हाइ रिया! मैं ठीक हूं। आप कैसी हैं?

Riya: I'm also fine. Where are you going?
मैं भी ठीक हूं। कहां जा रही हो?

Anu: I'm going to attend my French class.
मैं अपनी फ्रेंच क्लास में जा रही हूं।

Riya: It's good that you're learning French these days. Can you speak and write French well?
यह अच्छी बात है कि तुम आजकल फ्रेंच सीख रही हो। क्या आप फ्रेंच अच्छी तरह बोल और लिख सकती हैं?

Anu: I can write French but I can't speak it as well.
मैं फ्रेंच लिख सकती हूं, परन्तु मैं इसे इतनी अच्छी तरह बोल नहीं सकती।

Riya: Is it different from English?
क्या यह अंग्रेजी से भिन्न है?

Anu: Yes, its pronunciation does not follow the rules of English language sometimes.
हां, कई बार इसकी उच्चारण-रीति अंग्रेजी भाषा के नियमों का अनुसरण नहीं करती।

Riya: I see. How is your sister?
ठीक है। आपकी बहन कैसी हैं?

Anu: She is all right. She has settled in France.
वह बिलकुल ठीक है। वह फ्रांस में रहती है।

Riya: Very good. I still remember that she did not take much interest in studies. But she was intelligent and very cheerful.

बहुत अच्छा। मुझे अभी भी याद है कि वह पढ़ाई में अधिक रुचि नहीं लेती थी। परन्तु वह बुद्धिमान थी और बहुत प्रसन्नचित्त थी।

Anu: Yes, you're quite right.

हां, आप ठीक कहती हैं।

Riya: I think, she must be able to speak French fluently.

मेरा विचार है कि वह अवश्य ही फ्रेंच अच्छी तरह बोल सकती होगी।

Anu: Oh, yes, of course.

हां, बिल्कुल।

CONVERSATION NO. – 65

Purchasing Sales Goods
सामान खरीदने सम्बन्धी

Mrs. Monica: Hello Nisha ! How are you?

हेलो, निशा! कैसी हो?

Nisha: Hello Monica ! I'm fine. How are you?

हेलो, मोनिका! मैं ठीक हूं। आप कैसी हैं?

Mrs. Monica: I'm also fine. Have you bought anything from the sale?

मैं भी ठीक हूं। क्या आपने सेल से कुछ खरीदा है?

Nisha: I haven't visited the showroom so far. What have you bought?

मैं अभी तक शोरूम में नहीं गई। आपने क्या खरीदा है?

Mrs. Monica: I bought three sarees, two silk suits and five night gowns.

मैंने तीन साड़ियां, दो रेशमी सूट और पांच नाइट गाउन खरीदे हैं।

Nisha: At what discount have you bought all these?

आपने कितनी छूट पर यह सब खरीदी हैं?

Mrs. Monica: At 50%.

50 प्रतिशत पर।

Nisha: Will you please show me these dresses?

कृपया क्या आप मुझे यह पोशाकें दिखायेंगी?

(मिस. मोनिका निशा को सभी ड्रेस दिखाती हैं।)

Nisha: Wow ! Each of these looks wonderful ! What is the price of each of these Patola sarees?

वॉऊ! इनमें से प्रत्येक साड़ी आश्चर्यजनक लगती है। क्या आप मुझे बतायेंगी कि प्रत्येक पटोला साड़ी का क्या मूल्य है?

Mrs. Monica: Each of these sarees cost me Rs. 1500/-

प्रत्येक पटोला साड़ी का मूल्य मुझे 1500 रु० देना पड़ा है।

Nisha: And what each of the gowns has cost you?

और प्रत्येक गाउन का आपने क्या दिया?

Mrs. Monica: Each of the gowns has cost me Rs. 100/-

प्रत्येक गाउन की कीमत मुझे 100 रु० देनी पड़ी है।

Nisha: Dirt cheap. And these suits?

बहुत सस्ते हैं। और यह सूट?

Mrs. Monica: You may get any silk suit from the showroom by paying Rs. 700/-

आप 700 रुपये देकर कोई भी सिल्क सूट शोरूम से ले सकती हैं।

Nisha: Dirt cheap. I'll also go to the market in the evening to purchase some dresses for myself and for the kids.

बहुत सस्ते हैं। मैं भी सायं को बाजार जाऊंगी और अपने और बच्चों के लिए पोशाकें खरीदूंगी।

CONVERSATION NO. – 66

Regarding Accounts Matters
बहीखाता सम्बन्धी

Clerk: Mr. Kohli the boss calls you.
श्रीमान् कोहली, बॉस आपको याद कर रहे हैं।

Mr. Kohli: OK !
ठीक है!
(मि. कोहली बॉस के केबिन में चले जाते हैं।)

Mr. Kohli: May I come in, sir?
श्रीमान् जी, क्या मैं अन्दर आ सकता हूं?

Boss: Yes, come in. Have a seat, please. Mr. Kohli have you prepared all the accounts?
हां, आइये। स्थान ग्रहण कीजिए। श्रीमान् कोहली, क्या आपने सब खाते तैयार कर लिये हैं?

Mr. Kohli: I'm sorry, sir. There is an error in the accounts.
मुझे खेद है श्रीमान् जी, खातों में अशुद्धि है।

Boss: Error? What error?
अशुद्धि? कैसी अशुद्धि?

Mr. Kohli: Sir, two credit entries have been shown on debit side.
श्रीमान् जी दो क्रेडिट एन्ट्रीज डेविट साइड पर दिखाई गयी हैं।

Boss: Who did it?
यह किसने किया?

Mr. Kohli: I admit my fault, sir.
मैं अपना दोष मानता हूँ, श्रीमान् जी।

Boss: Mr. Kohli it's good that you yourself have admitted the fault. If there were some other boss, you could be dismissed for bungling of funds.

श्रीमान् कोहली, यह अच्छी बात है कि आपने स्वयं अपना दोष मान लिया है। यदि कोई और बॉस होता तो फंड्स की हेरा–फेरी करने के लिए तुम निकाले जा सकते थे।

Mr. Kohli: I know, sir. Have you any doubt about my honesty, sir?
श्रीमान् जी, मैं यह जानता हूं। क्या आपको मेरी ईमानदारी पर कोई शंका है?

Boss: Not at all. But I expect everybody working in our company to be very careful apart from being honest.
बिल्कुल नहीं। परन्तु मैं इस कम्पनी में काम करने वाले प्रत्येक व्यक्ति से यह आशा करता हूं कि वह ईमानदार होने के अतिरिक्त बहुत सावधान भी हो।

Mr. Kohli: Sir, please forgive me. In future I'll be more careful.
श्रीमान् जी, मुझे क्षमा कर दें। आगे से मैं अधिक सावधान रहूंगा।

Boss: OK. You can go.
ठीक है। आप जा सकते हैं।

CONVERSATION NO. – 67

Finding An Unclaimed Brief Case
लावारिस ब्रीफकेस मिलने सम्बन्धी

Policeman: Good morning, sir !
नमस्ते, श्रीमान् जी!

Mr. Raj: Good morning ! May I talk to the officer in charge?
नमस्ते! क्या मैं आफीसर इन्चार्ज से बात कर सकता हूं?

Policeman: Let me first get permission. What's your name, sir?
पहले मुझे आज्ञा ले लेने दें। आपका नाम क्या है?

Mr. Raj: I'm Raj, a bank officer.
मैं राज एक बैंक अधिकारी हूं।
(Policeman फोन पर Police Inspector से बात करने के बाद उसे कमरा नं. 5 में जाने के लिये कहता है।)

Policeman: Please, go in room no. 5
कृपया पांच नम्बर कमरे में चले जाइये।

Mr. Raj: Thank you, sir.
धन्यवाद, श्रीमान् जी।
(मि. राज कमरा नं. पांच में चला जाता है।)

Mr. Raj: Good morning, sir !
नमस्ते, श्रीमान् जी।

Police Inspector: Good morning, sir ! Please have a seat.
नमस्ते, श्रीमान्। स्थान ग्रहण करें।

Mr. Raj: Thank you.
धन्यवाद।

Police Inspector: What would you take tea or coffee?
आप क्या लेंगे चाय या कॉफी?

Mr. Raj: No, thanks. I've come here to submit the brief case that somebody has forgotten in our bank.

नहीं, धन्यवाद! मैं यहां यह ब्रीफकेस जमा करवाने आया हूं जो कि कोई व्यक्ति हमारे बैंक में भूल गया है।

Police Inspector: Have you opened the brief case?

क्या आपने ब्रीफकेस को खोला है?

Mr. Raj: Yes, sir.

हां, श्रीमान् जी।

Police Inspector: What have you found in it?

आपको इसमें क्या मिला?

Mr. Raj: Sir, it contains Rs. 1,00,000 and a few rough papers. None of the papers bears any name.

श्रीमान् जी, इसमें एक लाख रूपया और कुछ रद्दी कागज हैं जिन पर किसी का नाम नहीं है।

Police Inspector: Don't worry, Mr. Raj our department will find out the owner and return his brief case.

श्रीमान् राज चिन्ता न करें हमारा महकमा मालिक का पता लगा लेगा और उसे ब्रीफकेस लौटा देगा।

Mr. Raj: Thank you. This is exactly what our bank wants.

धन्यवाद। यही हमारा बैंक चाहता है।

CONVERSATION NO. – 68

Selling Ladies Coats
लेडिज कोट बेचने सम्बन्धी

Sales Rep.: Good morning, sir !
नमस्ते, श्रीमान् जी!

Shop owner: Good morning !
नमस्ते!

Sales Rep.: How are our products going on?
हमारी वस्तुएं कैसे चल रही हैं?

Shop owner: Well !
अच्छी तरह।

Sales Rep.: You'll be glad to learn that our company has recently launched a new range of ready-made ladies coats.
आपको यह जान कर प्रसन्नता होगी कि थोड़ा समय पहले ही हमारी कम्पनी ने लेडीज कोटों की एक नई रेंज मार्किट में भेजी है।

Shop owner: Very good. Can you please show me a few samples?
बहुत अच्छा। क्या आप मुझे कुछ नमूने दिखा सकते हैं?

Sales Rep.: Why not? This coat is known as the Pinstriped Lady's Coat.
क्यों नहीं? इस कोट को पिनस्ट्राइप्ड लेडीज कोट कहते हैं?

Shop owner: What is its cost?
इसका मूल्य क्या है?

Sales Rep.: It'll cost you about Rs. 1500/- and it retails at Rs. 2300/-
आपको यह 1500 रुपये में मिलेगा और परचून में यह 2300 रुपये में बिकेगा।

Shop owner: Show me some other variety.
मुझे कोई और प्रकार दिखाइये।

Sales Rep.: This one is known as Tweed Lady's Coat.
इस को ट्वीड लेडीज कोट कहते हैं।

Shop owner: What's its cost?
इसका क्या मूल्य है?

Sales Rep.: It'll cost you Rs. 1800/- and it retails at Rs. 2550/-.
यह आपको 1800 रुपये में मिलेगा और परचून में 2550 रुपये मे बिकेगा।

Shop owner: What is this one?
यह क्या है?

Sales Rep.: This one is known as Plain striped Lady's Coat.
इसको प्लेन स्ट्राइप्ड लेडीज कोट कहते हैं।

Shop owner: Cost?
मूल्य?

Sales Rep.: It'll cost you Rs. 1200/- and it retails at 1495/-.
इसका मूल्य 1200/- रुपये तथा परचून में 1495/- रुपये में बिकेगा।

This is the last one and is known as Fleece Lady's Coat.
यह अन्तिम है और इसको फ्लीस लेडीस कोट कहते हैं।

Shop owner: What is its cost?
इसका क्या मूल्य है?

Sales Rep.: It'll cost you Rs. 5000/- and it retails at Rs. 7500/-.
यह 5000 रुपये का मिलेगा और 7500 का बिकेगा।

Shop owner: Please, send me two pieces of each.
कृपया मुझे प्रत्येक के दो–दो पीस भेज दें।

Sales Rep.: Thank you, sir.
धन्यवाद, श्रीमान् जी।

CONVERSATION NO. – 69

Starting A Manufacturing Unit
सामान बनाने के यूनिट की शुरुआत करना

Mr. Kishore: Hello, Mr. Ajay ! How are you?
हेलो, श्रीमान् अजय! कैसे हैं ?

Mr. Ajay: Hello, Mr. Kishore ! I'm fine. How are you?
हेलो, श्रीमान् किशोर! मैं ठीक हूं। आप कैसे हैं?

Mr. Kishore: I'm also fine. What are you doing these days?
मैं भी ठीक हूं। आप आजकल क्या कर रहे हैं?

Mr. Ajay: I've just installed a small manufacturing unit of nuts and bolts.
मैंने थोड़ा समय पहले ही नट और बोल्ट बनाने की एक छोटी यूनिट लगाई है।

Mr. Kishore: It's a very good news. How much are you earning per month?
यह तो बहुत अच्छा समाचार है। आप प्रति मास कितना कमा रहे हैं?

Mr. Ajay: I've a good income but the major part of my earnings goes in paying wages to the workers.
मुझे आय तो अच्छी है, परन्तु मेरी कमाई का एक बड़ा भाग कार्यकर्त्ताओं को वेतन देने में चला जाता है।

Mr. Kishore: How many workers do you have?
आपके कितने कार्यकर्त्ता हैं?

Mr. Ajay: Ten. What are you doing these days?
दस। आप आजकल क्या कर रहे हैं?

Mr. Kishore: I did MBA last year. I'm still looking for a good job.
मैंने पिछले वर्ष MBA किया। मैं अभी भी कोई अच्छा काम ढूंढ रहा हूं।

Mr. Ajay: You had better instal some manufacturing unit of your own. Jobs are not secure these days.

आपके लिए अच्छा होगा कि आप कोई अपना वस्तुएं बनाने वाला यूनिट लगा लें। आजकल नौकरियां सुरक्षित नहीं हैं।

Mr. Kishore: I too think so. But I've no experience of manufacturing. Moreover, I don't know which product should be manufactured.

मैं भी ऐसे ही सोचता हूं। परन्तु मुझे कुछ भी बनाने का कोई अनुभव नहीं है। इसके अतिरिक्त मैं नहीं जानता कि क्या वस्तु बनानी चाहिए।

Mr. Ajay: I advise you to instal a manufacturing unit of electrical goods like switches, joints, bends, etc.

मैं तुम्हें सलाह दूंगा कि तुम बिजली का सामान बनाने की यूनिट लगाओ जैसे कि स्विच, जोड़, बेंड आदि।

Mr. Kishore: How much money will be needed?

कितने धन की आवश्यकता होगी?

Mr. Ajay: Not more than two lakhs.

दो लाख से अधिक नहीं।

Mr. Kishore: Thank you, Mr. Ajay for giving me good guidance.

श्रीमान् अजय, मेरा अच्छी तरह पथ–प्रदर्शन करने के लिए धन्यवाद।

CONVERSATION NO. – 70

Complaint Regarding Daughter's Bad Company

बेटी की कुसंगति सम्बन्धी शिकायत

Mr. XYZ: Hello, Mr. ABC ! How are you?
हेलो, श्रीमान् ए.बी.सी.! कैसे हो?

Mr. ABC: Hello, Mr. XYZ ! I'm fine. How are you?
हेलो XYZ! मैं ठीक हूं। आप कैसे हैं?

Mr. XYZ: I'm also fine. Please come in. Have a seat please.
मैं भी ठीक हूं। कृपया अन्दर आइये। कृपया स्थान ग्रहण करें।

Mr. ABC: Thank you, sir.
धन्यवाद श्रीमान् जी।

Mr. XYZ: What would you like tea or coffee?
आप क्या लेना पसन्द करेंगे चाय या कॉफी?

Mr. ABC: No, thanks. I'm here to make you aware of your daughter's activities.
नहीं, धन्यवाद! मैं आपकी बेटी की गतिविधियों के बारे में आपको सचेत करने आया हूं।

Mr. XYZ: May I ask you what did she do?
क्या मैं आप से पूछ सकता हूँ कि उसने क्या किया?

Mr. ABC: I'll tell you everything but first give me the assurance that you will not beat your daughter. You'll just advise her not to sit in the company of bad girls.
मैं तुम्हें सब कुछ बता दूंगा परन्तु पहले मुझे यह विश्वास दिलाइये कि आप अपनी बेटी को पीटेंगे नहीं। आप केवल उसे यह समझायेंगे वह बुरी लड़कियों की संगति में न बैठे।

Mr. XYZ: I assure you that I won't beat her.
मैं तुम्हें विश्वास दिलाता हूं कि मैं उसे पीटूंगा नहीं।

Mr. ABC: Yesterday, after parking my car, I went into the park Golden Peacock for relaxation. There I saw your daughter coming from the far end of the park with her four friends. All of them were laughing shamelessly and smoking. I was really shocked.

कल अपनी कार पार्क करने के बाद मैं पार्क गोल्डन पीकॉक में आराम करने के लिए गया। वहां मैंने आपकी बेटी को अपनी चार सहेलियों समेत पार्क के दूसरी ओर से आते देखा। वह सब निर्लज्जता के साथ हँस रही थीं और सिगरेट पी रही थीं। मुझे सचमुच बहुत दुःख हुआ।

Mr. XYZ: I'm very thankful to you Mr. ABC for this information. But I request you please don't tell others about it.

श्रीमान् ए.बी.सी. मैं इस सूचना के लिए आपका बहुत आभारी हूं। कृपया यह बात किसी और को न बताना।

Mr. ABC: Don't worry Mr. XYZ. Your daughter is my daughter.

चिन्ता मत कीजिए श्रीमान् XYZ. आपकी बेटी मेरी बेटी है।

CONVERSATION NO. – 71

Returning a Book
पुस्तक वापसी सम्बन्धी

Deepak: Hello !

हेलो!

Surinder: Hello ! Is it 2244661?

हेलो! क्या यह 2244661 है?

Deepak: Yes. Who is that?

हां। आप कौन हैं?

Surinder: I'm Surinder, Mohit's classmate. Could I talk to him?

मैं मोहित का सहपाठी सुरेन्द्र हूं। क्या मैं उससे बात कर सकता हूं?

Deepak: Sorry, friend. He's out of town. May I help you?

मुझे खेद है, मित्र वह नगर के बाहर गया हुआ है। क्या मैं आपकी सहायता कर सकता हूँ?

Surinder: Thank you. When he comes tell him that his history book had mistakenly been put in my bag. He may come at mine and collect the book.

धन्यवाद! जब वह आए तो उसे बता दें कि उसकी इतिहास की पुस्तक गलती से मेरे बैग में रखी गई। वह मेरे घर आकर वह पुस्तक ले सकता है।

Deepak: May I come at yours on his behalf if you don't mind?

यदि आपको बुरा न लगे तो क्या मैं उसके स्थान पर आपके घर आकर पुस्तक ले सकता हूं?

Surinder: Yes, it's a good idea.

हां, यह अच्छा विचार है।

Deepak: When should I come?

मैं कब आऊं?

Surinder: At present, I'm going somewhere for an urgent piece of work.

इस समय तो मैं किसी आवश्यक कार्य के लिए कहीं जा रहा हूं।

Deepak: Should I come at 8 p.m.?

क्या मैं 8 बजे रात को आ जाऊं?

Surinder: Yes, I'll wait for you.

हां, मैं आपकी प्रतीक्षा करूंगा।

Deepak: OK !

ठीक है !

Surinder: Good day !

दिन मंगलमय हो !

CONVERSATION NO. – 72

Informing Availability of a Book
पुस्तक की उपलब्धता सम्बन्धी सूचना

John: Hello !
हेलो!

James: Hello ! Is it 98145/3425109?
हेलो! क्या यह 98145/3425109 है?

John: Yes. Who is that?
हाँ। आप कौन हैं?

James: My name is James. I'm Henry's classmate. May I talk to him?
मेरा नाम जेम्स है। मैं हेनरी का सहपाठी हूं। क्या मैं उससे बात कर सकता हूं?

John: Sorry, friend ! He has gone out of town for a couple of days.
खेद है, मित्र, वह दो दिनों के लिए नगर से बाहर गया हुआ है।

James: Oh, I see.
ओह, तो यह बात है।

John: Is anything urgent?
क्या कोई अत्यावश्यक बात है?

James: Would you mind conveying my message to him?
क्या आप मेरा संदेश उसे देने में बुरा तो नहीं मानेंगे?

John: No, not at all.
नहीं, बिल्कुल नहीं।

James: So nice of you.
अच्छी बात है।

John: Please, go on.
कृपया कहिये।

James: When he comes, tell him that the book, which was running out of stock, is now available at Ramesh Publishing House. Nai Sarak.

जब वह आये तो उसे कह दें कि जो पुस्तक नहीं मिलती थी, वह अब रमेश पब्लिशिंग हाउस, नई सड़क पर उपलब्ध है।

John: OK ! I'll do that.

ठीक है। मैं ऐसा ही करूंगा।

James: Don't forget to tell him that the stock is limited.

उसे यह बताना न भूलें कि इसका स्टॉक सीमित है।

John: Well ! I think I should purchase the book for him. Can you please tell me the name of the book?

ठीक है। मैं समझता हूं कि उसके लिए मैं वह पुस्तक खरीद लेता हूँ। क्या आप मुझे पुस्तक का नाम बता सकते हैं ?

James: Please note down, Spoken and Communicative English written by H. S. Bhatia.

कृपया नोट कर लीजिये। उस पुस्तक का, नाम है 'Spoken and Communicative English' एच.एस. भाटिया द्वारा लिखित।

John: Thank You !

धन्यवाद !

James: Good day !

दिन मंगलमय हो !

CONVERSATION NO. – 73

Buying a Pup
पिल्ला खरीदने सम्बन्धी

Mr. XYZ: Hello, Mr. ABC ! How are you?

हेलो, श्रीमान् ए.बी.सी.! कैसे हो?

Mr. ABC: I'm fine, sir. How are you?

मैं ठीक हूं। आप कैसे हैं?

Mr. XYZ: I'm also fine. Where are you going?

मैं भी ठीक हूं। आप कहां जा रहे हैं?

Mr. ABC: I want to purchase a pup. So I am going to Mr. PQR's pup shop.

मैं एक पिल्ला खरीदना चाहता हूं। इसलिए मैं श्रीमान् PQR पॅप शाप पर जा रहा हूं।

Mr. XYZ: But why do you want to buy a pup? I can call to my mind that you didn't like dogs a few years ago.

परन्तु आप एक पिल्ला क्यों खरीदना चाहते हैं? मुझे याद है कि कुछ वर्ष पहले आपको कुत्ते अच्छे नहीं लगते थे।

Mr. ABC: I still don't like pups. But my younger daughter wants that there should be a pup in our house.

मुझे तो पिल्ले अभी भी पसन्द नहीं है। परन्तु मेरी छोटी बेटी चाहती है कि हमारे घर में एक पिल्ला होना चाहिये।

Mr. XYZ: Oh, I see. A pup looks attractive but most often it carries many infectious germs.

अच्छा, तो यह बात है। एक पिल्ला देखने में तो अच्छा लगता है, परन्तु प्रायः इस पर अनेकों संक्रामक रोगाणु होते हैं।

Mr. ABC: I know but there is no way out.

मैं जानता हूं, परन्तु कोई विकल्प नहीं।

Mr. XYZ: I think a pup should be inoculated against a number of diseases. You had better after purchasing the pup, take it to a veterinary doctor and act upon his advice.

मेरा विचार है कि एक पिल्ले को रोगों से बचाने के लिए टीके लगवाने चाहिए। आपके लिए अच्छा होगा कि पिल्ला खरीदने के बाद उसे एक पशु–चिकित्सक के पास ले जायें और उसके परामर्श पर अमल करें।

Mr. XYZ: You're right. I'll do this.

आप ठीक कहते हैं। मैं ऐसे ही करूंगा।

CONVERSATION NO. – 74

Finding An Unclaimed Purse

लावारिस पर्स का पाना

Policeman: Good morning, madam !
शुभ प्रभात, महोदया!

Mrs. Cheema: Good morning !
नमस्ते!

Policeman: Whom do you want to see?
आप किससे मिलना चाहती हैं?

Mrs. Cheema: May I talk to the Inspector–in–charge?
क्या मैं इंस्पेक्टर इन्चार्ज से बात कर सकती हूं?

Policeman: Yes. You should go in room No. 5.
हाँ। आप कमरा नं 5 में चले जायें।

Mrs. Cheema: Thank you.
धन्यवाद।

Policeman: Madam ! Please leave your mobile phone here. You aren't allowed to carry a phone in his room.
महोदया, आप आपना मोबाइल फोन यहां छोड़ जाइये। आपको कमरे में मोबाइल फोन ले जाने की आज्ञा नहीं है।

Mrs. Cheema: Well ! Here take my mobile phone.
ठीक है। यह लीजिये मेरा मोबाइल फोन।

Policeman: Thank you.
धन्यवाद।

(Mrs. Cheema Police Inspector के कमरे में चली जाती हैं। उसके हाथ में एक सफेद पर्स भी है।)

Mrs. Cheema: Good morning, sir !
नमस्ते, श्रीमान् जी।

Police Inspector: Good morning ! What can I do for you?
नमस्ते। मैं आपके लिए क्या कर सकता हूं?

Mrs. Cheema: Sir, I'm a receptionist at hotel XYZ. Last night an old lady forgot her purse on the chair as she came to seek some information. I picked it up and now I've come here to hand it over to the police.

श्रीमान् जी, मैं होटल XYZ में एक receptionist हूं। कल रात एक बूढ़ी स्त्री जो कि कुछ सूचना लेने आई थी, कुर्सी पर अपना पर्स भूल गयी। मैंने उसे उठा लिया और अब मैं उसे पुलिस के पास जमा करवाने आई हूं।

Police Inspector: Did you open the purse?

क्या आप ने पर्स खोला?

Mrs. Cheema: Yes, it contains a wad of dollars and some cosmetic goods but no contact number. Please take it.

हाँ, इसमें डालरों की एक गड्डी और कुछ कास्मेटिक सामान है। इसमें कोई कांटैक्ट नम्बर नहीं। यह लीजिये।

Police Inspector: I admire your spirit. I assure you that the purse will be handed over to its right owner.

मैं आपकी भावना की प्रशंसा करता हूं। मैं आपको विश्वास दिलाता हूं कि यह पर्स ठीक मालिक को दे दिया जायेगा।

Mrs. Cheema: Thank you.

धन्यवाद।

CONVERSATION NO. – 75

Complaint Against a Teacher

अध्यापक के विरुद्ध शिकायत सम्बन्धी

Clerk: Good morning, sir !
नमस्ते, श्रीमान्!

Mr. Ram Prakash: Good morning ! May I talk to the Principal?
नमस्ते! क्या मैं प्रिसिंपल साहब से बात कर सकता हूं?

Clerk: Let me first take permission. Please tell me your name.
पहले मुझे आज्ञा ले लेने दें। कृपया मुझे अपना नाम बतायें।

Mr. Ram Prakash: I'm Ram Prakash.
मैं राम प्रकाश हूं।

Clerk: In what regard do you want to see the Principal?
आप किस बारे में प्रिसिंपल जी से मिलना चाहते हैं?

Mr. Ram Prakash: I want to complain against one of the teachers here.
मैं यहां एक अध्यापिका के विरुद्ध शिकायत करना चाहता हूं।
(Clerk Principal से फोन पर बात करके मि. रामप्रकाश को प्रिसिंपल के कमरे में भेज देता है)

Mr. Ram Prakash: Good morning, Madam !
नमस्ते, महोदया।

Principal: Good morning ! Yes, please, what's your complaint?
नमस्ते! हां कृपया बताइये कि आपकी शिकायत क्या है?

Mr. Ram Prakash: Madam, my daughter, Ranjana reads in 6th in this school. Yesterday, her teacher of English, Mrs. Sharda, beat her badly.

महोदया, मेरी बेटी रंजना इस स्कूल में छठी कक्षा में पढ़ती है। कल उसकी अंग्रेजी की अध्यापिका श्रीमती शारदा ने उसे बुरी तरह से पीटा।

(प्रिंसिपल मिस शारदा को बुलाने भेजती हैं।)

Mrs. Sharda: Good morning, madam ! Good morning, sir !

नमस्ते, महोदया ! नमस्ते श्रीमान् जी !

Mr. Ram Prakash: Good morning, madam !

नमस्ते, महोदया !

Principal: Mrs. Sharda, Mr. Ram Prakash the father of Ranjana says you beat the girl yesterday badly. What do you say about it?

श्रीमती शारदा, श्रीमान् राम प्रकाश रंजना के पिताजी यह कहते हैं कि कल आपने इनकी लड़की को बुरी तरह से पीटा। आप इस बारे में क्या कहना चाहती हैं?

Mrs. Sharda: Actually, Ranjana is a very talkative student. I've advised her many times not to indulge in gossiping during the class period, but.....

वास्तव में रंजना एक बहुत बातूनी विद्यार्थिनी है। मैंने उसे कई बार कहा है कि वह कक्षा के समय गप्पे न हांके, परन्तु........

Mr. Ram Prakash: But I request you not to give any corporal punishment to any student. You can scold a student for a lapse.

परन्तु, मेरी आपसे प्रार्थना है कि किसी बच्चे को शारीरिक दंड मत दें। आप किसी दोषी विद्यार्थी को डाँट सकती हैं।

Mrs. Sharda: Well ! I'll take care of it in future.

ठीक है। भविष्य में मैं ध्यान रखूंगी।

Mr. Ram Prakash: OK ! Thank you.

ठीक है! धन्यवाद।

CONVERSATION NO. – 76

Playing a Cricket Match
क्रिकेट मैच खेलने सम्बन्धी

Uncle: Hello, children!
हेलो, बच्चो!

Children: Good morning, uncle!
नमस्ते, अंकल!

Uncle: Good morning! Where are you going?
नमस्ते, कहां जा रहे हो?

Children: Uncle! We're going to play a cricket match in the Shri Ram Ground.
अंकल, हम श्री राम ग्राउंड में क्रिकेट मैच खेलने जा रहे हैं।

Uncle: That's good. Who is your captain?
यह अच्छी बात है। आपका कप्तान कौन है?

Boy No. 1: Uncle! Satish is our captain. He isn't here now. He'll meet us in the ground.
अंकल, हमारा कप्तान सतीश है। वह इस समय यहाँ नहीं है। वह हमें ग्राउंड में मिलेगा।

Uncle: Who is the best batsman of your team?
आपकी टीम का सबसे अच्छा बल्लेबाज कौन है?

Boy No. 2: This boy, Harish.
यह बालक, हरीश।

Uncle: Harish! Are you an attacking or a defensive player?
हरीश, क्या तुम एक आक्रमक खिलाड़ी हो या सुरक्षात्मक खिलाडी?

Harish: I really play a defensive game.
वास्तव में मैं सुरक्षात्मक खेल खेलता हूँ।

Uncle: Well! Who is the best bowler of the team?
ठीक है! टीम का सबसे अच्छा गेंदबाज कौन है?

Boy No. 3: This boy, Gopal.

यह लड़का, गोपाल।

Uncle: Gopal! Are you a spinner or a fast bowler?

गोपाल, क्या तुम एक स्पिन्नर हो या कि एक तेज़ गेंदबाज?

Gopal: Sir, I'm a leg spinner.

श्रीमान् जी, मैं एक लेग स्पिन्नर हूँ।

Gopal: Uncle! Can you please come with us to see the match?

अंकल, क्या आप मैच देखने के लिए हमारे साथ आ सकते हैं?

Uncle: Well! If you so wish, I'm ready to go with you.

ठीक है, यदि तुम चाहते हो तो मैं तुम्हारे साथ चलूँगा।

Children: Thank you, uncle!

धन्यवाद, अंकल!

CONVERSATION NO. – 77

On Being Ill
बीमार होने पर

Mr. Scindia: Hello, Mr. Kalia!
हेलो, श्रीमान् कालिया!

Mr. Kalia: Hello, Mr, Scindia! How are you?
हेलो, श्रीमान् सिंधिया! कैसे हो?

Mr. Scindia: I'm not fine.
मैं ठीक नहीं हूँ।

Mr. Kalia: What happened?
क्या हुआ?

Mr. Scindia: I'm suffering from arthritis.
मैं जोड़ों की सूजन से पीड़ित हूँ।

Mr. Kalia: Oh, it's a bad news. Haven't you consulted any bone specialist?
ओह, यह तो बुरा समाचार है। क्या आपने किसी हड्डियों के विशेषज्ञ का परामर्श नहीं लिया?

Mr. Scindia: A few days back I consulted a doctor in our street.
कुछ दिन पहले मैंने अपनी गली के एक डाक्टर से परामर्श लिया था।

Mr. Kalia: What did he say?
उसने क्या कहा?

Mr. Scindia: He gave me a few tablets of different colours to take thrice daily after meals.
उसने मुझे भिन्न–भिन्न रंगों की कुछ गोलियां प्रतिदिन खाना खाने के बाद लेने के लिए दी।

Mr. Kalia: Do you feel any relief from pain?
क्या आप दर्द से कुछ राहत अनुभव करते हैं?

Mr. Scindia: No, not all.

नहीं, बिल्कुल नहीं।

Mr. Kalia: Mr. Scindia, I advise you to go to AIIMS or Safdarjang Hospital.

श्रीमान् सिंधिया, मैं आपको यह सलाह देता हूँ कि आप AIIMS या सफदरजंग अस्पताल में दिखाओ।

Mr. Scindia: I'll ask my son to take me to either of these in the evening. Thank you, Mr. Kalia for this valuable advice.

मैं अपने बेटे से कहूँगा कि वह मुझे सायं को इन दोनों में से किसी में ले जाये। श्रीमान् कालिया, इस बहुमूल्य सलाह के लिए आपका धन्यवाद।

Mr. Kalia: OK! May you regain health soon!

ठीक है। परमात्मा करे कि आप जल्द पुनः स्वस्थ हो जायें।

CONVERSATION NO. – 78

About A Hotel Inauguration
होटल उद्घाटन सम्बन्धी

Leena: Hi, Pinky! How are you?
हाइ, पिंकी! कैसी हो?

Pinky: Hi Leena! I'm fine. How are you?
हाइ, लीना! मैं ठीक हूँ। आप कैसी हैं?

Leena: I'm also fine. I think you're ready for a picnic?
मैं भी ठीक हूँ। मेरा विचार है कि आप पिकनिक पर जाने के लिए तैयार हैं?

Pinky: No, actually I am returning after having attended the inauguration ceremony of a three star hotel XYZ.
नहीं, वास्तव में मैं एक तीन तारा होटल XYZ के उद्घाटन समारोह में सम्मिलित होकर लौट रही हूँ।

Leena: Where is it situated?
वह कहाँ स्थित है?

Pinky: On the highway, a few yards away from the main post office.
मुख्य डाकघर से कुछ गज़ पर बड़ी सड़क पर।

Leena: Oh, I see.
ओह, तो यह बात है।

Pinky: Which leader did preside over the inauguration ceremony?
किस नेता ने उद्घाटन समारोह की अध्यक्षता की?

Leena: The Chief Minister.
मुख्यमन्त्री ने?

Pinky: How does the hotel look?
होटल कैसा लगता है?

Leena: It's beautiful.
यह सुन्दर है।

Pinky: How was the food there?

वहाँ खाना कैसा था।

Leena: I'm shocked that as regards quality it does not look to be a promising one.

मुझे दुखः है कि गुणों के हिसाब से मुझे यह कोई अच्छा प्रतीत नहीं होता।

Pinky: How do you guess about it?

इसके बारे में आपने यह अनुमान कैसे लगाया।

Leena: I ate there two dishes – Spring Rolls which were not prepared properly and dry chicken was bad either.

मैने वहाँ दो डिशिज़ खाई–एक स्प्रिंग रोल्स की जो कि ठीक ढंग से तैयार नहीं हुई थी और ड्राई चिकन भी बुरा ही था।

Pinky: Oh, I see.

तो यह बात है।

Leena: It's surprising that people care only for external decore of things, not quality.

यह हैरानी की बात है कि लोग बाहरी साज–सज्जा की ओर ध्यान देते हैं न कि गुणों की ओर।

Pinky: This, indeed, is the crux of the problem.

यही तो वास्तव में कठिन समस्या है।

CONVERSATION NO. – 79

About A Telephone Connection
टेलीफोन कनेक्शन के विषय में

Mr. Walia: Hello, Mr. Suraj! How are you?
हेलो, श्रीमान् सूरज! कैसे हो?

Mr. Suraj: Hello, Mr. Walia! I'm fine. How are you?
हेलो, श्रीमान् वालिया! मैं ठीक हूँ। आप कैसे हैं।

Mr. Walia: I'm also fine.
मैं भी ठीक हूँ।

Mr. Suraj: Please come in. Have a seat, please.
कृपया! अन्दर आइये। कृपया पधारिये।

Mr. Walia: Thank you, sir.
धन्यवाद, श्रीमान् जी!

Mr. Suraj: What would you like tea or juice?
आप क्या पसन्द करेंगे चाय या जूस?

Mr. Walia: No, thanks, sir! I've come here to ask you for a help.
नहीं, धन्यवाद, श्रीमान् जी! मैं यहाँ आपकी सहायता लेने आया हूँ।

Mr. Suraj: Please go on.
कृपया कहिये।

Mr. Walia: I applied for a telephone connection on 28th Feb. this year. But till date the department has not installed a telephone at my house.
मैंने इसी वर्ष 28 फरवरी को एक टेलीफोन कनेक्शन के लिए प्रार्थना पत्र दिया परन्तु आज तक विभाग ने मेरे घर पर टेलीफोन नहीं लगाया।

Mr. Suraj: Have you submitted all the papers and fees required by the department?
क्या आपने विभाग द्वारा वांछित सब कागज़ व फीस दे दी है?

Mr. Walia: Yes, I've.

हाँ।

Mr. Suraj: Haven't you sent any reminder to the department?

क्या आपने विभाग को कोई स्मरण–पत्र नहीं भेजा?

Mr. Walia: I've sent three reminders so far.

मैने अब तक तीन स्मरण–पत्र भेजे हैं।

Mr. Suraj: Well! You had better meet the SDO personally.

ठीक है। आपके लिए अच्छा होगा कि आप SDO को स्वयं मिलें।

Mr. Walia: I'll do that.

मैं ऐसा ही करूंगा।

Mr. Suraj: If the SDO doesn't listen to you, I'll go with you to the G.M.

यदि SDO ने आपकी बात न सुनी तो मैं आपके साथ G.M. के पास चलूँगा।

Mr. Walia: Thank you, Mr. Suraj. Good day!

धन्यवाद श्रीमान् सूरज। दिन मंगलमय हो!

Mr. Suraj: Good day !

आपको भी !

CONVERSATION NO. – 80

Getting a Duplicate Passport
पासपोर्ट की अनुलिपि प्राप्त करना

Clerk: Good morning, sir!
नमस्ते, श्रीमान् जी!

Customer: Good morning!
नमस्ते!

Clerk: Whom do you want to see sir?
आप किनसे मिलना चाहते हैं, श्रीमान् जी?

Customer: May I see the concerned officer regarding the issuance of my duplicate passport?
क्या मैं अपना डुप्लिकेट पासपोर्ट बनवाने के लिए सम्बन्धित अफ़सर से मिल सकता हूँ?

Clerk: Please wait. I've to take permission.
कृपया प्रतीक्षा करें। मुझे आज्ञा लेनी पड़ेगी।
(Clerk फोन पर officer को सारी बात बताता है तथा फिर customer को केबिन No 20 में जाने के लिये कहता है।)

Clerk: You may go to the cabin No 20.
आप केबिन न. 20 में चले जाइये।

Customer: Thank you.
धन्यवाद!
(केबिन में पहुँच कर)

Customer: Good morning, sir!
नमस्ते, श्रीमान् जी!

Officer: Good morning!
नमस्ते!

Customer: Sir, I want to get a duplicate passport.
श्रीमान् जी, मुझे एक डुप्लिकेट पासपोर्ट चाहिये।

Officer: Well! Have you brought the required documents?
क्या आप ज़रूरी कागज़ लाये हैं?

Customer: Yes, sir!
हाँ, श्रीमान् जी।

Officer: Let me see them.
यह मुझे देखने दें।

Customer: Here you are.
यह लीजिये।

Officer: Well! You've brought all the documents, but you've forgotten to bring the copy of the FIR.
ठीक है। आप सब कागज तो लाए है। परन्तु आप FIR की नकल लाना भूल गये हैं।

Customer: Oh, I'm sorry, sir. I'll bring the copy of the FIR tomorrow.
ओह, मुझे खेद है, श्रीमान् जी, मैं FIR की नकल कल ले आऊँगा।

Officer: OK! So, tomorrow we'll look into your case.
ठीक है, तो कल हम आपके केस को देखेंगे।

Customer: Thank you, sir!
धन्यवाद, श्रीमान् जी!

CONVERSATION NO. – 81

About Joining a Profession
व्यवसाय में शामिल होने के विषय में

Student: Good morning, sir!
नमस्ते, श्रीमान् जी!

Teacher: Good morning!
नमस्ते!

Student: Sir, could you please guide me?
श्रीमान् जी, क्या आप मेरा पथ प्रदर्शन करेंगे?

Teacher: Yes, please.
हाँ, कृपया कहिये।

Student: Sir, I've passed B.A. Should I do B.Ed. or join some other technical course?
श्रीमान् जी, मैने बी॰ए॰ पास कर ली है। क्या अब मुझे बी॰एड॰ करना चाहिए या कोई तकनीकी कोर्स करना चाहिए?

Teacher: It all depends upon your taste. If you want to be a school teacher you've to pass B.Ed. If you want to be a technician in a particular field, you've to go for the required training for it.
यह सब आपकी रुचि पर निर्भर है। यदि आप एक स्कूल अध्यापक बनना चाहते है, तो आपको B.Ed पास करना होगा। यदि आप किसी विशेष क्षेत्र में एक टेक्नीशियन बनना चाहते हैं, तो आपको इसके लिए जरूरी ट्रेनिंग लेनी होगी।

Student: Sir, I want to become a lab. technician.
श्रीमान् जी, मैं एक लैब टेक्नीशियन बनना चाहता हूँ।

Teacher: That's good. You may go in for microbiology
यह अच्छी बात है, तो आप microbiology ले सकते हैं।

Student: Sir, if I don't get employment anywhere, what will become of me?

श्रीमान् जी, यदि मुझे कहीं नौकरी न मिली, तो मेरा क्या होगा?

Teacher: Don't lose heart. You can start your own lab.

हिम्मत मत हारो। तुम अपनी लैब आरम्भ कर सकते हो।

Student: Thank you, sir.

धन्यवाद, श्रीमान् जी।

Teacher: You're welcome.

आपका स्वागत है।

CONVERSATION NO. – 82

Consulting a Heart Specialist
हृदय-रोग-विशेषज्ञ से सलाह लेने सम्बन्धी

Mr. Bedi: Good morning, sir!

नमस्ते, श्रीमान् जी!

Mr. Devgan: Good morning, sir! How are you?

नमस्ते, श्रीमान्! आप कैसे हैं?

Mr. Bedi: I've been suffering from mild chest pain since the last night.

मुझे पिछली रात से छाती में धीमी पीड़ा है।

Mr. Devgan: You ought to see a doctor.

आपको किसी डाक्टर को दिखाना चाहिए।

Mr. Bedi: Which doctor do you recommend?

आपके विचार से किस डाक्टर को।

Mr. Devgan: I think you should first see a heart specialist. And the best heart specialist in our city is Dr. Johnson.

मेरे विचार में आपको किसी हृदय विशेषज्ञ को दिखाना चाहिए और हमारे नगर में सबसे अच्छा विशेषज्ञ डाक्टर जानसन हैं।

Mr. Bedi: I'll go to him at 11a.m.

मैं उनके पास प्रातः 11 बजे जाऊँगा।

Mr. Devgan: May I ask what is your routine diet?

क्या मैं आपसे पूछ सकता हूँ कि आप प्रतिदिन क्या खाते हैं?

Mr. Bedi: I daily take two eggs. I always eat foods fried in Desi Ghee.

मैं प्रतिदिन दो अंडे खाता हूँ। मैं सदा देशी घी में तला हुआ भोजन खाता हूँ।

Mr. Devgan: It means you aren't health conscious.

इसका अर्थ है कि आप स्वास्थ्य के बारे में सचेत नहीं है।

Mr. Bedi: Why do you think so?

आप ऐसा क्यों सोचते हैं?

Mr. Devgan: I think you're taking too much calories per day. You should better consult a dietician also.

मेरा विचार है कि आप बहुत अधिक कैलोरी प्रतिदिन ले रहे हैं। आपके लिए बेहतर होगा कि आप किसी डाइटीशियन से भी मिल लें।

Mr. Bedi: OK! I'll do all that. Thank you, Mr. Devgan.

ठीक है। मैं यह सब करूँगा। धन्यवाद, श्रीमान् देवगन।

CONVERSATION NO. – 83

Seeking Information About Books

पुस्तकों के विषय में सूचना प्राप्त करना

Receptionist: Good morning, madam!
नमस्ते, महोदया!

Mrs. Srivastava: Good morning! Is it Ramesh Publishing House?
नमस्ते! क्या यह रमेश पब्लिशिंग हाउस है?

Receptionist: Yes, what can I do for you?
हाँ! मैं आपके लिये क्या कर सकती हूँ?

Mrs. Srivastava: I received the list of books published by your company. Thanks for that. But I've come here in person to ask you more detail about a few of your books.
मैंने आपकी कम्पनी द्वारा प्रकाशित पुस्तकों की सूची प्राप्त कर ली है। इसके लिये धन्यवाद। परन्तु मैं यहाँ पर आपकी कुछ पुस्तकों के बारे में अधिक विस्तारपूर्ण सूचना लेने के लिये आई हूँ।

Receptionist: Please go into the first cabin and ask Mr. Jain about it.
कृपया प्रथम केबिन में चले जाइये और श्री जैन को इस बारे में पूछ लीजिये।

Mrs. Srivastava: Thank you.
धन्यवाद।

(Mrs. Srivastava प्रथम केबिन में चली जाती है तथा Mr. Jain से मिलती है।)

Mrs. Srivastava: Good morning, sir! I'am a voracious reader of the books published by your company.
नमस्ते, श्रीमान् जी! मैं आपकी कम्पनी द्वारा प्रकाशित पुस्तकों को बहुत पढ़ने वाली पाठिका हूँ।

Mr. Jain: We're proud of you, madam. What can I do for you?

महोदया, मुझे आप पर गर्व है। मैं आपके लिए क्या कर सकता हूँ?

Mrs. Srivastava: My son has recently cleared his written test for PCS. Which book do you recommend for the preparation for interview?

मेरे बेटे ने अभी–अभी PCS की परीक्षा का लिखित भाग पास किया है। अब आप उसके साक्षात्कार के लिए कौन–सी पुस्तक बता सकते हैं?

Mr. Jain: 'The Art of Interview' is the best book for such students.

ऐसे विद्यार्थियों के लिये "The Art of Interview" सब से अच्छी पुस्तक है।

Mrs. Srivastava: One of my relatives wants to learn English speaking. Which book do you recommend him?

मेरा एक सम्बन्धी अंग्रेज़ी बोलना सीखना चाहता है। उसे कौन–सी पुस्तक पढ़नी चाहिए?

Mr. Jain: Madam! 'The Gloria English Speaking Course' will meet his demand.

महोदया, "The Gloria English Speaking Course" उसकी आवश्यकता को पूरा करेगी।

Mrs. Srivastava: Well! Give me both these books.

ठीक है। ये दोनों पुस्तकें मुझे दे दें।

Mr. Jain: Here you are!

यह लीजिये।

Mrs. Srivastava: How much!

कितने पैसे देने हैं?

Mr. Jain: Rs. 190/-

190 रुपये

Mrs. Srivastava: Here you are.

यह लीजिये।

CONVERSATION NO. – 84

Encounter with a Stranger
एक अजनबी से सामना

Mr. Asif: Hello, sir!

हेलो, श्रीमान् जी!

Stranger: Hello, sir!

हेलो, श्रीमान् जी!

Mr. Asif: May I ask you, sir, whom you want to see?

क्या मैं आप से पूछ सकता हूँ श्रीमान जी, कि आप किससे मिलना चाहते है?

Stranger: What do you mean by this, sir?

आपका यह कहने का अभिप्राय क्या है श्रीमान् जी?

Mr. Asif: This is your fifth round through this street. You do not seem to be the resident of this area. Tell me the address where you want to go and I'll feel glad to help you reach the right address.

आपका इस गली में पांचवां चक्कर है। आप इस इलाके के रहने वाले प्रतीत नहीं होते। मुझे पता बताइए कि आप कहाँ जाना चाहते हैं और मैं प्रसन्नतापूर्वक आपको ठीक पते पर पहुँचाने में आपकी मदद करूँगा।

Stranger: What if I say I'm just having a long walk through the streets of this locality?

आप क्या कहेगें यदि मैं यह कहूँ कि मैं इस इलाके की गलियों में एक लम्बी सैर कर रहा हूँ?

Mr. Asif: Sir, streets are no places for walking.

श्रीमान् जी, गलियाँ टहलने के स्थान नहीं होते।

Stranger: OK. I'm going and I won't come in this area again. I don't want to visit such places where people like you live.

ठीक है मैं जा रहा हूँ और दुबारा इस इलाके में नहीं आऊँगा। मैं इस तरह के स्थान नहीं देखना चाहता जहाँ आप जैसे लोग रहते हैं।

Mr. Asif: OK. Go away. Thank God.

ठीक है, जाइये! खुदा का शुक्र है।

CONVERSATION NO. – 85

Getting Exhibition Tickets Booked

प्रदर्शनी की टिकट आरक्षित कराना

Clerk: Good morning, sir!
नमस्ते, श्रीमान् जी!

Customer: Good morning!
नमस्ते!

Clerk: What can I do for you?
मैं आपके लिए क्या कर सकता हूँ।

Customer: Is there an exhibition being held in a few days?
क्या कुछ दिन में एक प्रदर्शनी लगने वाली है?

Clerk: Yes sir! It'll start from 20th of this month.
हाँ, श्रीमान् जी! यह इस मास की 20 तारीख से आरम्भ होगी।

Customer: For how many days will it continue?
यह कितने दिनों तक चलेगी?

Clerk: Sir, it'll finish on 30th of this month.
श्रीमान् जी, यह इस मास की तीस तारीख को समाप्त होगी।

Customer: Is the exhibition free for all?
क्या प्रदर्शनी सब के लिए मुफ्त है?

Clerk: No, the management has taken the decision that this time the entry will be by ticket.
नहीं, इस बार प्रबन्धकों ने निर्णय लिया है कि प्रवेश टिकट द्वारा होगा।

Customer: For how much?
टिकट की दर कितनी है?

Clerk: It is Rs.100/-
यह सौ रुपये है।

Customer: Who will inaugurate it?
इसका उद्घाटन कौन करेगा?

Clerk: The President of India.
भारत के राष्ट्रपति।

Customer: I want to get three tickets booked in advance.
मैं तीन टिकटें एडवांस में बुक करवाना चाहता हूँ।

Clerk: Please give me three hundred rupees.
तो मुझे तीन सौ रुपये दीजिये।

Customer: Here you are.
यह लीजिये।

Clerk: Here get the tickets.
यह लीजिये टिकटें।

Customer: Thank you.
धन्यवाद।

Clerk: You are most welcome, sir!
आपका बहुत स्वागत है, श्रीमान् जी।

CONVERSATION NO. – 86

The Bus Passengers' Talk

बस यात्रियों की बातचीत

Passenger No. 1: Do you know, sir, at what time the bus leaves for Rohini?

क्या आप जानते हैं श्रीमान् जी, कि रोहिणी के लिए बस कितने बजे जाती है?

Passenjer No. 2: No, sir! I don't know anything about it.

नहीं, श्रीमान् जी, इस बारे में मैं कुछ नहीं जानता।

Passenger No. 3: I think the No 88 goes to Rohini.

मेरे विचार में 88 नम्बर रोहिणी जाती है।

Passenger No. 1: Since how long have you been here on the bus stop?

आप कितने समय से यहाँ बस स्टाप पर खड़े हैं?

Passenger No. 3: For about an hour.

लगभग एक घंटे से।

Passenger No. 1: Did you see any bus No. 88 leaving the stop a few minutes back?

क्या कुछ मिनट पहले आपने कोई 88 नम्बर बस स्टाप से जाते देखी?

Passenger No. 3: Yes, sir! Just a few minutes back?

हाँ, श्रीमान् जी, कुछ मिनट पहले ही।

Passenger No. 1: So, I reached here late. Is there any other bus for Rohini?

इसका अर्थ है कि मैं देर से यहाँ पहुँचा हूँ। क्या रोहिणी को और कोई बस जाती है?

Passenger No. 3: Yes, sir! bus No. 100. Look! it's there

हाँ श्रीमान् जी, बस नम्बर 100 देखिये, वह है।

Passenger No. 1: Thank you sir.
धन्यवाद, श्रीमान् जी।
(Passenger No. 1 बस 100 में बैठ जाता है।)

Passenger No. 2: May I ask you, sir, which bus number will go to Seemapuri?
क्या मैं आप से पूछ सकता हूँ कि कौन बस सीमापुरी जाएगी?

Passenger No. 3: I think the bus number 98.
मेरे विचार में बस नम्बर 98।

Passenger No. 2: Do you know when it will come at this stop?
क्या आप जानते है कि वह इस स्टाप पर कब आयेगी?

Passenger No. 3: Look! it's coming here.
देखिये! वह आ रही है।

Passenger No. 2: Oh, yes! Thank you, sir.
ओह, हाँ! धन्यवाद, श्रीमान् जी।

Passenger No. 3: It's all right.
सब ठीक है।

CONVERSATION NO. – 87

Purchasing Books at The Book Fair

पुस्तक मेले से पुस्तकें खरीदना

Mrs. Preeti: Good morning!
नमस्ते!

Receptionist: Good morning, madam! What can I do for?
नमस्ते, महोदया, मैं आपके लिए क्या कर सकती हूँ?

Mrs. Preeti: What is the stall number of RameshPublishing House?
रमेश पब्लिशिंग का स्टाल नम्बर क्या है?

Receptionist: No. 128
128 नम्बर।

Pankaj: Good morning, madam! What can I do for you?
नमस्ते, महोदया, मैं आप के लिए क्या कर सकता हूँ?

Mrs. Preeti: I've been a reader of the books published by your company since my childhood.
मैं बचपन से ही आपकी कम्पनी द्वारा प्रकाशित पुस्तकों की पाठिका हूँ।

Pankaj: It's a matter of pride and great pleasure for us.
यह हमारे लिए गर्व तथा बहुत प्रसन्नता की बात है।

Mrs.Preeti: Please show me some English essay books for the students of 8th and 10th standard.
कृपया मुझे आठवीं तथा दसवीं कक्षा के विद्यार्थियों के लिए कुछ अंग्रेजी निबन्ध की पुस्तकें दिखायें।

Pankaj: Please take this Junior Essay Book for the students of 8th standard and for the students of 10th standard the best essay book is Senior Essays and Letters.

कृपया आठवीं कक्षा के विद्यार्थियों के लिए यह Junior Essay Book लीजिए और दसवीं कक्षा के लिए सर्वोतम पुस्तक Senior Essays and Letters है।

Mrs. Preeti: How much for these?

कितने पैसे देने है?

Pankaj: Rs. 90/- only.

केवल 90 रुपये।

Mrs. Preeti: Here you are.

यह लीजिये।

Pankaj: Thank you, madam.

धन्यवाद, महोदया।

CONVERSATION NO. – 88

Regarding Participation in Athletic Meet

खेलकूद में सम्मिलित होने सम्बन्धी

Akash: Hello, Mohit! How are you?
हेलो, मोहित! कैसे हो?

Mohit: Hi, Akash! I am fine. How are you?
हाइ, आकाश! ठीक हूँ। आप कैसे हैं?

Akash: I'm also fine. Do you know the date of inauguration of the Annual Athletic Meet in our school?
मैं भी ठीक हूँ। क्या आप स्कूल में Annual Athletic Meet के उद्घाटन की तिथि के बारे में जानते हैं?

Mohit: I'm sorry, I don't know.
मुझे खेद है कि मैं नहीं जानता।

Akash: How strange that in spite of being an athlete you don't know all about it!
यह कितनी अद्भुत बात है कि आप स्वयं एक athlete होते हुए भी इसके बारे में नहीं जानते।

Akash: Look! Tarun is also coming.
देखो! तरुण भी आ रहा है।

Tarun: What is going on?
क्या हो रहा है।

Akash: We're talking about the Annual Meet which is going to be held in November.
हम Annual Athletic Meet की बात कर रहे हैं जो कि नवम्बर में हो रही है।

Tarun: I too have decided to take part in a few athletic events.
मैंने भी खेलों में भाग लेने का निर्णय लिया है।

Mohit: That's a good idea.

यह अच्छी बात है।

Akash: Tarun, I don't think you can give a better performance than Mohit over all.

तरुण, मैं नहीं समझता कि आप कुल मिला कर मोहित से बेहतर परिणाम दिखा सकते हो।

Mohit: Akash! You're mistaken. I know Tarun is a highly talented player.

आकाश! तुम ग़लती पर हो। मैं जानता हूँ कि तरुण एक बहुत ही योग्य खिलाड़ी है।

Tarun: Mohit, thanks for this admiration but the reality is that no one in our school can defeat you in athletics.

मोहित, मैं इस प्रशंसा के लिए तुम्हारा धन्यवाद करता हूँ, परन्तु वास्तविकता यह है कि हमारे स्कूल में खेलकूद में कोई भी तुम्हें हरा नहीं सकता।

Akash: You're right. Mohit is invincible.

तुम ठीक कहते हो। मोहित अजेय है।

Mohit: Thanks, friends for having so high opinion of me

धन्यवाद मित्रों, मेरे बारे में इतनी ऊँची भावना रखने के लिए।

CONVERSATION NO. – 89

Going to a Garments Showroom
कपड़े के शोरूम में जाना

Asha: Hi, Uma! How are you?
हाइ उमा! कैसी हो।

Uma: Hello Asha! I'm fine. How are you?
हेलो आशा! मैं ठीक हूँ। आप कैसी हैं?

Asha: I'm also fine. Are you going somewhere?
मैं भी ठीक हूँ। आप कहीं जा रही हैं?

Uma: No. Actually I have just come after attending the inauguration ceremony of the showroom owned by my brother.
नहीं, वास्तव में मैं अभी अपने भाई के शोरूम के उद्घाटन समारोह से होकर आई हूँ।

Asha: Please accept my heartiest congratulations.
कृपया मेरी हार्दिक बधाई स्वीकार करें।

Uma: Thank you.
धन्यवाद।

Asha: Where is the showroom situated?
शोरूम कहाँ स्थित है?

Uma: In the 'Rana Pratap Market'.
राणा प्रताप मार्केट में।

Asha: Very good. It is a posh market.
बहुत अच्छा। यह एक उच्च श्रेणी का मार्केट है।

Uma: What articles are to be sold there?
वहाँ क्या वस्तुएं बेची जायेंगी?

Asha: Gents' and ladies' wear.

पुरुष और स्त्रियों के वस्त्र।

Uma: Exciting. Will you please accompany me tomorrow as I want to purchase a few dresses?

उत्साहजनक बात है। क्या कल आप मेरे साथ चलेंगी क्योंकि मुझे कुछ पोशाकें ख़रीदनी हैं?

Asha: Yes, I'll.

हाँ, मैं जाऊँगी।

Uma: Oh, thank you. We'll go there at 11 a.m. in the morning.

ओह, धन्यवाद। हम प्रातः 11 बजे वहाँ जायेंगे।

Asha: OK! I'll be ready by that time.

ठीक है, मैं उस समय तक तैयार हो जाऊँगी।

CONVERSATION NO. – 90

Regarding Home for the Aged

वृद्धाश्रम सम्बन्धी

Vinod: Hello, Mukesh! How are you?

हेलो, मुकेश! कैसे हो?

Mukesh: Hello, Vinod! I'm fine. How are you?

हेलो, विनोद मैं ठीक हूँ। आप कैसे हैं?

Vinod: I'm also fine. Where are you going?

मैं भी ठीक हूँ। आप कहाँ जा रहे हैं?

Mukesh: I'm going to attend the inauguration ceremony of home for the aged being opened in our city.

मैं वृद्धाश्रम जिसका हमारे नगर में उद्घाटन होने जा रहा है, उद्घाटन समारोह पर जा रहा हूँ।

Vinod: Well! A home for the aged should be there in every city.

ठीक है। वृद्धाश्रम प्रत्येक नगर में होना चाहिए।

Mukesh: You are right. The young people of the modern world have become materialistic. Many of them have no regards for their elders.

आप ठीक कहते हैं। आधुनिक संसार के नवयुवक भौतिकवादी हो गये है। उनमें से बहुत से वृद्धों के लिए कोई सत्कार की भावना नहीं रखते।

Vinod: Yes, that is why more and more cases of throwing the elderly persons out of their houses are being reported.

हाँ, यही कारण है कि बूढ़ों को घरों से निकालने के अधिक मामले सामने आ रहे हैं।

Mukesh: Oh, it's really shocking.

ओह, यह सचमुच दुखः की बात है।

Vinod: Discarding of elder persons should attract severe punishment.

वृद्धों को घर से निकालने के विरुद्ध सख्त सज़ा होनी चाहिये।

Mukesh: Yes, who will look after the elderly persons in the home for the aged persons?

हाँ। वृद्धों का ध्यान वृद्ध आश्रम में कौन रखेगा?

Vinod: I have learnt that two persons have been employed as attendants on the elderly persons.

मुझे पता चला है कि दो व्यक्ति उनकी सेवा के लिए नियुक्त किये गये हैं।

Mukesh: We must also do whatever we can.

हमें भी जो कुछ कर सकते हैं करना चाहिए।

Vinod: Yes, of course.

हाँ, निःसंन्देह।

CONVERSATION NO. – 91

Inauguration of a Library
पुस्तकालय का उद्‌घाटन

Rajat: Hello, Rajesh! How are you?
हेलो, राजेश! कैसे हो?

Rajesh: Hello, Rajat! I'm fine. How are you?
हेलो, रजत! मैं ठीक हूँ। आप कैसे हैं?

Rajat: I'm also fine. Are you going somewhere?
मैं भी ठीक हूँ। आप कहीं जा रहे हैं?

Rajesh: Yes, I'm going to attend the inauguration ceremony of the biggest library in our country.
हाँ! मैं अपने देश की सबसे बड़े पुस्तकालय के उद्‌घाटन के अवसर पर जा रहा हूँ।

Rajat: Where is this library going to be opened?
यह पुस्तकालय कहाँ खुल रहा है?

Rajesh: In our own city.
हमारे ही नगर में।

Rajat: It's a very good news.
यह तो बहुत अच्छा समाचार है।

Rajesh: You'll be surprised to learn that this new library has already purchased more than 5000 books for the readers.
आपको यह जानकर आश्चर्य होगा कि इस नये पुस्तकालय ने पहले ही 5000 पुस्तकें पाठकों के लिए ख़रीद ली हैं।

Rajat: Will there be the books for the young readers in this library?
क्या इस पुस्तकालय में नवयुवक पाठकों के लिए भी पुस्तकें होंगी?

Rajesh: Why not? There will be separate sectors for each kind of books.
क्यों नहीं? प्रत्येक प्रकार की पुस्तकों के लिए पृथक् भाग होंगे।

Rajat: In how much space is it built?
यह कितने भूखण्ड पर बनी है?

Rajesh: In about two acres.
लगभग दो एकड़ में।

Rajat: Wow! Interesting. Will the librarian issue the books required by the readers for some days?
वाह! यह तो बहुत रुचिकर है। क्या लाइब्रेरियन पाठकों के लिए आवश्यक पुस्तकें कुछ दिनों के लिये जारी कर देंगे?

Rajesh: I'm not sure about it. But I think he'll issue them for about a fortnight.
मुझे पूरी तरह तो पता नहीं, परन्तु मेरा विचार है कि वह लगभग दो सप्ताह के लिए इसे जारी कर देगा।

Rajat: Well! May I accompany you to the library?
ठीक है। क्या मैं आपके साथ पुस्तकालय जा सकता हूँ?

Rajesh: Oh, sure.
हाँ, अवश्य।

CONVERSATION NO. – 92

About Cholesterol

कोलेस्टेरॉल के बारे में

Mr. Bajwa: Hello, Mr. Gill! Where are you going?

हेलो, श्रीमान् गिल, आप कहाँ जा रहे हैं!?

Mr. Gill: I'm going to purchase some vegetables and some fish.

मैं कुछ सब्जियाँ और मछली ख़रीदने जा रहा हूँ।

Mr. Bajwa: Don't you know that the fish reduces the level of cholesterol in our blood stream?

क्या तुम नहीं जानते कि मछली रक्तप्रवाह में कोलेस्टेरॉल के स्तर को कम करती है?

Mr. Gill: I've read about it but haven't understood it quite well.

मैंने इसके बारे में पढ़ा है परन्तु मैं इसे अच्छी तरह समझा नहीं।

Mr. Bajwa: Mr. Gill, the persons who have a high level of cholesterol in their blood stream have the higher chances to suffer a heart problem.

श्रीमान् गिल, जिन लोगों के रक्त प्रवाह में कोलेस्टेरॉल का स्तर ऊँचा होता है, उनका हृदय की समस्या के होने की अधिक सम्भावना होती है।

Mr. Gill: I got it. But how does fish reduce the cholesterol level in our blood?

मैं समझ गया हूँ। परन्तु मछली कैसे कोलेस्टेरॉल के स्तर को कम करती है?

Mr. Bajwa: It contains Omega-3 fatty acid which reduces the cholesterol level in our blood stream.

इसमें Omega-3 फैटी तेज़ाब होता है जो कि कोलेस्टेरॉल के स्तर को रक्तप्रवाह में कम करता है।

Mr. Gill: Is the fish oil equally effective?

क्या मछली का तेल भी इतना ही प्रभावशाली होता है?

Mr. Bajwa: Yes, It is said that even almond oil is beneficial to the persons with high cholesterol level in their bloodstream.

हाँ! यह कहा जाता है कि बादाम का तेल (बादाम रोग़न) भी उन लोगों के लिये गुणकारी है, जिनके रक्त प्रवाह में कोलेस्टेरॉल का स्तर ऊँचा है।

Mr. Gill: Thanks, Mr. Bajwa. I've learnt a lot.

धन्यवाद श्रीमान् बाजवा, मैंने बहुत कुछ सीख लिया है।

CONVERSATION NO. – 93

Making Children Like Vegetables

बच्चों को सब्जियां पसंद कराना

Hema: What has happened Mrs. Veena? You look much worried?

क्या हुआ है श्रीमती वीना? तुम बहुत चिन्तित प्रतीत होती हो?

Veena: I'm very much worried about my children.

मैं अपने बच्चों के प्रति बहुत चिन्तित हूँ।

Hema: Why?

क्यों?

Veena: They are fussy about food?

वे भोजन के प्रति बहुत नुक्ताचीनी करते हैं।

Hema: Oh! Most of the mothers in our country are facing the same problem.

ओह! हमारे देश में अधिकांश माताओं को इस समस्या का सामना करना पड़ रहा है।

Veena: Richi, my daughter, likes cereals whereas Vivek, my son, likes vegetables. Neither likes non-vegetarian diets.

मेरी बेटी, रिचि, अनाज पसन्द करती है, परन्तु विवेक, मेरा बेटा, सब्जियाँ चाहता है। दोनों में से कोई भी मांसाहारी भोजन पसन्द नहीं करता।

Hema: My own children used to be fussy about their diets. But now, both of them eat almost all the vegetables and cereals.

पहले मेरे बच्चे भी भोजन के प्रति बहुत नखरे करते थे परन्तु अब लगभग सब सब्जियाँ और अनाज खा लेते हैं।

Veena: How did you solve this problem?

आपने यह समस्या कैसे हल की?

Hema: Almost everyday, I myself make them chaat which contains all kinds of sprouted and boiled cereals and pulses. Then I add to it some spices, lemon juice, ketchup, small pieces of boiled potatoes and raw onions etc. They eat the chaat merrily.

लगभग प्रतिदिन मैं स्वयं उनको चाट बना कर देती हूँ जिसमें कि हर प्रकार के अंकुरित व उबले हुए अनाज और दालें होती हैं। फिर उसमें मैं कुछ गर्म मसालें, नींबू का रस, उबले हुए आलू, प्याज़ आदि डाल देती हूँ। वह यह चाट प्रसन्नता से खाते हैं।

Veena: How did you manage to make them eat vegetables?

आपने उन्हें सब्जियाँ खाने को कैसे राजी किया?

Hema: I read in a recipe book how to make tasty dishes from different kinds of vegetables. This clicked.

मैंने एक रेसिपि बुक में पढ़ा कि भिन्न प्रकार की स्वादिष्ट सब्जियाँ कैसे बनाई जा सकती हैं। यह सफ़ल रहा।

Veena: Thank you Hema. I too shall try this formula.

धन्यवाद, मैं भी आपके फ़ार्मूले पर अमल करने का प्रयास करूँगी।

CONVERSATION NO. – 94

About Selling An Old Car
पुरानी कार की बिक्री सम्बन्धी

Shopkeeper: Good morning, sir!
नमस्ते श्रीमान् जी!

Mr. Harpaul: Good morning!
नमस्ते!

Mr. Harpaul: Would you like to buy a second hand scooter or car, sir?
क्या आप पुरानी कार खरीदेंगे या स्कूटर श्रीमान् जी?

Mr. Harpaul: No, thanks, sir. I want to sell my old car.
नहीं, श्रीमान् जी, धन्यवाद! मैं तो अपनी पुरानी कार बेचना चाहता हूँ।

Shopkeeper: Of which company? Have a seat, please!
कृपया स्थान ग्रहण करें। कौन सी कम्पनी की है?

Mr. Harpaul: Sir, XYZ.
श्रीमान्, XYZ कम्पनी की।

Shopkeeper: And the model?
और मॉडल कौन सा है?

Mr. Harpaul: Sir, it is a 2002 model.
श्रीमान् जी, यह 2002 का मॉडल है।

Shopkeeper: How much do you demand for it?
आप इसकी कितनी कीमत मांग रहे है?

Mr. Harpaul: I won't sell it below 1 lakh.
मैं इसे एक लाख से कम में नहीं बेचूँगा।

Shopkeeper: May I see it?
क्या मैं इसे देख सकता हूँ।

Mr. Harpaul: I've come to you to show it.
मैं इसे आपको दिखाने लाया हूँ।

Shopkeeper: It seems to be in working condition.
यह अच्छी हालत में प्रतीत होती है।

Mr.Harpaul: Yes, sir.
हाँ, श्रीमान् जी।
(दुकानदार और हरपाल दुकान से बाहर कार के पास आ जाते हैं।)

Shopkeeper: Where are the papers?
कागज़ कहाँ है?

Mr. Harpaul: I've all the papers regarding this car.
मेरे पास इस कार के सब कागज़ हैं।

Shopkeeper: Sir, frankly speaking, I don't think I'll be able to sell it for more than Rs. 75000/-
श्रीमान् स्पष्ट बात करते हुए मैं इसे 75000/- हज़ार से अधिक में नहीं बेच पाऊँगा।

Mr. Harpaul: The selling price you've quoted does not seem reasonable. However, here get my contact number. In case you find a genuine buyer for this car, please contact me.
इसका बिक्री मूल्य जो आपने बताया है, मुझे उचित नहीं प्रतीत होता। फिर भी यह मेरा कांटैक्ट नम्बर ले लीजिये। यदि आपको कोई वास्तविक खरीददार मिल जायें तो मुझसे सम्पर्क कर लेना।

Shopkeeper: OK, Sir!
ठीक है, श्रीमान् जी!

CONVERSATION NO. – 95

On Being Robbed
लूटे जाने पर

Policeman: Good noon, sir!
शुभ अपराह्न, श्रीमान् जी!

Mr. Ghosh: Good noon!
नमस्ते!

Policeman: What can I do for you?
मैं आपके लिए क्या कर सकता हूँ?

Mr. Ghosh: May I talk to the DSP?
क्या मैं डी॰एस॰पी॰ से बात कर सकता हूँ?

Policeman: Sir, at present he is not in his room.
श्रीमान् जी, इस समय वे अपने कक्ष में नहीं हैं।

Mr. Ghosh: May I see the Police Inspector?
क्या मैं पुलिस इंस्पेक्टर से मिल सकता हूँ?

Policeman: Yes, sir. Please go in room No 22.
हाँ, श्रीमान् जी, आप कृप्या 22 नम्बर कमरे में चले जाइये।

Mr. Ghosh: Thank you.
धन्यवाद !

(Mr. Ghosh, room No. 22 में चले जाते हैं।)

Mr. Ghosh: Good noon, sir!
शुभ अपराह्न, श्रीमान् जी!

Police Inspector: Good noon! What can I do for you?
नमस्ते! मैं आपकी क्या सेवा कर सकता हूँ?

Mr. Ghosh: Sir, I'm here with a complaint about having been robbed of my cash, watch and ring.
श्रीमान् ! मैं यहाँ यह शिकायत करने आया हूँ कि मेरी नकदी, घड़ी और अँगूठी लूटी गई हैं।

Police Inspector: How did this happen?

यह कैसे हुआ?

Mr. Ghosh: Sir today in the morning I was going to my office, on my scooter as usual. On the way, my scooter broke down. It was a deserted area. At the far end I saw two young boys coming towards me. As soon as they approached me, one of them drew a pistol at me and asked me to give him all my cash, watch and ring.

श्रीमान् जी, आज प्रातः मैं रोज की तरह अपने स्कूटर पर अपने कार्यालय जा रहा था। रास्ते में मेरा स्कूटर ख़राब हो गया। यह एक सूना स्थान था। दूसरी ओर से मैंने दो नौजवान लड़के अपनी ओर आते देखे। मेरे पास आकर उनमें से एक ने पिस्तौल दिखाई और मुझसे नकदी, घड़ी और अँगूठी ले ली।

Police Inspector: Well! Give me everything in writing and I'll take the necessary action.

तो मुझे सब कुछ लिखित में दीजिये और मैं आवश्यक कार्यवाही करूँगा।

CONVERSATION NO. – 96

On Getting One's Purse Stolen

बटुआ चोरी होने पर

Policeman: Good morning, madam!
नमस्ते महोदया!

Mrs. Sharma: Good morning! Is the officer in his cabin?
नमस्ते! क्या अधिकारी जी अपने केबिन में हैं?

Policeman: Yes, he is.
हाँ, हैं?

Mrs. Sharma: Could I talk to him?
क्या मैं उनसे बात कर सकती हूँ?

Policeman: Yes, madam. Please go in cabin No 128, second floor.
हाँ, महोदया, दूसरे फ्लोर पर केबिन न॰ 128 में चले जाइये।

Mrs. Sharma: Thank you.
धन्यवाद। (Mrs. Sharma Officer के केबिन में चली जाती हैं।)

Mrs. Sharma: Good morning, officer!
नमस्ते, अधिकारी जी!

Officer: Good morning!
नमस्ते!

Mrs. Sharma: Sir, I'm here with a complaint regarding the stealing of my purse.
श्रीमान् जी, मैं यहाँ अपने पर्स की चोरी होने के बारे में शिकायत करने आई हूँ।

Officer: Please, tell me in detail.
कृपया मुझे विस्तारपूर्वक बताइये।

Mrs. Sharma: Sir, a couple of days back I along with a few friends of mine went to visit the Rose Garden. I put my purse on a cemented bench. We all sat down on the grassy ground and started playing cards. After a few minutes

I looked all around for my purse but I did not find it anywhere. It contained some important documents.
मैंने अपना पर्स सीमेंट के बेंच पर रख दिया। हम सब घास वाली जमीन पर बैठ गये और ताश खेलने लगे। कुछ समय के बाद मैंने अपने पर्स के लिए आस–पास देखा परन्तु मुझे अपना पर्स कहीं नहीं मिला। इसमें कुछ आवश्यक कागज थे।

Officer: Please make your complaint in writing and I'll take the necessary action.
कृपया अपनी शिकायत लिखित रूप में करें और मैं आवश्यक कार्रवाई करूँगा।

Mrs. Sharma: Thank you, sir!
धन्यवाद, श्रीमान् जी।

CONVERSATION NO. – 97

On Getting One's Bike Stolen

मोटर साइकिल चोरी होने पर

Mr. Gill: Could I talk to the DSP?

क्या मैं डी॰ एस॰ पी॰ से बात कर सकता हूँ?

Policeman: Yes, go in the room No. 20.

हाँ, कमरा नम्बर 20 में चले जाइये।

Mr. Gill: Thank you.

धन्यवाद

(Mr. Gill DSP के कमरे में पहुँचते हैं।)

Mr. Gill: Good morning, sir!

नमस्ते, श्रीमान् जी!

DSP: Good morning! Please be seated.

नमस्ते! कृपया बैठिये।

Mr.Gill: Thank you, Sir, I'm Gill. I'm here with a complaint about the stealing of my bike.

धन्यवाद, श्रीमान् जी, मैं गिल हूँ। मैं यहाँ यह शिकायत करने आया हूँ कि मेरी बाइक चोरी हो गई है।

DSP: Please go on.

कृपया अपनी बात जारी रखिये।

Mr. Gill: Sir, I parked my bike outside the G.T.B. Complex. I went inside the complex to make some purchases. After an hour when I came back, I found the bike missing.

	श्रीमान् जी, आज प्रातः मैंने अपनी बाइक जी॰टी॰बी॰ काम्पलेक्स के बाहर खड़ी की। मैं अन्दर कुछ खरीदने गया। जब एक घंटे के बाद मैं बाहर आया, तो मेरी बाइक गायब थी।
DSP:	First go and get an FIR filed and then I'll see. पहले जाइये और एक FIR दर्ज करवाइये। फिर मैं देखूँगा।
Mr. Gill:	Thank you, sir. धन्यवाद, श्रीमान् जी।

CONVERSATION NO. – 98

About Sewerage Problem
मल-निर्यास समस्या के बारे में

Mr. Gupta: Could I talk to the Chairman of the Municipal Corporation?

क्या मैं म्युनिसिपल कारपोरेशन के अध्यक्ष से बात सकता हूँ?

Clerk: Yes, go in the Room No.1

हाँ, एक नम्बर कमरे में चले जाइये।

Mr. Gupta: Good morning, sir! I'm K.L. Gupta.

नमस्ते श्रीमान् जी, मैं के॰एल॰ गुप्ता हूँ।

President: Good morning, Mr. Gupta! Take a chair please. What can I do for you?

नमस्ते गुप्ता जी! कृपया बैठिये। मैं आपकी क्या सेवा कर सकता हूँ?

Mr. Gupta: Sir, I'm here with a complaint about the non–functioning of sewerage in our locality.

श्रीमान् जी, मैं यह शिकायत करने आया हूँ कि हमारे इलाके में मल–निर्यास ठीक ढंग से काम नहीं कर रहा।

President: Which colony?

कौन सी कालोनी?

Mr. Gupta: Sir, Palika Colony.

श्रीमान् जी, पालिका कालोनी।

President: Didn't you meet the sewerage incharge of your colony?

क्या आप अपनी कालोनी के मल–निर्यास इंचार्ज से नहीं मिले?

Mr. Gupta: Sir, I have met him twice, but so far he hasn't taken any action.

श्रीमान् जी, मैं उनसे दो बार मिल चुका हूँ, परन्तु अभी तक उसने कोई कार्रवाई नहीं की।

President: Don't worry. I'll personally look into the matter.

चिन्ता मत कीजिए, मैं स्वयं इस मामले की पड़ताल करूँगा।

Mr. Gupta: Thank you, sir!

धन्यवाद, श्रीमान् जी।

CONVERSATION NO. – 99

Purchasing Jewellery

गहने खरीदने सम्बन्धी

Goldsmith: Good morning, madam!
नमस्ते, महोदया!

Mrs. Bawa: Good morning!
नमस्ते!

Goldsmith: What can I do for you?
मैं आपके लिए क्या कर सकता हूं?

Mrs. Bawa: I want to purchase some jewellery.
मैं कुछ गहने खरीदना चाहती हूं।

Goldsmith: You're most welcome, madam. Have a seat, please.
आपका भरपूर स्वागत है। स्थान ग्रहण करें।

Mrs. Bawa: Thank you.
धन्यवाद।

Goldsmith: What jewellery do you want to purchase?
आप कौन से गहने खरीदना चाहती हैं?

Mrs. Bawa: Please show me a necklace.
कृपया मुझे एक हार दिखाइये।

Goldsmith: Here you are.
यह लीजिये।

Mrs. Bawa: What is its weight?
इसका क्या वजन है?

Goldsmith: Madam, it is about 30 gm.
महोदया, यह लगभग तीस ग्राम है।

Mrs. Bawa: What is its price?
इसका क्या मूल्य है?

Goldsmith: It'll cost about twenty five thousand.
लगभग पच्चीस हजार रुपये।

Mrs. Bawa: What is the price of ten grams of gold?
दस ग्राम सोने का क्या मोल है?

Goldsmith: It's Rs. 6000/-.
छः हजार।

Mrs. Bawa: How much does it work out?
यह कितना बनता है?

Goldsmith: The total price of gold used in the necklace is Rs. 18000/- plus Rs. 2000/- manufacturing charges + Rs. 5000/- of a ruby studded in it.
कुल सोने की रकम 18000 रुपये है। 2000 रुपये बनाने का मोल है और 5000 रुपये का इसमें माणिक्य जड़ा हुआ है।

Mrs. Bawa: Please get it packed.
कृपया पैक कर दीजिये।

Goldsmith: Here you are.
यह लीजिये।

Mrs. Bawa: Here is the money.
यह लीजिये पैसे।

Goldsmith: Thank you, madam.
धन्यवाद, महोदया।

CONVERSATION NO. – 100

Regarding Exchange & Transfer of Money

मुद्रा विनिमय एवं स्थानांतरण सम्बन्धी

Customer: May I see the manager?

क्या मैं मैनेजर जी से मिल सकता हूँ?

Bank Clerk: Yes, of course. He's in his cabin.

हां, अवश्य। वह अपने केबिन में हैं।

(Customer Manager के केबिन में चला जाता है।)

Customer: Good morning, sir !

नमस्ते श्रीमान् जी।

Manager: Good morning ! Please be seated.

नमस्ते! कृपया बैठिये।

Customer: Sir, I want to get my currency exchanged in dollars.

श्रीमान् जी, मैं अपनी मुद्रा का विनिमय डालरों में करना चाहता हूं।

Manager: You should meet Mr. Sood at Counter No. 15.

आप काउंटर न॰ 15 पर श्रीमान् सूद से मिल लें।

Customer: Besides that I want to know whether your bank would transfer money from my account here to my account there in England.

इसके अतिरिक्त मैं यह जानना चाहता हूं कि क्या आपका बैंक यहां मेरे खाते के धन में से इंग्लैण्ड में मेरे खाते में स्थानांतरण कर देगा?

Manager: Yes, this bank provides this facility to its customers.

हां, यह बैंक अपने ग्राहकों को यह सुविधा प्रदान करता है।

Customer: What should I do for it?

इसके लिए मुझे क्या करना चाहिए?

Manager: You've to fill up a form in which you should give your Indian and overseas account numbers mentioning the amount to be transferred. Mr. Sood will do this also.

आपको एक फार्म भरना है जिसमें अपने भारतीय व बाहर का खाता नम्बर देना है, साथ ही जितना रुपया स्थानांतरण करवाना है उसका वर्णन करते हुए। श्रीमान् सूद यह भी कर देंगे।

Customer: Thank you, sir !

धन्यवाद, श्रीमान् जी।

CONVERSATION NO. – 101

Regarding a New Hair Oil
नूतन केश तेल सम्बन्धी

Sales Representative: Sir, I'm a sales representative of XYZ company. How are our products going on?

श्रीमान् जी, मैं XYZ कम्पनी का बिक्री प्रतिनिधि हूं। हमारी वस्तुएं कैसे चल रही हैं?

Shopkeeper: There are only two products of your company which are running well.

आपकी केवल दो वस्तुएं ठीक चल रही हैं।

S. R.: Which ones?

कौन सी?

Shopkeeper: Your detergent powder and the anti-dandruff shampoo.

आपका डिटर्जेन्ट पाउडर और एंटी–डैंड्रफ शैम्पू।

S. R.: You'll be glad to learn that our company has recently launched a new hair oil.

आपको यह जानकर प्रसन्नता होगी कि हमारी कम्पनी ने अभी–अभी बालों के लिए एक नया तेल निकाला है।

Shopkeeper: What are its specialities?

इसकी क्या–क्या विशेषताएं हैं?

S. R.: It's not sticky. Secondly, it can be blended with mustard oil. Thirdly, it's economical. Above all, we offer more margin to the shopkeepers than any other company does.

यह चिपचिपा नहीं है। दूसरी बात, यह सरसों के तेल में मिलाया जा सकता है। तीसरी बात, यह किफायती है। सबसे बढ़कर, यह दूसरी कम्पनी के मुकाबले दुकानदार को अधिक लाभ देता है।

Shopkeeper: Please send me a dozen of each size of bottles.

कृपया मुझे प्रत्येक प्रकार की बोतल एक–एक दर्जन भेज दें।

S. R.: Thank you, sir !

धन्यवाद, श्रीमान् जी।

CONVERSATION NO. – 102

Learning Foreign Languages
विदेशी भाषा सीखने सम्बन्धी

A: Mr. B What are you doing in this vacation?
श्रीमान् बी. आप इन छुट्टियों में क्या कर रहे हैं?

B: I'm learning French.
मैं फ्रेंच सीख रहा हूं।

C: I also.
मैं भी।

A: Is French tough?
क्या फ्रेंच कठिन है?

C: Yes, it is.
हाँ, है।

B: But it isn't tougher than English.
परन्तु यह अंग्रेजी से अधिक कठिन नहीं है।

A: I think English is the toughest of all languages.
मेरा विचार है, सब भाषाओं से अंग्रेजी अधिक कठिन है।

C: You are right.
आप ठीक कहते हैं।

A: Does either of you know German?
क्या आप दोनों में से कोई जर्मन जानता है?

B: Neither I nor he knows German.
न ही मैं न ही वह जर्मन जानता है।

C: But I know a bit of German as well as Spanish.
मैं कुछ–कुछ जर्मन और स्पेनिश जानता हूं।

A: That's good.
यह अच्छी बात है।

B: One of my cousins is a polyglot. He speaks several languages e.g. Hindi, Assamese, English, French, Irish and Arabic.

मेरा एक चचेरा भाई बहुभाषी है। वह कई भाषाएं बोल सकता है जैसे कि हिन्दी, आसामी, अंग्रेजी, फ्रेंच, आइरिश, अरबी आदि।

A: Actually, I too want to learn French and German. But nobody at home knows either of these languages. So, I'm looking for a brilliant guide. Mr. B, would you mind teaching me French everyday?

वास्तव में, मैं भी फ्रेंच और जर्मन सीखना चाहता हूं। परन्तु हमारे घर में कोई इन भाषाओं को नहीं जानता। मैं किसी अच्छे पथ–प्रदर्शक की खोज में हूं। श्रीमान् बी. क्या आप मुझे प्रतिदिन फ्रेंच सिखा देंगे?

B: Yes, I'll do. But first let me learn it myself.

हां, परन्तु पहले स्वयं मुझे तो यह सीख लेने दीजिए।

A: OK I'll wait till you have learnt it.

ठीक है, मैं आपके इसे सीखने तक प्रतीक्षा करूंगा।

CONVERSATION NO. – 103

About Movies And T.V. Serials
चलचित्र एवं टी.वी. धारावाहिक सम्बन्धी

A: Hi, everybody !
हाइ, हर कोई।

B: Hi !
हाइ!

A: Where are you going?
कहां जा रहे हो?

B: I'm going to the theatre Natraj.
मैं नटराज थिएटर जा रहा हूँ।

C: I'm either.
मैं भी।

A: Which movie?
कौन सी मूवी?

B: Mother India.
मदर इण्डिया।

A: That's an immortal movie.
वह एक अमर मूवी है।

C: I've already seen it on TV but now, I want to see it on the big screen.
मैं यह टी.वी. पर पहले ही देख चुका हूं, परन्तु मैं इसे बड़े परदे पर देखना चाहता हूं।

D: I don't like classical movies.
मुझे क्लासिकल मूवीज पसन्द नहीं है।

E: Nor do I.
न ही मुझे।

A: Both of you like commercial movies, don't you?
तो आप दोनों कमिर्शियल मूवीज पसन्द करते हैं, क्या नहीं?

D & E: Yes, we do.
हां, हम करते हैं।

B: Mr. D, which is your favourite movie?
श्रीमान् डी, आपकी मनचाही मूवी कौन है?

D: XYZ.
एक्स.वाई.जेड.

B: And yours Mr. E?
और श्रीमान् ई, आपकी?

D: PQR.
PQR

C: What else do you like besides movies?
मूवीज के अतिरिक्त आप को और क्या पसन्द है?

D: I like TV serials.
T.V. धारावाहिक।

E: But I don't.
परन्तु मुझे नहीं।

A: But why?
परन्तु क्यों?

E: Most of the TV serials are based on social problems which have no solution.
अधिकतर टी.वी. धारावाहिक सामाजिक समस्याओं पर आधारित होते हैं जिनका कोई हल नहीं।

B: Let's now move. We're getting late.
आओ अब चलें, हमें देर हो रही है।

CONVERSATION NO. – 104

Buying a Handbag
थैला खरीदने सम्बन्धी

Salesman: What can I do for you, madam?
मैं आपके लिए क्या कर सकता हूं, महोदया?

Hena: I want to purchase a hand bag.
मैं एक हैंडबैग खरीदना चाहती हूं।

Salesman: Please choose from these.
कृपया इनमें से चुनिये।

Hena: All these are small. I want a biggher one.
यह सब छोटे हैं। मुझे बड़ा बैग चाहिए।

Salesman: Please purchase this.
कृपया यह खरीद लीजिये।

Hena: I don't like brown colour.
मुझे भूरा रंग पसन्द नहीं।

Salesman: What colour do you like?
आपको कौन सा रंग पसन्द है?

Hena: I want a black handbag.
मुझे काला हैंड बैग चाहिए।

Salesman: Here you are.
यह लीजिये।

Hena: It seems to be made of leather.
यह चमड़े का बना प्रतीत होता है।

Salesman: Yes, madam.
हां, महोदया।

Hena: But I don't want a leather handbag.
परन्तु मुझे चमड़े का हैंडबैग नहीं चाहिए?

Salesman:	Please madam, see this one. It is made of some exotic material. महोदया, कृपया यह देखिये, यह किसी विदेशी माल का बना हुआ है।
Hena:	What is its price? इसका क्या मूल्य है?
Salesman:	Rs. 500/- 500 रुपये।
Hena:	Don't you offer a discount on it? क्या आप इस पर कोई छूट नहीं देते?
Salesman:	Sorry, madam ! We don't offer any discount. महोदया मुझे खेद है, हम कोई छूट नहीं देते।
Hena:	Please get it packed. Here get Rs. 500/-. कृपया इसे पैक करवा दें। यह लीजिये 500 रुपये।
Salesman:	Thank you, madam. धन्यवाद, महोदया।

CONVERSATION NO. – 105

Becoming a Teacher
अध्यापक बनने सम्बन्धी

Priya: Hi, Asha ! How are you?
हाइ, आशा! कैसी हो?

Asha: I'm fine. How are you?
ठीक हूं। आप कैसी हैं?

Priya: I'm also fine.
मैं भी ठीक हूं।

Asha: How tall you have grown !
तुम्हारा कद कितना बढ़ गया है!

Priya: My cousin, Meena, is even taller than me.
मेरी कजिन, मीना, मुझसे भी ऊंची है।

Asha: I think she has brown hair and blue eyes.
मेरा विचार है उसके बाल भूरे और आंखे नीली हैं।

Priya: Yes. She most often wore a silk dress when she came along with me in your house.
हां, वह जब मेरे साथ तुम्हारे घर आती थी तो प्रायः उसने रेशमी पोशाक पहनी होती थी।

Asha: Yes, I got it. How is she?
हां, मैं समझ गई। वह कैसी है?

Priya: She is fine.
वह अच्छी है।

Asha: What is she doing these days?
वह आज कल क्या कर रही है?

Priya: She is doing her B.Ed.
वह बी.एड. कर रही है।

Asha: And what about you? Have you completed your B.A.?
और आप? क्या आपने बी.ए. कर ली है?

Priya: Yes, I've.
हां।

Asha: What are your future plans?
आपकी भविष्य में क्या योजनाएं हैं?

Priya: I want to do some technical job.
मैं कोई तकनीकी काम करना चाहती हूँ?

Asha: That's a good idea.
यह अच्छा विचार है।

Priya: And what are you doing?
और आप क्या कर रही हैं?

Asha: I did B.A., B.Ed. Now I'm a teacher in a school.
मैंने बी.ए., बी.एड. कर ली। अब मैं एक स्कूल में अध्यापिका हूं।

Priya: Very good. I also want to become a teacher.
बहुत अच्छा। मैं भी एक अध्यापिका बनना चाहती हूं।

Asha: Good idea. May you succeed in your aim !
अच्छा विचार है। भगवान करे आप अपने लक्ष्य में सफल हो जाएं!

CONVERSATION NO. – 106

With a Doctor Friend
डॉक्टर मित्र के साथ

Anju: Hi everybody ! How are you?
हाइ हर कोई! कैसी हैं?

Sonu, Seema, Rita: We're all right.
हम सब कुशलपूर्वक हैं।

Sonu: Anju ! Please accept our heartiest congratulations on your grand success in the final term of MBBS.
अंजु, MBBS की अन्तिम टर्म में सफलता के लिए हमारी हार्दिक बधाई स्वीकार करें।

Anju: Thank you very much.
बहुत–बहुत धन्यवाद।

Rita: See Anju ! There are white spots all across my face. What should I do?
अंजु! यह देखो मेरे सारे चेहरे पर सफेद दाग से हो गये हैं। मैं क्या करूँ?

Anju: This shows that you've developed the deficiency of calcium and iron.
इससे यह पता चलता है कि तुम्हारे अन्दर कैल्शियम और आयरन की कमी हो गई है।

Rita: What should I do?
मुझे क्या करना चाहिए?

Anju: You'll have to take a balanced diet. Take milk, eggs, fruit and green vegetables in particular.
आपको संतुलित भोजन लेना होगा। आप विशेष कर दूध, अंडों, फलों और हरी सब्जियों का प्रयोग करें।

Seema: Anju ! I too have some complications about my health.
अंजु! मुझे भी स्वास्थ्य सम्बन्धी कुछ समस्याएं हैं?

Anju: What are these?
वह क्या है?

Seema: My main problem is through the day I feel lazy and sick.
मेरी मुख्य समस्या यह है कि सारा दिन मैं सुस्त और बीमार महसूस करती हूं।

Anju: I think you've developed the deficiency of iron and you must be having low glucose level in the blood.
मुझे लगता है तुम्हारे में आइरन की कमी है और तुम्हारे रक्त में ग्लूकोज का स्तर भी कम है।

Seema: What should I do?
मुझे क्या करना चाहिए?

Anju: You should take honey, apples, grapes, bananas, guavas and carrots daily.
आपको प्रतिदिन मधु, सेबों, अंगूरों, केलों, अमरूदों और गाजरों का प्रयोग करना चाहिए।

Seema: Thank you very much.
बहुत–बहुत धन्यवाद।

CONVERSATION NO. – 107

Importance of Experience
अनुभव का महत्त्व

Rakesh: Hello, Manoj ! What are you doing these days?
हेलो मनोज, आप आजकल क्या कर रहे हैं?

Manoj: I've just completed my M.Sc. in mass communication. Now I'm learning dancing from a professional. What are you doing these days?
मैंने अभी–अभी मैस कम्युनिकेशन्स में M.Sc. की है। अब मैं एक प्रोफेशनल से डांसिंग सीख रहा हूं। आप आजकल क्या कर रहे हैं?

Rakesh: I'm doing the course of a Lab Technician.
मैं एक लैब टेक्नीशियन का कोर्स कर रहा हूं।

Manoj: What are your future plans?
आपकी भविष्य में क्या योजना है?

Rakesh: I want to open my own Lab.
मैं अपना लैब खोलना चाहता हूं।

Manoj: I think before starting your own lab you should go for service in a hospital for some time. Thus you'll gain rich experience. This way, you'll also know all the tricks of the trade.
मेरा विचार है कि अपनी लैब स्टार्ट करने से पहले आपको कुछ समय किसी अस्पताल में सेवा करनी चाहिए, इससे आप को अच्छा अनुभव हो जायेगा। इस प्रकार आपको इस काम की सब छिपी हुई बातें भी पता चल जायेंगी।

Rakesh: I think, thus, I'll also learn how to face the ever-increasing competition in the market.
मेरा विचार है इस प्रकार मुझे यह भी पता चलेगा कि बाजार में सदा बढ़ रहे मुकाबले का सामना कैसे किया जाये।

Manoj: Yes, of course.
हां, बिल्कुल।

Rakesh: I'll act upon your advice.
मैं आपकी सलाह मानूंगा।

CONVERSATION NO. – 108

On Learning Cooking
खाना बनाना सीखने हेतु

Aneeta: Hi, Neha ! What are you doing these days?
हाइ नेहा! आप आजकल क्या कर रही हैं?

Neha: I'm learning music? What are you doing?
मैं संगीत सीख रही हूं। आप क्या कर रही हैं?

Aneeta: I'm learning painting?
मैं पेंटिंग सीख रही हूं।

Aneeta: What are you doing, Savita?
सविता, तुम क्या कर रही हो?

Savita: I'm learning cooking?
मैं कुकिंग सीख रही हूं।

Neha: I too want to learn cooking. May you please make me learn a few dishes to cook?
मैं भी कुकिंग सीख रही हूं। क्या आप मुझे कुछ व्यंजन बनाना सिखा सकती हैं?

Savita: Why not? I have learnt well the preparation of some dishes. Aneeta, you may also come along with Neha at mine to learn some dishes.
क्यों नहीं? मैंने कुछ व्यंजन को बनाना अच्छी तरह सीख लिया है। अनिता आप भी नेहा के साथ आ सकती हैं, कुछ व्यंजन बनाना सीखने के लिए।

Aneeta: Yes, thank you. I'll also come at yours.
हां, धन्यवाद। मैं भी आपके घर आऊंगी।

Neha: Do you know how to prepare a cheese pizza?
क्या आप जानती हैं कि एक पनीर पिज्जा कैसे बनाया जाता है?

Savita: Yes.
हां।

Aneeta: Besides pizza, what other dishes do you know to prepare?
पिज्जा के अतिरिक्त आप और कौन विशेष व्यंजन बनाना जानती हैं?

Savita: Spring rolls.
स्प्रिंग रोल्स।

Aneeta: Can spring rolls be easily prepared at home?
क्या स्प्रिंग रोल घर पर आसानी से बनाये जा सकते हैं?

Sarita: Yes. I'll tell you a few dishes which can quickly be made and are tasty too.
हां। मैं आपको कुछ ऐसी व्यंजनों के बारे में बताऊंगी जो जल्दी बनाई जा सकती हैं और स्वादिष्ट भी होती हैं।

Neha: OK. Aneeta and me will come to yours tomorrow at 4 p.m.
ठीक है। अनिता और मैं कल चार बजे सायं आपके घर आयेंगी।

Savita: Yes, I'll wait for you both.
हां, मैं आप दोनों की प्रतीक्षा करूंगी।

CONVERSATION NO. – 109

About MBA's and CA's
एमबीए व सीए के बारे में

Surinder: Mr. Sunny, What's your son doing these days?
श्रीमान् सन्नी, आजकल आपका बेटा क्या कर रहा है?

Sunny: He is thinking of joining the B.Tech. He wants to be a computer engineer.
वह बी.टेक. जाइन करने के बारे में सोच रहा है। वह एक कम्प्यूटर इन्जीनियर बनना चाहता है।

Surinder: Mr. Sunny, I don't want to discourage you. But a computer engineer does not have a bright future these days.
श्रीमान् सन्नी, मैं आपको निरुत्साहित नहीं करना चाहता। परन्तु आजकल एक कम्प्यूटर इन्जीनियर का भविष्य उज्ज्वल नहीं है।

Sunny: Perhaps you are right. Then what do you suggest?
सम्भवतः आप ठीक हैं। तो फिर आपका क्या सुझाव है?

Surinder: My daughter did MBA in finance. Now she is the manager in XYZ Bank.
मेरी बेटी ने "वित्त" में एमबीए किया। अब वह XYZ बैंक में मैनेजर है।

Sunny: Any other sector?
और कोई क्षेत्र?

Surinder: If your son does not want to do MBA, he should do CA. The Indian CA's are in great demand in some countries like Canada and Australia.
यदि आपका बेटा एमबीए नहीं करना चाहता, तो वह सीए कर सकता है। कुछ देशों जैसे कनाडा और आस्ट्रेलिया में भारतीय सीए की बहुत मांग है।

Sunny: Thank you, Mr. Surinder. I'll try to bring my son round.
धन्यवाद श्रीमान्, सुरिन्दर। मैं अपने बेटे को समझाने का यत्न करूंगा।

CONVERSATION NO. – 110

Buying a Juicer
जूसर खरीदना

Sales girl: Come in, madam. You're most welcome here.
अन्दर आइये महोदया। आपका यहां भरपूर स्वागत है।

Mrs. Malti: Can you show me a juicer?
क्या आप मुझे एक जूसर दिखा सकती हैं?

Sales girl: Wait a moment, madam. Here it is.
महोदया, एक क्षण रुकिये। यह लीजिए।

Mrs. Malti: Oh, no. It's too small. Show me a big one.
ओह नहीं। यह तो बहुत छोटा है। मुझे कोई बड़ा जूसर दिखाओ।

Sales girl: Here it is.
यह लीजिए।

Mrs. Malti: Yes, exactly. How much for it?
हां, ठीक है। इसका कितना मूल्य है?

Sales girl: Three thousand, madam.
तीन हजार, महोदया।

Mrs. Malti: Here you are.
यह लीजिए।

Sales girl: Thanks. Anything else, madam?
धन्यवाद। और कुछ महोदया?

Mrs. Malti: No, please. Get me this juicer packed.
नहीं जी, यह जूसर मुझे पैक करवा दीजिये।

Sales girl: Here it is.
यह लीजिये।

CONVERSATION NO. – 111

Buying a Lunch Box
लन्च बॉक्स खरीदना

Sales Representative: (SR) Please come in, sir. What do you want, sir?

कृपया अन्दर आइये, श्रीमान् जी। आपको क्या चाहिए श्रीमान् जी?

Customer (C): Please show me a lunch box.

मुझे एक लंच बॉक्स दिखाइये।

SR: Here you are.

यह लीजिये।

C: Can't you show a bit heavier one with an attractive look?

क्या आप कोई इससे कुछ अधिक भारी और आकर्षक नहीं दिखा सकते?

SR: Here you are.

यह लीजिये।

C: Yes, it'll go. How much should I pay for it?

हाँ, यह चलेगा। इसके लिए क्या देना है?

SR: Five hundred only.

केवल पाँच सौ।

C: Here you are.

यह लीजिये।

SR: Thank you

धन्यवाद।

C: Please get it packed.

कृपया इसे पैक करवा दें।

SR: Don't worry, sir, Anything else?

श्रीमान् जी, आप चिन्ता न करें। और कुछ?

C: No, thanks.

नहीं, धन्यवाद।

SR: Here, please take your lunch box, well-packed.

कृपया यह अपना लंच बॉक्स अच्छी तरह पैक हुआ लीजिये।

C: Thank you.

धन्यवाद।

SR: You're most welcome.

आपका भरपूर स्वागत है।

CONVERSATION NO. – 112

Buying Artificial Jewellery

कृत्रिम गहने खरीदना

Jeweller (J): Please come in, sir. What can I do for you?
कृपया अन्दर आइये। मैं आपके लिए क्या कर सकता हूं?

Customer (C): Please, show me an artificial necklace.
कृपया मुझे एक कृत्रिम हार दिखायें।

J: Here you are.
यह लीजिए।

C: How much?
कितना मूल्य है?

J: One thousand only.
केवल एक हजार रुपये।

C: It seems expensive? Can you please show a less expensive one?
यह महंगा प्रतीत होता है। क्या आप मुझे कोई कम कीमती नहीं दिखा सकते?

J: Why not? Here you are.
क्यों नहीं? यह लीजिये।

C: How much for it?
इसके लिए कितना?

J: Five hundred only, sir.
केवल पांच सौ रुपये, श्रीमान जी।

C: Should I pay by cheque?
क्या मैं चेक दे दूं?

J: No, please pay in cash.
नहीं, कृपया नकद दीजिये।

C: Here you are.
यह लीजिये।

J: Thank you very much.
बहुत–बहुत धन्यवाद।

CONVERSATION NO. – 113

Buying Mineral Water
मिनरल वॉटर खरीदना

Shopkeeper: Yes, please, What can I do for you?
हां, कृपया, मैं आपके लिए क्या कर सकता हूं?

Customer: Please give me a bottle of mineral water.
कृपया मुझे एक बोतल मिनरल वाटर दीजिये।

S: Here you are.
यह लीजिये।

C: It's so small. Don't you've a big one?
यह तो बहुत छोटी है। क्या आप मुझे कोई बड़ी बोतल नहीं दे सकते?

S: Here you are.
यह लीजिये।

C: How much for it?
इसके लिए कितने पैसे?

S: Fifteen rupees only.
केवल 15 रुपये।

C: Here you are.
यह लीजिये।

S: Thank you very much.
बहुत–बहुत धन्यवाद।

C: Please give me a small bottle also. I want it for my school-going son.
कृपया मुझे एक छोटी बोतल भी दे दीजिये। यह मुझे अपने स्कूल जाने वाले बेटे के लिए चाहिए।

S: Here you are.
यह लीजिये।

C: How much?
कितने पैसे ?

S: Ten rupees only.
केवल दस रुपये।

C: Here you are.
यह लीजिये।

CONVERSATION NO. – 114

Reforming Younger Brother
छोटे भाई को सुधारने सम्बन्धी

Arvind: Hello, Jasbir ! May I ask you where is Satpaul your brother?
हेलो, जसबीर, क्या मैं आप से पूछ सकता हूं कि आपका भाई सतपाल कहां है?

Jasbir: He must be in his factory.
वह अपनी फैक्टरी में होगा।

Arvind: But he isn't there.
परन्तु वह वहां नहीं है।

Jasbir: Are you sure?
क्या आपको विश्वास है?

Arvind: Yes, I'm. If you've a doubt, you may phone him.
हां, यदि आपको शंका है तो आप उसे फोन कर सकते हैं।

Jasbir: Oh, no ! this boy is careless about his responsibilities. Where has he gone?
ओह नहीं! यह लड़का अपनी जिम्मेदारियों के प्रति बहुत लापरवाह है। वह कहां चला गया है?

Arvind: He is at the Club XYZ.
वह XYZ क्लब में है।

Jasbir: Club XYZ? What will he be doing there?
XYZ क्लब में? वह वहां क्या कर रहा होगा?

Arvind: You'll be shocked to know that he has started gambling. I've seen him playing cards there with my own eyes.
तुम्हें यह जानकर बहुत दुःख होगा कि उसने जुआ खेलना आरम्भ कर दिया है। मैंने उसे वहां ताश खेलते अपनी आंखों से देखा है।

Jasbir: Oh, my God !
हे परमात्मा!

Arvind: You can reform him if you are a bit strict.
यदि आप थोड़े सख्त हो जायें तो आप उसका सुधार कर सकते हैं।

Jasbir: Now I'll have to be. Let him come.
अब मुझे होना पड़ेगा। उसे आने दो।

CONVERSATION NO. – 115

On Learning Driving
ड्राइविंग सीखने सम्बन्धी

Meena: Hi Anu !

हाइ, अनु!

Anu: Hi, Meena ! What are you doing this summer vacation?

हाइ, मीना! आप इस ग्रीष्मावकाश में क्या कर रही हैं?

Meena: I'm learning car driving.

मैं कार चलाना सीख रही हूं।

Anu: Really !

सचमुच।

Meena: Oh, yes.

ओह, हां।

Anu: How do you like it?

आपको यह कैसा लगता है?

Meena: It's really exciting.

यह सचमुच उत्साहजनक है।

Anu: Don't you feel it is risky?

क्या तुम्हारे विचार में यह खतरनाक नहीं है?

Meena: At the beginning I found it a tough job but after a few days I could learn a bit of it. Now, I can drive car on the highway. I don't think it's a risky job.

पहले मुझे यह एक कठिन कार्य लगा, परन्तु कुछ दिनों के बाद मैंने यह कुछ–कुछ सीख लिया। अब मैं सड़क पर कार चला सकती हूं और मैं नहीं समझती कि यह एक खतरनाक काम है।

Anu: But everyday we read in newspapers about the accidents.

परन्तु प्रतिदिन हम समाचारपत्रों में दुर्घटनाओं के बारे में पढ़ते हैं।

Meena: Driving is always risky if you don't obey the traffic rules.

ड्राइविंग सदा ही एक खतरनाक कार्य होता है यदि ट्रैफिक नियमों का उल्लंघन किया जाये तो।

Anu: It's good that you're careful about the traffic rules.

यह अच्छी, बात है कि तुम ट्रैफिक नियमों का ध्यान रखती हो।

CONVERSATION NO. – 116

Complaint Against A Waiter
वेटर के विरुद्ध शिकायत सम्बन्धी

Customer: May I talk to the manager, please?
क्या मैं मैनेजर से बात कर सकता हूँ?

Hotel Clerk: At present he is busy. Would you mind waiting for him for some time?
इस समय वह काम कर रहे हैं। क्या थोड़ा समय आप प्रतीक्षा कर लेंगे?

Customer: No problem.
कोई समस्या नहीं।
(कुछ समय पश्चात् मैनेजर अपने केबिन में चला जाता है)

Hotel Clerk: You may go inside the cabin, sir !
श्रीमान जी, आप केबिन में जा सकते हैं।

Customer: Thank you.
धन्यवाद।
(Customer केबिन के अन्दर चला जाता है)

Customer: Good morning, sir !
नमस्ते, श्रीमान् जी!

Manager: Good morning ! What can I do for you?
नमस्ते! मैं आपके लिए क्या कर सकता हूं?

Customer: I'm here with a complaint against the waiter XYZ.
मैं यहां वेटर XYZ के विरुद्ध शिकायत करने आया हूं।

Manager: What happened?
क्या हुआ?

Customer: The waiter XYZ seems to me to be disrespectful to the customers. I asked him politely to bring me an extra spoon and it made him angry.

मुझे लगता है कि वेटर XYZ ग्राहकों के प्रति अपमानजनक भावना रखता है। मैंने उसे नम्रतापूर्वक एक और चम्मच लाने के लिए कहा तो वह क्रोधित हो गया।

Manager: Sir ! I'll bring him to book. I apologize to you for his misconduct. You may go to your table and enjoy yourself.

श्रीमान्‌जी, मैं उसे सजा दूंगा। मैं उसके दुर्व्यवहार के लिए आप से क्षमा मांगता हूँ। आप अपनी मेज पर जाइये और मौज मनाइये।

Customer: Thank you very much, sir !

श्रीमान् जी, बहुत–बहुत धन्यवाद!

CONVERSATION NO. – 117

Meeting a Hostel Warden

हॉस्टल वार्डन से मुलाकात

Narinder: Good morning, sir !

नमस्ते, श्रीमान् जी!

Hostel Warden: Good morning !

नमस्ते।

Narinder: Sir, I want to talk to the hostel warden.

श्रीमान् जी, मैं हॉस्टल वार्डन से बात करना चाहता हूं।

Hostel Warden: Yes, myself is the hostel warden. What is the matter?

हां, मैं ही हॉस्टल वार्डन हूं। क्या बात है?

Narinder: Sir, my name is Narinder. I'm a remote relative of Harpal. May I see Harpal?

श्रीमान् जी, मेरा नाम नरेन्द्र है। मैं हरपाल का दूर का सम्बन्धी हूं। क्या मैं उससे मिल सकता हूं?

Hostel Warden: At the moment you are not allowed to see Harpal. You should come at 5 p.m.

इस समय उससे मिलने की आपको आज्ञा नहीं है। आप सायं 5 बजे आइये।

Narinder: Thank you, sir ! How much time do you allot to the relatives of the students to stay here?

धन्यवाद, श्रीमानजी। आप विद्यार्थियों के सम्बन्धियों को यहां ठहरने के लिए कितना समय देते हैं?

Hostel Warden: In the evening, from 5 p.m. to 6 p.m. and in the morning, from 6 a.m. to 7 a.m.

सायं को 5 बजे से 6 बजे और प्रातः 6 बजे से 7 बजे तक।

Narinder: Sir, it's 4 o'clock. Where can I spend an hour?

श्रीमान् जी, इस समय चार बजे हैं। मैं एक घंटा कहां बिता सकता हूं?

Hostel Warden: You may please sit in the waiting room.

आप कृपया प्रतीक्षालय में बैठ सकते हैं।

Narinder: Thank you.

धन्यवाद।

CONVERSATION NO. – 118

Getting Leave on Sister's Marriage
बहन की शादी पर छुट्टी मांगना

Mr. Ashok: Good morning, sir !
नमस्ते, श्रीमान् जी!

Manager: Good morning, Mr. Ashok !
नमस्ते, श्रीमान् अशोक।

Ashok: Sir, I want leave for three days.
श्रीमान् जी, मुझे तीन दिन की छुट्टी चाहिए।

Manager: Why?
क्यों?

Mr. Ashok: Sir, the marriage of my sister comes off the next week. I have to make the necessary arrangements.
श्रीमान् जी मेरी बहन का विवाह अगले सप्ताह है। मुझे आवश्यक प्रबन्ध करने हैं।

Manager: Mr. Ashok ! There will be a lot of pending work when you return from leave. How will you finish it?
श्रीमान अशोक! जब आप छुट्टी से लौटेंगे तो बहुत लंबित काम होगा आप इसे कैसे समाप्त करेंगे?

Mr. Ashok: Sir, I'll do overwork.
श्रीमान् जी, मैं अधिक समय तक कार्य करूंगा।

Manager: But our company doesn't make extra payment for overwork.
परन्तु हमारी कम्पनी ऐसे काम के लिये अतिरिक्त पैसे नहीं देती।

Mr. Ashok: I know, sir. I won't demand extra payment.
श्रीमान् जी, मैं यह जानता हूं। मैं अतिरिक्त पैसों की मांग नहीं करूंगा।

Manager: Well ! I sanction it.
ठीक है, तो मैं इसकी स्वीकृति देता हूं।

Mr. Ashok: Thank you, sir !
धन्यवाद, श्रीमान् जी।

CONVERSATION NO. – 119

Getting Postal Grievance Redressed

डाक सम्बन्धी शिकायत को सुधार करवाना

Clerk: Good morning, sir ! What can I do for you?
नमस्ते श्रीमान् जी! मैं आपकी क्या सेवा कर सकता हूं?

Customer: Good morning ! Which is the room number of the Postmaster?
नमस्ते! पोस्टमास्टर जी का कमरा नम्बर क्या है?

Clerk: Room no. 88 on the second floor.
दूसरे फ्लोर पर कमरा नम्बर 88।

Customer: Thank you.
धन्यवाद।

(Customer, दूसरे फ्लोर पर पहुंचता है वह पोस्टमास्टर के केबिन में चला जाता है)

Customer: Good morning, sir !
नमस्ते, श्रीमान् जी!

Postmaster: Good morning. Please be seated.
नमस्ते! कृपया बैठिये।

Customer: Sir, I'm here with a complaint against the postman XYZ.
श्रीमान् जी, मैं यहां पोस्टमैन XYZ के विरुद्ध शिकायत करने आया हूँ।

Postmaster: Please go on.
कृपया बात जारी रखें।

Customer: I've already filed two written complaints against him. But I'm sorry to say no action has been taken so far against him.

मैं पहले भी उसके विरुद्ध दो लिखित शिकायतें कर चुका हूं, परन्तु मुझे खेद है कि उन पर अभी तक कोई कार्यवाही नहीं की गई।

Postmaster: Don't worry. I'll personally look into the matter. I just call the concerned clerk and ask him about your complaints.

चिन्ता मत कीजिए। मैं स्वयं इस मामले की जांच पड़ताल करूगा। मैं अभी सम्बन्धित क्लर्क को बुलाता हूं और उससे आपकी शिकायतों के बारे में पूछता हूं।

Customer: Thank you, sir !

धन्यवाद, श्रीमान् जी।

CONVERSATION NO. – 120

Complaint Regarding C.D. Player

सी.डी. प्लेयर की शिकायत सम्बन्धी

Salesman: What would you like to purchase, sir?
श्रीमान् जी आप क्या खरीदना पसन्द करेंगे?

Customer: I want to see the shopowner.
मैं दुकान के मालिक से मिलना चाहता हूं।

Salesman: You should go inside the cabin.
आप केबिन के अन्दर चले जायें।

Customer: Thank you.
धन्यवाद।
(Customer केबिन के अन्दर चला जाता है)

Customer: Good morning !
नमस्ते!

Shop owner: Good morning, sir ! What service can we provide you, sir?
नमस्ते श्रीमान्, हम आपकी क्या सेवा कर सकते हैं?

Customer: I'm here with a complaint about the improper functioning of your C.D. Player that I bought from your shop.
मैंने आपसे एक सी.डी. प्लेयर खरीदा था जो कि ठीक तरह काम नहीं कर रहा। मैं उसके बारे में आप से शिकायत करने आया हूं।

Shop owner: When did you purchase it?
आपने यह कब खरीदा?

Customer: Two weeks ago.
दो सप्ताह पहले।

Shop owner: Of which company?
कौन सी कम्पनी का?

Customer: XYZ.
XYZ कम्पनी का।

Shop owner: What problem does it give?
इसमें क्या समस्या है?

Customer: Sir, at low volume it works properly but at the high volume its sound starts quivering.
श्रीमान् जी, कम आवाज पर यह ठीक ढंग से काम करता है, परन्तु ऊंची आवाज पर इसकी ध्वनि कांपने लगती है।

Shop owner: Oh, I see.
अच्छा, तो यह बात है।

Shop owner: Can you please bring the C.D. Player here?
क्या आप इसे यहां ला सकते हैं?

Customer: I'll bring it in the evening.
मैं इसे शाम को लाऊंगा।

Shop owner: OK. we'll see.
तो ठीक है, हम देख लेंगे।

Customer: Thank you, sir.
धन्यवाद, श्रीमान् जी।

CONVERSATION NO. – 121

Complaint about T.V.
टी.वी. की शिकायत सम्बन्धी

Customer: Good morning ! May I talk to the owner of the shop?
नमस्ते! क्या मैं दुकान के मालिक से बात कर सकता हूँ?

Salesman: Yes, sir ! He is in the last cabin.
हां, श्रीमान् जी, वह अन्तिम केबिन में हैं।

Customer: Thank you.
धन्यवाद।
(Customer अंतिम केबिन में चला जाता है)

Shop owner: Yes, please. What can I do for you?
हां, कृपया बताइये, मैं आपके लिए क्या कर सकता हूं?

Customer: I'm here with a complaint about the T.V.'s not working properly?
मैंने आपसे जो टी.वी. खरीदा था वह ठीक ढंग से काम नहीं कर रहा।

Shop owner: When did you purchase the T.V.?
आपने यह टी.वी सेट कब खरीदा?

Customer: Two months ago.
दो महीने पहले।

Shop owner: Which model?
कौन सा मॉडल?

Customer: 4H190420.
4H190420 मॉडल है।

Shop owner: What problem have you noticed?
क्या समस्या देखने में आई है?

Customer: Sir, after working for an hour, it gives black and white pictures. After a few minutes it again gives coloured pictures.

श्रीमान् जी, एक घंटा काम करने के बाद यह ब्लैक एंड वाइट पिक्चर देता है। कुछ मिनटों के बाद फिर रंगीन पिक्चर आनी शुरू हो जाती है।

Shop owner: Please fill this form. I'll forward your complaint to the company. I hope that in a couple of days the engineer of the company will visit to your house and will solve your problem.
कृपया यह फार्म भर दीजिये। मैं आपकी शिकायत कम्पनी को भेज दूंगा। मेरा विचार है कि कोई दो दिन में कम्पनी का इंजीनियर आपके घर आयेगा और आपकी समस्या हल कर देगा।

Customer: Thank you, sir ! Here get the form.
धन्यवाद श्रीमान् जी! यह लीजिये फार्म।

CONVERSATION NO. – 122

Getting an LPG Connection
एलपीजी कनेक्शन प्राप्त करना

Manju: Is it the H.P. Gas Agency?
क्या यह एच.पी. गैस एजेंसी है?

Clerk: Good morning, madam ! What can I do for you?
नमस्ते, महोदया, मैं आपके लिए क्या कर सकता हूँ?

Manju: I want a gas connection.
मैं एक गैस का कनेक्शन चाहती हूँ।

Clerk: Please come to our office any day during the working hours with your Ration Card or Voter's Identity Card. Also bring three passport size photographs.
किसी भी दिन कार्यालय समय में हमारे दफ्तर में आइये। साथ में अपना राशन कार्ड या मतदाता पहचान पत्र लायें। साथ में तीन पासपोर्ट साइज़ फोटो भी लायें।

Manju: Are there any security charges?
क्या कोई सिक्यूरिटी चार्जिज भी है?

Clerk: Yes.
हां।

Manju: How much?
कितने?

Clerk: Rs.1000/-. Besides you'll have to pay Rs. 2000/- for a gas stove and two cylinders.
एक हजार रूपये। इसके अतिरिक्त आपको एक गैस स्टोव और दो सिलिण्डरों के 2000 रुपये देने होंगे।

Manju: Thank you, sir !
धन्यवाद, श्रीमान् जी!

CONVERSATION NO. – 123

Enquiry About Air Flight
हवाई उड़ान सम्बन्धी पूछताछ

Amit: Is it the enquiry centre of the British Airways?
क्या यह ब्रिटिश एयरवेज़ का पूछताछ केन्द्र है?

Clerk: Yes, sir. What can I do for you?
हां, श्रीमान्, मैं आपके लिए क्या कर सकता हूँ?

Amit: Which is the next flight for London?
लंदन के लिए अगली उड़ान कब की है?

Clerk: Sir, the flight no. 88 is about to take off.
श्रीमान् जी, उड़ान नं 88 जाने ही वाली है।

Amit: Thereafter?
उसके बाद?

Clerk: Sir, the flight no. 100 will take off at 6 p.m.
श्रीमान् जी, उड़ान नं 100 सायं 6 बजे जाएगी।

Amit: What is the fare for London from Delhi?
दिल्ली से लंदन का क्या किराया है?

Clerk: Twenty thousand only.
बीस हजार रुपये मात्र।

Amit: And for return ticket?
और वापसी टिकट के लिए?

Clerk: Rs. 32500/-
32500/- रुपये।

Amit: May I get one return ticket booked?
क्या मेरी वापसी टिकट आरक्षित हो सकती है?

Clerk: Sir, You've to pay a visit here personally.
आपको यहां स्वयं आना पड़ेगा?

Amit: What for?
किस लिये?

Clerk: You've to sign a bond.
आपको एक बांड पर हस्ताक्षर करना होगा।

Amit: Well ! Thank you.
ठीक है, धन्यवाद!

CONVERSATION NO. – 124

Getting a Passport
पासपोर्ट बनवाने सम्बन्धी

Mr. Walia: May I ask a favour of you?
क्या मैं आपको एक कृपा के लिए कह सकता हूं?

Ram Pratap: Mr. Walia, I'm always ready to help you.
श्रीमान् वालिया, मैं सदा आपकी सहायता करने को तैयार हूँ।

Mr. Walia: Will you please guide me how I can get my passport?
क्या आप मेरा पथ प्रदर्शन करेंगे कि मैं अपना पासपोर्ट कैसे प्राप्त कर सकता हूँ?

Ram Pratap: It isn't an uphill task these days. You have to go to Chandigarh in sector XYZ. There is a special department that issues passports.
यह आजकल कोई कठिन समस्या नहीं। आपको चंडीगढ़ सेक्टर XYZ में जाना होगा। वहां एक विशेष महकमा है जो पासपोर्ट जारी करता है।

Mr. Walia: Will I have to fill a form?
क्या मुझे एक फार्म भरना पड़ेगा?

Ram Pratap: Yes, Mr. Walia.
हां, श्रीमान् वालिया।

Mr. Walia: In the form, I think I have to fill up my age, address etc.
मैं समझता हूं कि फार्म में मुझे अपनी आयु, अपना पता आदि भरना होगा।

Ram Pratap: Yes, you are right.
हां, ठीक कहते हो?

Mr. Walia: What is the fee and how many photographs are required?

फीस क्या है और कितने फोटो चाहिए?

Ram pratap: You'll know about all these things from the passport office.

इन सब बातों के बारे में तुम्हें पासपोर्ट आफ़िस से पता चल जायेगा।

Mr. Walia: Thank you, sir.

धन्यवाद, श्रीमान् जी।

CONVERSATION NO. – 125

Regarding a Journey to Mumbai

मुम्बई की यात्रा सम्बन्धी

Harish: Jack ! I've decided to visit Mumbai this vacation. Should I go by air or by train?

जैक! मैंने इस अवकाश में मुम्बई जाने का निर्णय किया है। क्या मुझे हवाई जहाज में या गाड़ी में जाना चाहिए?

Jack: If you like to have a comfortable journey, go by an aeroplane.

यदि आप एक सुविधाजनक यात्रा चाहते हैं तो विमान द्वारा जाइये।

Harish: But I've wished to have a long journey by train.

परन्तु मैं तो सदा एक लम्बी यात्रा करने की इच्छा गाड़ी द्वारा ही की है।

Jack: That's not bad.

यह कोई बुरी बात नहीं।

Harish: Which is the best train from Delhi Railway Station?

दिल्ली रेलवे स्टेशन से जाने वाली सब से अच्छी गाड़ी कौन–सी है?

Jack: There are a number of trains for Mumbai but I advise you to go by the Rajdhani Express.

मुम्बई जाने वाली कई गाड़ियां हैं, परन्तु तुम्हें राजधानी एक्सप्रेस द्वारा जाने की सलाह दूंगा।

Harish: How much time does it take to reach the Mumbai Railway Station?

मुम्बई रेलवे स्टेशन पर पहुंचने में इसे कितना समय लगता है?

Jack: 23 hrs. You had better get a seat booked.

23 घंटे। आपके लिए अच्छा होगा कि सीट बुक करवा लें।

Harish: Oh, yes. I'll do that.

हां, मैं ऐसे ही करूंगा।

Jack: When are you going to Mumbai?

आप कब मुम्बई जा रहे हैं?

Harish: A day after tomorrow.

परसों।

Jack: May you've a happy journey !

परमात्मा करे आपकी यात्रा सुखद हो।

Harish: Thank you, Mr. Jack.

धन्यवाद, श्रीमान् जैक।

CONVERSATION NO. – 126

Enquiry About a Train
रेलगाड़ी के बारे में पूछताछ

Suresh: Hello ! Is it Railway Inquiry?
हेलो! क्या यह रेलवे पूछताछ है?

Clerk: Yes, it is. What can I do for you, sir?
हां। मैं आपके लिए क्या कर सकता हूं?

Suresh: Which is the next train for Amritsar?
अमृतसर के लिए अगली गाड़ी कौन सी है?

Clerk: Sir, it is Deluxe Mail.
श्रीमान् जी, यह डीलक्स मेल है।

Suresh: What is its arrival time at the Delhi Railway Station?
दिल्ली रेलवे स्टेशन पर इस के पहुंचने का क्या समय है?

Clerk: Sir, it arrives at 11 a.m. and leaves the station at 11:15 a.m. but today it is late by 1 hour.
श्रीमान् जी यह ग्यारह बजे प्रातः पहुंचती है और स्टेशन से 11.15 प्रातः पर चल पड़ती है, परन्तु आज यह एक घंटे देर से आ रही है।

Suresh: Which is the next train for Amritsar after the Deluxe Mail?
डीलक्स के बाद अमृतसर के लिए अगली गाड़ी कौन–सी है?

Clerk: It is the Super-fast.
यह सुपरफास्ट है।

Suresh: What is its arrival time?
इसका पहुंचने का क्या समय है?

Clerk: 1 p.m.
एक बजे दोपहर बाद।

Suresh: What is its departure time?
इसका रवाना होने का क्या समय है?

Clerk: 1:15 p.m.

1.15 बाद दोपहर।

Suresh: How much time does it take to reach Amritsar?

अमृतसर पहुंचने में यह कितना समय लेती है?

Clerk: About 7 hours.

कोई सात घंटे।

Suresh: May I get two seats booked in the Superfast?

क्या मैं दो सीट सुपरफास्ट में आरक्षित करवा सकता हूँ?

Clerk: Yes. You have to come here personally as we'll give you a form to fill in.

हां, आपको स्वयं आना होगा क्योंकि हम आपको एक फार्म भरने के लिए देंगे।

Suresh: Thank you.

धन्यवाद।

CONVERSATION NO. – 127

Attending a Marriage
शादी में शामिल होना

Mr. Verma: Hello, Mr. Kalia !
हेलो, श्रीमान् कालिया!

Mr. Kalia: Hello, Mr. Verma !
हेलो, श्रीमान् वर्मा!

Mr. Verma: Congratulations on the marriage of your son and thanks for inviting us.
आपके बेटे के विवाह पर बधाई और हमें निमन्त्रित करने के लिए धन्यवाद।

Mr. Kalia: I accept your congratulations and I along with my family thank you and Mrs. Verma for attending the function.
मैं आपकी बधाई स्वीकार करता हूं और अपने परिवार सहित आपका और श्रीमती वर्मा का इस उत्सव पर पधारने के लिए धन्यवाद करता हूं।

Mrs. Verma: Where is Mrs. Kalia?
श्रीमती कालिया कहां है?

Mr. Kalia: I think she must be at the entrance gate.
मेरा विचार है वह प्रवेश द्वार पर होंगी।

Mrs. Verma: Well, she must be busy attending the guests.
ठीक है, वह अतिथि–सत्कार में व्यस्त होंगी।

Mr. Kalia: What would you like coffee or juice?
आप क्या पसन्द करेंगे कॉफी या जूस?

Mr. Verma: Thank you, Mr. Kalia ! We have already drunk juice and eaten some dishes. May I be helpful by any means?

धन्यवाद, श्रीमान् कालिया! हमने पहले ही जूस पी लिया है और कुछ डिशिज़ भी खा ली है। क्या मैं किसी प्रकार आपकी सहायता कर सकता हूँ?

Mr. Kalia: Thank you, Mr. Verma ! Everything is going on well with the grace of our true well-wishers like you. Your coming here itself is a matter of importance and pride for us.

धन्यवाद, श्रीमान् कालिया! आप जैसे सच्चे शुभचिन्तकों की कृपा से सब ठीक चल रहा है। आपका यहां दर्शन देना ही हमारे लिए महत्त्व और गौरव की बात है।

CONVERSATION NO. – 128

Congratulations on Buying a Car
कार खरीदने पर बधाई देना

Mr. Agrawal: Hello, Mr. Gill !

हेलो, श्रीमान् गिल!

Mr. Gill: Hello, Mr. Agrawal ! Please come in. You're most welcome here.

हेलो, श्रीमान् अग्रवाल! कृपया अन्दर आइये। आपका भरपूर स्वागत है।

Mr. Agrawal: Thank you. How is everybody at home?

धन्यवाद। हर कोई घर पर कैसे हैं?

Mr. Gill: Everybody is all right, here. Please, be seated.

हर कोई बिल्कुल कुशलपूर्वक हैं। कृपया बैठिये।

Mr. Agrawal: You've bought a car. Please accept my heartiest congratulations.

आपने कार खरीदी है। कृपया मेरी हार्दिक बधाई स्वीकार करें।

Mr. Gill: I accept your congratulations and thank you very much. What would you like to have tea or coffee?

मैं आपकी बधाई स्वीकार करता हूँ और आपको धन्यवाद देता हूँ। आप क्या लेना पसन्द करेंगे चाय या कॉफी?

Mr. Agrawal: Don't stand on ceremonies I'm just your next door neighbour.

तकल्लुफ मत कीजिए, मैं तो आपका साथ का पड़ोसी ही हूं।

Mr. Gill: Oh, Mr. Agrawal ! I always treat you as my brother. I've ordered the servant for coffee.

ओह श्रीमान् अग्रवाल! मैंने तो सदा आपको अपना भाई ही समझा है। मैंने नौकर को काफी लाने के लिए आदेश दे दिया है।

Mr. Agrawal: Which car have you bought?
आपने कौन सी कार खरीदी है?

Mr. Gill: It's Maruti.
मारुति।

Mr. Agrawal: Which model?
कौन–सा मॉडल।

Mr. Gill: It's Maruti Esteem.
मारुति इस्टीम।

Mr. Agrawal: What did it cost you?
आपने इसे कितने में खरीदी है?

Mr. Gill: About 5 lakh.
लगभग पांच लाख रुपये।

Mr. Agrawal: It is a good car.
यह अच्छी कार है।

CONVERSATION NO. – 129

About an English Paper
अंग्रेजी के प्रश्न-पत्र के बारे में

Satish: Hello, Mohinder ! How did you fare in your examinations?
हेलो, महेन्द्र! आपकी परीक्षाएं कैसी रहीं?

Mohinder: Good. But I'm a bit worried about my English Paper.
अच्छी, परन्तु मुझे अंग्रेजी के पर्चे के बारे में कुछ चिन्ता है।

Satish: But it was not so tough.
परन्तु यह कोई इतना कठिन तो नहीं था।

Mohinder: Actually, I was not very well prepared for it. A few days before the paper my grandfather suffered a severe heart attack. In those days papa had gone abroad on business tour. So, I had to take grandpapa to the hospital.
वास्तव में मैं इसके लिए पूरी तैयारी नहीं कर सका। पेपर के कुछ दिन पहले ही मेरे दादाजी को दिल का दौरा पड़ा। उन दिनों पिताजी अपने कारोबार के सिलसिले में विदेश गये हुए थे। इसलिए मुझे अपने दादाजी को अस्पताल में ले जाना पड़ता था।

Satish: Don't worry. You are a brilliant student. I'm sure you'll still get good marks.
चिन्ता मत करो। तुम एक प्रतिभाशाली विद्यार्थी हो। मुझे विश्वास है कि तुम फिर भी अच्छे अंक प्राप्त कर लोगे।

Mohinder: But I expect only about 65% marks in this paper.
परन्तु मैं इस पर्चे में केवल 65% के आसपास अंकों की आशा रखता हूं।

Satish: I think, it's not bad.
मेरे विचार में यह बुरा नहीं।

Mohinder: OK ! Thanks.
ठीक है! धन्यवाद।

CONVERSATION NO. – 130

Buying a Washing Machine
कपड़े धोने की मशीन खरीदना

Usha: Good morning ! I want to purchase a washing machine.
नमस्ते! मैं एक वाशिंग मशीन खरीदना चाहती हूँ।

Salesman: Please, be seated. I think you should purchase the washing machine of ABCD company.
कृपया बैठिये। मेरा विचार है कि आपको ABCD कम्पनी की वाशिंग मशीन खरीदनी चाहिए।

Anju: Don't you have got one from Kelvinator?
क्या आपके पास केल्विनेटर की मशीन नहीं है?

Salesman: Yes, We've. It's also a very good machine.
हां है। यह भी बहुत अच्छी है।

Usha: What is the price of it?
इसका क्या मोल है?

Salesman: Madam, there are five models, with us and each is having a different rate.
महोदया, हमारे पास पांच मॉडल हैं और सब–के–सब भिन्न–भिन्न दर के हैं।

Anju: What is the price of a semi-automatic machine?
एक सेमी–ऑटोमैटिक मशीन का कितना मूल्य है?

Salesman: Of what capacity 6 kg. or 8 kg.?
किस क्षमता वाली 6 किग्रा० या 8 किग्रा०?

Usha: Of 6 kg.
छः किलो की।

Salesman: About Rs. 7500/-
लगभग 7500/- रुपये।

Anju: What is the guarantee period?
गारंटी पीरियड कितना है?

Salesman: The company gives a two-year warranty against the damage due to manufacturing defect.

कम्पनी उत्पादन दोष के कारण हानि के लिए दो वर्ष की वारंटी देती है।

Usha: Well ! Please send this semi-automatic machine to the address mentioned on my visiting card. Here get rupees 7500/-.

ठीक है, यह सेमी–ऑटोमैटिक मशीन मेरे पते पर जो मेरे विजिटिंग कार्ड पर दिया हुआ है, भेज दें। यह लीजिये 7500 रुपये।

Salesman: Thank you, madam.

धन्यवाद, श्रीमती जी।

CONVERSATION NO. – 131

Deciding to Buy a Washing Machine

कपड़े धोने की मशीन खरीदने के निर्णय लेना

Usha: Hi, Anju ! Will you please come with me to M/s Jain & Sons?
हाइ अन्जु! क्या कृपया आप मेरे साथ मे. जैन एण्ड सन्स तक चलेंगी?

Anju: What are you going to purchase?
आप क्या खरीदने जा रही हैं?

Usha: Washing machine.
एक वाशिंग मशीन।

Anju: That's a good idea. These days a washing machine is a must.
यह एक अच्छा विचार है। आजकल एक वाशिंग मशीन अत्यंत आवश्यक है।

Usha: You're right. It's difficult to find a good washerwoman these days.
आप ठीक कहती हैं। आजकल एक अच्छी कपडे धोनेवाली स्त्री मिलना कठिन है।

Anju: I too think so. Washing machine of which company do you want to purchase?
मेरा भी ऐसा ही विचार है। आप किस कम्पनी की वाशिंग मशीन खरीदना चाहती हैं?

Usha: I'm a bit confused about it.
मुझे उसकी अच्छी तरह समझ नहीं आती।

Anju: One of my aunts in Delhi bought a semi-automatic washing machine of Kelvinator a few years ago and it is still working properly.
दिल्ली में मेरी एक आंटी ने कुछ वर्ष पहले केल्विनेटर की सेमी--ऑटोमेटिक मशीन खरीदी। वह अभी तक ठीक चल रही है।

Usha: Well ! I'll also like to purchase the same.
तो ठीक है, मैं भी यही खरीदना चाहूंगी।

CONVERSATION NO. – 132

Going to Buy a T.V.
टी.वी. खरीदने जाना

Raju: Hello Kumar ! You seem to be a bit tense. Is there any problem?
हेलो कुमार! आप बड़े तनावग्रस्त प्रतीत होते हैं।

Kumar: I can't decide T.V. of which company I should purchase.
मैं यह निर्णय नहीं कर सकता कि मैं कौन कम्पनी की टी.वी. खरीदूं।

Raju: I think, you should purchase T.V. of XYZ company.
मेरा विचार है कि आप XYZ कम्पनी का टी.वी खरीदें।

Kumar: I've already talked to the XYZ's dealer. He isn't ready to sell it on instalments.
मैं XYZ के डीलर से बात कर चुका हूं। वह इसे किस्तों पर बेचने को तैयार नहीं है।

Raju: No problem. There's a dealer of ABCD company round the corner of my house. We'll meet him. He's my friend and I hope he won't disappoint us.
कोई समस्या नहीं। ABCD कम्पनी का डीलर हमारे घर के पास ही है। हम उससे मिलेंगे। वह मेरा मित्र है और मैं आशा करता हूं कि वह हमें निराश नहीं करेगा।

Kumar: Well !
ठीक है।

Raju: Which T.V. do you want to purchase a coloured or a black and white one?
आप कौन सा टी.वी. खरीदना चाहेंगे। रंगीन या ब्लैक एण्ड ह्वाइट?

Kumar: Coloured.
रंगीन।

Raju: Let's go and meet Mr. Mehta, the owner of the showroom.
आओ चले और श्रीमान् मेहता जो कि शोरूम के मालिक हैं से मिलें।

Kumar: Yes.
हां।

CONVERSATION NO. – 133

Going to T.V. Showroom
टी॰वी॰ शोरूम में जाना

Raju: Good afternoon, Mr. Mehta ! Meet my friend, Mr. Kumar.
शुभ अपराह्म, श्रीमान् मेहता। मेरे मित्र श्रीमान् कुमार से मिलिये।

Mr. Mehta: Hello, Mr. Kumar ! Please be seated.
हेलो, श्रीमान् कुमार! कृपया बैठिये।

Mr. Kumar: Hello, sir ! Thank you.
हेलो श्रीमान् जी! धन्यवाद।

Mr. Mehta: What will you like tea or coffee?
आप क्या पसन्द करेंगे चाय या कॉफी?

Mr. Raju: Thank you, Mr. Mehta, we've just had lunch.
धन्यवाद श्रीमान् मेहता, हमने अभी दोपहर का भोजन किया है।

Mr. Mehta: Well ! What can I do for you?
ठीक है। मैं आपके लिए क्या कर सकता हूं?

Mr. Raju: Actually, Mr. Kumar wants to purchase a colour T.V.
वास्तव में श्रीमान् कुमार एक रंगीन टी.वी खरीदना चाहते हैं।

Mr. Mehta: Of which size?
किस साइज का?

Mr. Kumar: What are the sizes of T.V.'s of ABCD company available?
ABCD कम्पनी के टी.वी. किस–किस साइज में हैं?

Mr. Mehta: They are 21" broad screen, 28", 53" and 14".
ब्रॉड स्क्रीन में 21", 28", 53" और 14" है।

Mr. Raju: Which will be the best for Mr. Kumar?
श्रीमान् कुमार के लिए कौन–सा अच्छा रहेगा?

Mr. Mehta: To be frank, the 53" T.V. is the best.
स्पष्ट बात तो यह है कि 53" सर्वोत्तम है।

Mr. Kumar: What is its price?

मूल्य क्या है?

Mr. Raju: But Mr. Kumar wants to pay for it in instalments.

परन्तु श्री कुमार इसके पैसे किस्तों में देना चाहते हैं।

Mr. Mehta: No problem. Take a 53" T.V. and every month pay Rs. 1000/-.

कोई समस्या नहीं। 53" का टी.वी. ले जाइये और प्रतिमास 1000 रुपये दे दीजिये।

Mr. Kumar: Thank you, sir.

धन्यवाद, श्रीमान् जी।

CONVERSATION NO. – 134

Getting Accounts Rechecked
खाता पुनः जांच करवाना

Mr.Gill: Mr. Rohit, boss is calling you. He seems to be dissatisfied with your work.

श्रीमान् रोहित, बॉस आपको याद कर रहे हैं। वह तुम्हारे काम से असंतुष्ट प्रतीत होते हैं।

Mr. Rohit: OK ! Let me go inside his cabin.

ठीक है। मैं केबिन में जाता हूं।

(मि. रोहित बॉस के केबिन में चले जाते हैं।)

The Boss: Be seated, Mr. Rohit.

बैठिए, श्री रोहित।

Mr. Rohit: Thank you, sir !

धन्यवाद, श्रीमान् जी!

The Boss: Have you typed the letter that I ordered you this morning?

जो पत्र मैंने तुम्हें प्रातः को टाइप करने के लिए कहा था, क्या तुमने कर दिया है?

Mr.Rohit: I'm sorry, sir ! It is because I have to recheck all the accounts.

श्रीमान् जी मुझे खेद है। इसका कारण यह है कि मुझे सब खाते दुबारा चेक करने होंगे।

The Boss: Why?

क्यों

Mr. Rohit: Sir, a few entries are missing.

श्रीमान् जी, उसमें कुछ एंट्रीज नहीं हैं।

The Boss: Who committed this error?

यह गलती किसने की?

Mr.Rohit: Obviously, the accountant.

स्पष्ट रूप में, लेखाकार ने।

The Boss: Well ! Mr. Rohit, please send the account books in my cabin.

ठीक है, श्रीमान रोहित, सब खाता पुस्तकें मेरे केबिन में भेज दें।

Mr. Rohit: Yes, sir !

हाँ श्रीमान् जी।

CONVERSATION NO. – 135

With the Doctor
डॉक्टर के साथ

Patient: Good morning, doctor !
नमस्ते, डॉक्टर साहब!

Doctor: Good morning ! What is the problem?
नमस्ते! क्या समस्या है?

Patient: Sir, I've more than one problem.
श्रीमान् जी, मुझे एक से अधिक समस्या है।

Doctor: Please tell me in detail.
कृपया मुझे विस्तार से बताइये।

Patient: Sir, most of the day I feel giddy. Secondly, I feel a burning sensation in the stomach after meals. Thirdly, my gums have become soft.
श्रीमान् जी, दिन में अधिकतर समय मुझे चक्कर आते रहते हैं। दूसरी समस्या यह है कि खाना खाने के बाद मुझे पेट में जलन जैसी होती है। और तीसरी बात यह है कि मेरे मसूढ़े नर्म हो गये हैं।

Doctor: Well ! I'll see. I'm glad your blood pressure is normal.
ठीक है। मैं देखता हूं। मुझे इस बात की प्रसन्नता है कि तुम्हारा रक्तचाप ठीक है।

Patient: Sir, shall I be all right?
श्रीमान् जी, क्या मैं ठीक हो जाऊंगा।

Doctor: Don't worry. You'll be all right in a few days. I've prescribed you antacid tablets. You've to chew two tablets in between each of your meals.
चिन्ता मत करो, आप थोड़े ही दिनों में ठीक हो जायेंगे। मैंने आपको एन्टासिड गोलियां दी हैं। आपको दो गोलियां प्रत्येक खाने के बीच चबानी हैं।

Patient: OK ! doctor !

ठीक है, डॉक्टर साहब!

Doctor: You should eat citrus fruits like orange, lemon, etc. and get checked your eye-sight from an eye-specialist.

तुम्हें प्रतिदिन सिट्रस फल जैसे कि संतरा, नींबू आदि का सेवन करना चाहिए और अपनी दृष्टि एक नेत्र–विशेषज्ञ से चेक करवाएं।

Patient: Thank you very much, doctor.

डॉक्टर साहब, बहुत–बहुत धन्यवाद।

CONVERSATION NO. – 136

Becoming a Successful Woman

सफल महिला बनना

Meena: (To the audience) Hi everybody ! I'm Meena. I'm going to introduce the very special guest Mrs Sharma to all of you. (All clap when Mrs Sharma comes on the dais and sits on a chair.)

(श्रोतागण से) मैं मीना, आपका परिचय विशेष अतिथि श्रीमती शर्मा से करवाने जा रही हूं। (सभी तालियां बजाते हैं तथा मिसेज शर्मा मंच पर आकर एक कुर्सी पर बैठ जाती हैं।)

Meena: Mrs. Sharma, you're most welcome at the show.

श्रीमती शर्मा जी, आपका शो में भरपूर स्वागत है।

Mrs. Sharma: Thank you very much.

बहुत–बहुत धन्यवाद।

Meena: You seem to be the best example of a successful woman in society. May I ask you how you became a successful lady in this competitive world?

आप समाज में एक सफल स्त्री की सर्वोत्तम उदाहरण प्रतीत होती हैं। क्या आप बतायेंगी कि इस प्रतिस्पर्धा वाले संसार में आप एक सफल स्त्री कैसे बनीं।

Mrs. Sharma: Four years ago, my world was my kitchen and the members of my family. But one day when I was reading a magazine I thought that I too could be a successful lady as there had been mentioned a few in the magazine.

चार वर्ष पहले मेरा संसार अपने रसोई घर और अपने परिवार तक सीमित था। परन्तु एक दिन जब मैं एक पत्रिका पढ़ रही थी जिसमें कुछ सफ़ल स्त्रियों का वर्णन था मुझे विचार आया कि मैं भी एक सफ़ल स्त्री बन सकती हूँ।

Meena: Then what did you do?
तब आपने क्या किया?

Mrs. Sharma: I purchased 100 metres of white cloth and started to stitch suits in different styles for ladies.
मैंने 100 मीटर कपडा खरीदा और भिन्न–भिन्न स्टाइलों में स्त्रियों के लिए सूट सिलने आरम्भ कर दिये।

Meena: How do you market your suits?
आप अपने सूट कैसे बेचती हैं?

Mrs. Sharma: There're agents in different cities. I send them the samples of the suits. When there's demand for the suits, they contact me and I send the same to them through a bank.
भिन्न–भिन्न नगरों में एजेन्ट हैं। मैं उनको सैम्पल भेजती हूँ। जब डिमांड होती है, वे मुझे कहते हैं और मैं बैंक द्वारा उनको माल भेज देती हूं।

Meena: That's great. I alongwith the audience thank you very much.
यह एक महान् कार्य है। मैं इन श्रोतागण के साथ आपको बहुत–बहुत धन्यवाद देती हूं।

CONVERSATION NO. – 137

About a Missing Child

खोये हुए बच्चे के बारे में

Mr. David: Sir ! I want to file an FIR about the missing of my neighbour's son.

श्रीमान् जी, मैं। अपने पड़ोसी के बेटे के गुम होने के बारे में एक प्रथम सूचना रिपोर्ट (FIR) दर्ज करवाना चाहता हूँ।

Police Inspector: What is the age of the child?

बच्चे की आयु क्या है?

Mr. David: John is about 15 years old.

जॉन 15 वर्ष का है।

Police Inspector: What is the height of the child?

उसका कद कितना है?

Mr. David: He is about 5 feet.

लगभग 5 फुट।

Police Inspector: Tell me how it happened.

कृपया मुझे बताइये कि यह कैसे हुआ।

Mr. David: Sir, John is a student of 9th standard. He reads in J.K.C. Convent School. He is a brilliant student. He went to school at 7 a.m. in the morning as usual. He attended all the classes but after the final bell had gone at 2 p.m., he did not reach home.

श्रीमान् जी, जॉन नौवीं कक्षा का विद्यार्थी है। वह जे.के.सी. कॉन्वेंट स्कूल में पढ़ता है। वह एक होशियार विद्यार्थी है। वह प्रातः सात बजे पहले की तरह स्कूल गया। उसने सब पीरियड अटेंड किये, परन्तु अन्तिम घंटी जो कि दो बजे बजती है के बाद वह घर नहीं पहुंचा।

Police Inspector: May be he has gone with some of his friends.

हो सकता है वह अपने कुछ मित्रों के साथ चला गया हो।

Mr. David:	We've made some calls to his friends, classmates and relatives but none among them knows his whereabouts. हमने उसके मित्रों, सहपाठियों और सम्बन्धियों को फोन किये हैं, परन्तु कोई भी उसका ठिकाना नहीं जानता।
Police Inspector:	Please send me his photograph alongwith his permanent address. I'll personally investigate the matter. कृपया मुझे उसकी फोटो और स्थाई पता भेज दें। मैं स्वयं मामले की खोज करूंगा।
Mr. David:	Thank you, sir ! धन्यवाद, श्रीमान् जी।

CONVERSATION NO. – 138

Regarding Interior Decoration
मकान सजाने सम्बन्धी

Interior Decorator: Good morning, sir !
नमस्ते, श्रीमान् जी!

Customer: Good morning ! I want to get my house furnished.
नमस्ते! मैं अपने मकान को सजाना चाहता हूँ।

Interior Decorator: What's the covered area of your house?
आपके घर का कवर्ड एरिया कितना है?

Customer: About 600 sq. feet. What are your charges?
लगभग 600 वर्ग फीट। आपके चार्जिज क्या हैं?

Interior Decorator: We'll charge Rs. 50/- per sq. feet for simple decoration, Rs. 100/- per sq. feet for fine decoration and Rs. 200/- per sq. feet for special decoration.
साधारण सजावट पर 50 रुपये प्रति वर्ग फुट, बढ़िया सजावट पर 100 रुपये प्रति वर्ग फुट और 200 रुपये प्रति वर्ग फुट विशेष सजावट के लिए।

Customer: May I ask what each of the options represents?
क्या मैं पूछ सकता हूँ कि तीनों विकल्पों में क्या–क्या विशेषतायें है।

Interior Decorator: Please go through this booklet.
कृपया इस पुस्तिका में पढ़ लीजिये।

Customer: (After reading the booklet) Well ! I want fine decoration.
(पुस्तिका पढ़ने के बाद) ठीक है मुझे बढ़िया सजावट चाहिए।

Interior Decorator: O.K.
ठीक है।

CONVERSATION NO. – 139

Regarding Booking of Hotel Room
होटल में कमरा आरक्षित कराने सम्बन्धी

Customer: Sir, I want to get a room booked.
श्रीमान् जी, मैं एक कमरा आरक्षित करवाना चाहता हूँ।

Booking clerk: OK, sir ! Our hotel has started a scheme which will last for 20th of this month.
ठीक है। श्रीमान् जी, हमारे होटल ने एक योजना आरम्भ की है जो कि इस महीने की 20 तारीख तक चलेगी।

Customer: What is that?
वह क्या है?

Booking clerk: If you get one room booked on the first floor, you've to pay Rs. 1000/- per day and we will provide you a morning meal free of charge for one person.
यदि आप पहले फ्लोर पर एक कमरा आरक्षित करवायें, तो आपको प्रतिदिन 1000 रुपये देने होंगे और हम एक व्यक्ति को प्रातः का खाना मुफ्त देंगे।

Customer: If I get one room booked at the second floor, then.....?
यदि मैं दूसरे फ्लोर पर एक कमरा आरक्षित करवाऊं, तब?

Booking clerk: Then you have to pay Rs. 800/- per day and again a morning meal will be provided free of charge. If you get a two room set booked at either floor, we'll give you further concession.
तब आपको 800 रुपये प्रतिदिन देने होंगे और एक व्यक्ति को प्रातः का खाना मुफ्त मिलेगा। यदि आप दोनों में से किसी भी फ्लोर पर दो कमरे आरक्षित करवायेंगे तो आपको और छूट मिलेगी।

Customer: Well ! Let me consider your proposals.
ठीक है, मुझे आपके सुझावों पर विचार कर लेने दीजिये।

Booking clerk: OK.
ठीक है।

CONVERSATION NO. – 140

Purchase of a Maruti Car on Instalments

मारुति कार किस्तों में खरीदना

Automobile Dealer: Good morning, sir !
नमस्ते, श्रीमान् जी।

Customer: Good morning ! I want to purchase a Maruti 800 CC. I want to purchase it on instalments.
नमस्ते, मैं एक मारुति 800 CC खरीदना चाहता हूं। मैं इसे किस्तों में खरीदना चाहता हूँ।

Automobile Dealer: No Problem. We provide this facility to our customers.
कोई समस्या नहीं। हम अपने ग्राहकों को यह सुविधा देते हैं।

Customer: I'll return the entire money in two years i.e. the principal amount for the car plus the interest. What should I pay every month?
मैं सारी रकम मूल तथा ब्याज दो वर्षों में लौटा दूंगा। मुझे प्रति मास कितना देना होगा?

Automobile Dealer: Rs. 12000/- per month.
12000 रुपये प्रति मास।

Customer: Well !
ठीक है!

Automobile Dealer: Please fill in this form.
कृपया यह फार्म भर दीजिये।

Customer: O.K. !
ठीक है।

CONVERSATION NO. - 141

Purchase of a Bike
मोटर साइकिल खरीदना

Automobile Dealer: Good morning, sir !
नमस्ते, श्रीमान् जी!

Customer: Good morning ! Sir I want to purchase a bike.
नमस्ते, श्रीमान्जी, मैं एक बाइक खरीदना चाहता हूं।

Automobile Dealer: How much can you spend on the bike?
आप बाइक पर कितना खर्च कर सकते हैं?

Customer: Sir ! I've decided to spend not more than Rs. 45000/- on it.
श्रीमान् जी, मैंने निर्णय लिया है कि मैं इस पर 45000 रुपये से अधिक नहीं खर्च करूंगा।

Automobile Dealer: You may purchase either ABC bike from J.P. Tom Company or XYZ bike from T.M.P. Company. Either of these gives a good mileage.
आप J.P. Tom Co. की ABC बाइक या TMP Co. की XYZ बाइक खरीद सकते हैं। दोनों में से प्रत्येक अच्छी माइलेज देती है।

Customer: In what different colours is the XYZ bike available?
XYZ बाइक कौन–कौन से विभिन्न रंगों में मिलती है?

Automobile Dealer: It's available in five colours — black, green, red, blue and silver.
यह पांच रंगों काला, हरा, लाल, नीला और सिल्वर में मिल सकती है।

Customer: Could I see a silver coloured XYZ bike?
क्या मैं सिल्वर रंग की XYZ बाइक देख सकता हूँ?

Automobile Dealer: Here it is there along the wall.
यह देखिये सामने दीवार के साथ है।

Customer: Well ! How much for this?
तो ठीक है, इसका क्या दूं?

Automobile Dealer: Forty three thousand only.
केवल तैंतालीस हजार।

Customer: Here get the cheque for Rs. 43000/- please.
कृपया यह लीजिये 43000 रुपये का चेक।

CONVERSATION NO. – 142

Selling a House
घर बेचना

Property Dealer: Good morning, sir !
नमस्ते, श्रीमान् जी!

Mr. Sood: Good morning ! Sir, I want to sell my house.
नमस्ते, श्रीमान् जी, मैं एक मकान बेचना चाहता हूँ।

Property Dealer: Where is it situated?
वह कहां स्थित है?

Mr. Sood: In Krishna Nagar.
कृष्णा नगर में।

Property Dealer: In which block is it?
कौन से ब्लॉक में?

Mr. Sood: In G Block.
जी–ब्लॉक में।

Property Dealer: What is the total area?
कुल क्षेत्रफल कितना है?

Mr. Sood: 100 sq. yards.
100 वर्ग गज।

Property Dealer: What is the covered area?
ढका हुआ क्षेत्रफल कितना है?

Mr. Sood: 80 sq. yards.
80 वर्ग गज।

Property Dealer: What is your demand, sir?
आपकी क्या मांग है, श्रीमान जी?

Mr. Sood:	Rs. 20 lakh. बीस लाख।
Property Dealer:	I've a ready purchaser but he won't spend more than 17 lakh. मेरे पास एक तुरन्त खरीददार है, परन्तु वह 17 लाख रुपये से अधिक नहीं देगा।
Mr. Sood:	Well ! I'll talk to the other members of my family about it and then I'll tell you my decision. ठीक है। मैं अपने परिवार के दूसरे सदस्यों से इसके बारे में बात करूंगा और फिर आपको अपना निर्णय बताऊंगा।
Property Dealer:	O.K. ठीक है।

CONVERSATION NO. – 143

Regarding a Robbery

डकैती सम्बन्धी

Mr. Verma: Hello ! Is it police station?
हेलो! क्या यह पुलिस स्टेशन है?

Inspector: Yes, I'm inspector, K.K. Tewari. What can I do for you?
हां, मैं इंस्पेक्टर के॰के॰ तिवारी हूँ, मैं आपके लिए क्या कर सकता हूँ?

Mr. Verma: Sir, I'm S. J. Verma, speaking from Ashok Nagar Delhi. I want to file an FIR regarding robbery in my house.
श्रीमान् जी, मैं अशोक नगर, दिल्ली से एस.जे. वर्मा बोल रहा हूँ। मैं अपने घर में डाके के बारे में FIR दर्ज करवाना चाहता हूँ।

Inspector: May I ask you your full address?
क्या मैं आपसे आपका पूरा पता पूछ सकता हूँ?

Mr. Verma: 18 A, Pocket Z, Ashok Nagar, (near Mother Dairy) Delhi.
18A पाकेट Z, अशोक नगर (मदर डेरी के पास) दिल्ली।

Inspector: Can you tell me elaborately about the happening?
क्या आप विस्तारपूर्वक इस घटना के बारे में मुझे बता सकते हैं?

Mr. Verma: Sir, I'm a diamond merchant. Last night, past 11p.m. there was a knock on the door. My servant opened the door. Three strangers rushed in. They pushed the servant away and straightway walked into my room. One of them pointed a gun at my head and asked me to give him the keys of the safe.
श्रीमान् जी, मैं हीरों का व्यापारी हूं। कल रात 11 बजे के बाद हमारा दरवाजा किसी ने खटकाया। नौकर ने दरवाजा खोला। तीन अजनबी अन्दर घुस गये। उन्होंने नौकर को दूर धकेल दिया और सीधे मेरे कमरे में घुस गये। उनमें से एक ने मेरे सिर पर बन्दूक रखी और सेफ़ की चाबियां देने को कहा।

Inspector: Well, your FIR has been lodged. My men are coming to study the whole situation.
ठीक है, आपका FIR दर्ज हो गया है। सारी स्थिति का अध्ययन करने के लिये मेरे स्टाफ आ रहे हैं।

CONVERSATION NO. – 144

Buying a House

मकान खरीदना

Property Dealer: Good morning, sir !
नमस्ते, श्रीमान् जी!

Mr. Jain: Good morning ! I want to purchase a house in Janakpuri B-1 Block. It should be about 100 sq. yards.
नमस्ते। मैं जनकपुरी बी–1 ब्लॉक में एक मकान खरीदना चाहता हूं। यह लगभग 100 वर्ग गज का होना चाहिए।

Property Dealer: There is one such house for sale.
ऐसा एक मकान बिकाऊ है।

Mr. Jain: What is the price?
क्या मूल्य है?

Property Dealer: The owner demands Rs. 20/- lakh.
मालिक की मांग बीस लाख रुपये है।

Mr. Jain: The demand price seems too high.
मांगा हुआ मोल अत्यधिक ज्यादा लगता है।

Property Dealer: You know quite well that Janakpuri B-1 is a posh area.
आप अच्छी तरह जानते हैं कि जनकपुरी बी–1 एक पॉश इलाका है।

Mr. Jain: Yes, it is, still----- well ! I want to see the house.
हां, यह तो है, फिर भी..... तो मैं मकान को देखना चाहता हूं।

Property Dealer: Well ! I'll take an appointment from the owner and contact you. Leave your phone number with me.
ठीक है, मैं मालिक से समय लूंगा और आपसे सम्पर्क स्थापित करूंगा। अपना फोन नं. मेरे पास छोड़ जायें।

Mr. Jain: Here, take my visiting card.
यह मेरा विज़िटिंग कार्ड लीजिये।

Property Dealer: OK. Thank you.
ठीक है। धन्यवाद!

CONVERSATION NO. – 145

At an Eating House
भोजनालय में

Waiter: Good evening, sir !

शुभ संध्या, श्रीमान् जी!

Customer: Good evening ! What's there to eat for non-vegetarians?

नमस्ते! मांसाहारियों के लिये खाने को क्या है?

Waiter: Boneless Chicken, Chicken Tikka, Mutton Salami, Butter Chicken, Mutton Kasturi. Here read the menu, sir.

बोनलेस चिकन, चिकन टिक्का, मॅटन सालामी, बटर चिकन, मॅटन कस्तूरी। यह मेन्यू पढ़ लीजिये।

Customer: Bring us a full Boneless chicken.

हमारे लिए एक पूरा बिना हड्डी चिकन लाइये।

Customer's wife: What's there for the vegetarians?

शाकाहारियों के लिए क्या है?

Waiter: Chinese cheese, Pea cheese, Shahi Cheese, Paneer Pakorah, here look at the menu, madam.

चाइनीज पनीर, मटर पनीर, शाही पनीर, पनीर पकोड़ा, और यह मेन्यू भी देख लीजिये।

Customer's wife: (to her daughter) What would you like to eat?

तुम क्या खाना पसंद करोगी?

Customer's daughter: Waiter ! Get me a plate of spring rolls.

वेटर मेरे लिए एक प्लेट स्प्रिंग रोल्स की लाइये।

Customer's wife:	Bring us a plate of Chinese cheese and a few loaves. हमारे लिए एक चाइनीज पनीर और कुछ चपातियां लाइये।
Customer:	Don't forget to bring three mineral bottles. तीन मिनरल बोतलें लाना ना भूलें।
Waiter:	Sir ! I'll be back in a few minutes. श्रीमान् जी, मैं कुछ मिनटों में ही वापस आ रहा हूँ।

CONVERSATION NO. – 146

Regarding Flight to England
इंग्लैण्ड की उड़ान सम्बन्धी

Clerk: Good morning, sir !
नमस्ते, श्रीमान् जी!

Mr. John: Good morning ! When is the first flight for England?
नमस्ते! इंग्लैण्ड के लिए प्रथम उड़ान कब है?

Clerk: The Boeing 009 will fly from Indira Gandhi at 6 a.m.
बोइंग 009 छः बजे प्रातः उड़ान भरेगा।

Mr. John: What will be its route?
इसका रूट क्या होगा?

Clerk: Sir, it stays for 1 hour at Russia and after that it'll land in England.
श्रीमान् जी, यह एक घंटा रूस में रुक कर बाद में सीधा इंग्लैण्ड जाकर उतरेगा।

Mr. John: What will be the landing time there?
इसका वहां उतरने का क्या समय है?

Clerk: 9 a.m. IST
नौ बजे प्रातः IST के अनुसार।

Mr. John: What are your charges?
क्या चार्जिज है?

Clerk: If you want a return ticket valid for 48 hours, we'll charge only 50000/- otherwise 30000/- for one ride.
यदि आप 48 घंटे के लिये वैध वापसी टिकट लेंगे तो हम केवल 50,000 रुपये लेंगे, अन्यथा 30,000 रुपये एक तरफ के।

Mr. John: What are the facilities that you provide to the passengers?
आप यात्रियों को क्या–क्या सुविधाएं प्रदान करते हैं?

Clerk: Sir, almost all kinds of food both veg. and non-veg. and drinks will be available free of charges.
श्रीमान् जी, लगभग हर प्रकार का शाकाहारी व मांसाहारी भोजन व पेय बिना मोल के प्राप्त होंगे।

Mr. John: Thank you, sir.
धन्यवाद, श्रीमान् जी।

CONVERSATION NO. – 147

Between Two Passengers
दो यात्रियों में बातचीत

Passenger I: Where are you going, sir?
आप कहां जा रहे हैं, श्रीमान् जी?

Passenger II: I'm going to Delhi. One of my uncles lives there.
मैं दिल्ली जा रहा हूं। वहां मेरे चाचा रहते हैं।

Passenger I: I'm also going to Delhi. My elder brother lives there.
मैं भी दिल्ली जा रहा हूं। मेरे बड़ा भाई वहां रहते हैं।

Passenger II: What is your brother there?
वहां आपका भाई क्या करता है?

Passenger I: He is a doctor.
वह एक डॉक्टर है।

Passenger II: In which colony does he live?
वह किस कॉलोनी में रहते हैं?

Passenger I: He lives in Bali Nagar.
वह बाली नगर में रहते हैं।

Passenger II: What a coincidence ! My uncle also lives in Bali Nagar.
क्या संयोग है। मेरे चाचा भी बाली नगर में रहते हैं।

Passenger I: What is he?
वह क्या करते हैं?

Passenger II: He is a teacher in the government high school there.
वह वहां सरकारी हाई स्कूल में एक अध्यापक हैं।

Passenger I: What is the name of your uncle?
आपके चाचा जी का क्या नाम है?

Passenger II: Mr. S. S. Gupta. And what is your brother's name?
श्री एस.एस. गुप्ता और आपके भाई का नाम।

Passenger I: Mr. J.K. Bansal.

श्री जे.के. बंसल।

Passenger II: May I ask his address, please?

क्या मैं उसका पता पूछ सकता हूं?

Passenger I: 15B, Block 7, Bali Nagar.

15बी, ब्लॉक–7, बाली नगर।

Passenger II: I'm surprised, sir. My uncle and your brother are neighbours.

मुझे आश्चर्य है श्रीमान् मेरे चाचा और आपका भाई पड़ोसी हैं।

CONVERSATION NO. – 148

Going to Super Market
सुपर मार्किट जाना

Amit: Mohit, where are you going?
मोहित, तुम कहां जा रहे हो?

Mohit: I'm going to the super-market.
मैं सुपर मार्किट में जा रहा हूँ।

Amit: May I accompany you?
क्या मैं भी आपके साथ चलूं?

Mohit: Why not?
क्यों नहीं?

Amit: What do you want to purchase?
आप क्या खरीदना चाहते हैं?

Mohit: Some electrical goods and some items of interior decoration.
कुछ बिजली का सामान और कुछ आन्तरिक सजावट की वस्तुएं।

Amit: But I'm going to purchase a few dresses for different occasions.
परन्तु मैं भिन्न–भिन्न अवसरों के लिए कुछ पोशाकें खरीदने जा रहा हूँ।

Mohit: What dresses would you buy?
आप कैसी पोशाकें खरीदेंगे?

Amit: A pair of blue jeans and T-shirt. A pair of black pants and a white shirt to wear on the marriage of my uncle. Also, a pair of stonewash and a towel T-shirt with a V-neck to wear on the annual function in my school.

एक नीली जीन्स और एक टी–शर्ट। एक काली पैंट के साथ एक सफेद शर्ट, जो कि मैं अपना चाचा जी के विवाह पर पहनूंगा। इनके अतिरिक्त

एक स्टोनवाश और एक टॉवल–टी–शर्ट वी–गले वाली जो कि मैं अपने स्कूल के वार्षिक समारोह पर पहनूंगा।

Mohit: I'm going to purchase two table fans, six bulbs, three neon tubes, an exhaust fan, six curtains and three pillow covers.

मैं खरीदूंगा दो टेबल फैन्स, छः बल्ब, तीन नियोन ट्यूबें, एक एग्जास्ट फैन, छः पर्दे और तीन तकिया कवर।

Amit: It's all right. Let's go.

यह सब ठीक है, आओ चलें।

Mohit: Yes, come on.

हां, आइये।

CONVERSATION NO. – 149

About Traffic in Delhi
दिल्ली के यातायात सम्बन्धी

Passenger I: What is the time by your watch, sir?
आपकी घड़ी में क्या समय हुआ है श्रीमान् जी?

Passenger II: Eight thirty.
साढ़े आठ।

Passenger I: Has the bus for route No. 832 gone?
क्या रूट नं. 832 की बस चली गई है?

Passenger II: No, it has yet to come.
नहीं, अभी इसको आना है।

Passenger I: Isn't it running behind the schedule?
क्या यह लेट नहीं है?

Passenger II: Yes, it is. Actually, we should not put blame on the bus driver. Delhi is getting more and more crowded day by day. The number of vehicles here is larger than that of any other city.
हां, है। वास्तव में हमें बस चालक को दोष नहीं देना चाहिए। दिल्ली में दिन–प्रतिदिन अधिक भीड़ होती जा रही है। यहां वाहनों की गिनती प्रत्येक नगर से अधिक है।

Passenger I: You're right, sir ! The total population of Delhi is over one crore.
आप ठीक कहते हैं, श्रीमान् जी! दिल्ली की कुल आबादी एक करोड़ से ऊपर है।

Passenger II: And more than 30,00,000 persons daily come to Delhi for business or some other purpose.
और प्रतिदिन यहां तीस लाख से अधिक लोग व्यापार या और किसी कार्य के लिए आते हैं।

Passenger I: I agree with you. The population of Delhi is only a bit less than that of Punjab, whereas area-wise, it is quite smaller than Punjab.

मैं आप से सहमत हूं। दिल्ली की जनसंख्या पंजाब से थोड़ी कम है। जबकि क्षेत्रफल के हिसाब से यह पंजाब से बहुत छोटा है।

Passenger II: It is true, sir ! Now, get ready, sir. The bus for route 832 is coming.

यह ठीक है, श्रीमान् जी। अब तैयार हो जाएँ 832 रूट की बस आ रही है।

CONVERSATION NO. – 150

To A Friend's House
मित्र के घर पर

Imran: Good morning, uncle !
नमस्ते अंकल!

Amar's Father: Good morning !
नमस्ते!

Imran: Is it Amar's house?
क्या यह अमर का घर है?

Amar's Father: Yes, I'm Amar's father. Who are you?
हां, मैं अमर का पिता हूं। तुम कौन हो?

Imran: Sir, I'm Imran, Amar's classmate.
श्रीमान् जी, मैं इमरान, अमर कां सहपाठी हूं।

Amar's Father: Please come in and be seated. Would you like a drink?
कृपया आइये और पधारिये। क्या आप पेय लेंगे?

Imran: No, thank you, uncle. Where is Amar?
नहीं, धन्यवाद, अंकल। अमर कहां है?

Amar's Father: He has gone to market to make some important purchases. Hopefully, he will be back in 10 minutes.
वह मार्केट गया हुआ है। उसने कुछ महत्त्वपूर्ण वस्तुएं खरीदनी हैं। आशा है कि वह दस मिनट में वापस आ जायेगा।

Imran: All right, uncle. I'll wait for him.
अंकल, ठीक है। मैं उसकी प्रतीक्षा करूंगा।

Amar's Father: What is your father's name?
तुम्हारे पिता जी का क्या नाम है?

Imran: Mr. S. K. Khan
श्री एस.के. खान।

Amar's Father: What is he?
वह क्या करते हैं?

Imran: He's an officer in SBI.
वह SBI में अधिकारी हैं।

Amar's Father: That's good.
यह अच्छी बात है।

Imran: My mother is also an officer in OBC.
मेरी माताजी भी OBC में अधिकारी हैं।

Amar's Father: Very good. What are your hobbies?
बहुत अच्छा। आपके शौक क्या हैं?

Imran: Swimming, cycling, gardening and reading.
तैरना, साइकिल चलाना, बागवानी करना और पढ़ना।

Amar's Father: Lo ! Amar has come.
लो! अमर आ गया है।

CONVERSATION NO. – 151

About The Village
एक गांव सम्बन्धी

Seema: Where are you going, Priya?

प्रिया, तुम कहां जा रही हो?

Priya: I'm going out for a morning walk in the nearby village.

मैं पास के एक गांव में प्रातः की सैर करने जा रही हूँ।

Seema: Why are you going to waste time?

आप क्यों अपना समय नष्ट करने जा रही हैं?

Priya: To go for morning walk is not a waste of time. It pays in the long run.

प्रातः सैर करने जाना समय नष्ट करना नहीं होता। अन्त में इसका लाभ ही होता है।

Seema: What are the benefits of a morning walk?

प्रातः की सैर के क्या–क्या लाभ है?

Priya: In the morning, the air is full of oxygen.

प्रातः के समय हवा ऑक्सीजन से भरपूर होती है।

Seema: Isn't the village a polluted place?

क्या गांव एक प्रदूषित स्थान नहीं होता है?

Priya: No, not at all. The number of vehicles is not much there.

नहीं, बिल्कुल नहीं। वहां वाहनों की संख्या बहुत नहीं होती।

Seema: The roads are kachcha. Then don't the dust particles keep floating in the air?

सड़कें कच्ची होती हैं, तो क्या हवा में मिट्टी के कण नहीं होते?

Priya: Gone are the days when the roads of villages were kachcha. Now, almost every villlage has pucka roads. There aren't any dust particles in the atmosphere over the villages.

वे दिन बीत गये जब गांव की सड़कें कच्ची हुआ करती थीं। अब लगभग प्रत्येक गांव की सड़कें पक्की हैं। वहां गांव के वायुमंडल में कोई मिट्टी के कण नहीं हैं।

Seema: If so, can't you allow me to accompany you to the village?

यदि ऐसी बात है तो क्या आप मुझे साथ गांव नहीं ले जा सकते?

Priya: O, come on with great pleasure.

ओ, बड़ी प्रसन्नता के साथ आइये।

CONVERSATION NO. – 152

Simple G. K.

साधारण सामान्य ज्ञान

Teacher: Students ! I'll put a question to each of you one by one. He, who gives the correct answer, will be given 10 points. And if a student does not know the answer, he won't be given any point. Are you ready?

विद्यार्थियों! मैं तुम में से प्रत्येक से बारी–बारी एक–एक प्रश्न पूछूंगा। जो विद्यार्थी ठीक उत्तर देगा, उसे 10 अंक दिये जायेंगे। जिस विद्यार्थी का उत्तर गलत होगा उसे कोई अंक नहीं दिया जायेगा। क्या तुम सब तैयार हो?

All students: Yes, sir !

हां, श्रीमान् जी!

Teacher: Rajesh ! What is the currency of Nepal?

राजेश! नेपाल की मुद्रा क्या है?

Rajesh: Sir, rupee.

श्रीमान् जी, रुपया।

Teacher: You're right. Rajesh gets 10 points. Asif ! Who was the first Mughal Emperor?

तुम ठीक कहते हो। राजेश ने 10 अंक प्राप्त किये। आसिफ! प्रथम मुगल सम्राट् कौन था?

Asif: Sir, Babar.

श्रीमान् जी, बाबर।

Teacher: I give 10 marks to Asif. Sangeeta ! Who is known as the 'Father of the Nation'?

मै 10 अंक आसिफ को भी देता हूं। संगीता, कौनं–सा व्यक्ति राष्ट्रपिता के नाम से जाना जाता है?

Sangeeta: Sir, Mahatma Gandhi.

श्रीमान् जी, महात्मा गांधी।

Teacher: I give 10 marks to Sangeeta. Now it's your turn, Amit. Are you ready?

मैं 10 अंक संगीता को भी देता हूं। अमित, अब तुम्हारी पारी है। क्या तुम तैयार हो?

Amit: Yes, sir !

हां, श्रीमान् जी!

Teacher: Where were the first Olympic games played?

प्रथम ओलम्पिक खेल कहां हुए थे?

Amit: Sir, Italy.

श्रीमान् जी, इटली में।

Teacher: Wrong. Anybody else?

गलत है और कोई।

Ajeet: Sir, Athens in Greece.

श्रीमान् जी, ग्रीस में एथेन्स में।

Teacher: You're right, Ajeet. Come ready for the next round tomorrow.

अजीत, तुम ठीक कहते हो। अगले राउंड के लिए कल तैयार हो कर आओ।

All students: Yes, sir.

हां, श्रीमान् जी।

CONVERSATION NO. – 153

About Stealing Habit

चोरी की आदत सम्बन्धी

Mr. XYZ: Sir, I've come to you with a complaint against your son, Sushil.
श्रीमान् जी, मैं आपके पास आपके बेटे सुशील की शिकायत करने आया हूँ।

Mr. ABC: Well ! May I ask what wrong did he do?
ठीक है! क्या मैं पूछ सकता हूं कि उसने क्या गलत काम किया है?

Mr. XYZ: Yesterday, almost the whole day Sushil and my son Rakesh played together in our house.
कल लगभग सारा दिन सुशील और मेरा बेटा राकेश एक साथ हमारे घर में खेलते रहे।

Mr. ABC: I know both boys are fast friends and to them friendship is more precious than anything else.
मैं जानता हूं कि दोनों लड़के पक्के मित्र हैं और उनके लिए किसी भी और चीज़ से मित्रता अधिक मूल्यवान है।

Mr. XYZ: At about 6 p.m., Sushil went into my room and stole my wallet containing Rs. 1000/-. Money doesn't count. I want to focus your attention towards his bad habit.
लगभग सायं 6 बजे, सुशील मेरे कमरे में चला गया और उसने मेरी बटुआ जिसमें एक हजार रुपये थे, चुरा लिया। पैसे की बात नहीं। मैं आपका ध्यान उसकी इस बुरी आदत की ओर दिलाना चाहता हूँ।

Mr. ABC: I'll take strict action against Sushil and will keep a close watch on his activities in future. Above all, I'm thankful to you for your timely information.
मैं सुशील के विरुद्ध सख्त कार्यवाही करूंगा और भविष्य में उसकी गतिविधियों पर कड़ी नजर रखूंगा। सबसे बढ़कर मैं आपका कृतज्ञ हूँ कि आपने मुझे समय पर सूचना दी है।

CONVERSATION NO. – 154

About Morning Walk
प्रातःकाल की सैर के बारे में

Anita: Hi Tina ! How are you?
हाइ टीना! कैसी हो?

Tina: I'm fine. How are you?
ठीक हूँ। आप कैसी हैं?

Anita: I'm also fine. Let's join together to have a morning walk.
मैं भी ठीक हूँ। आओ मिलकर प्रातः की सैर करें।

Tina: It's a good idea.
यह एक अच्छा विचार है।

Anita: How long have you been going for a morning walk?
आप कब से प्रातः सैर करने जाती हैं?

Tina: For about 2 years. I think there is no exercise as good as a morning walk.
कोई दो वर्ष से। मैं समझती हूँ कि कोई व्यायाम इतना बढ़िया नहीं जितनी कि प्रातः की सैर।

Anita: I too feel so. The fresh air of morning provides our body's organs with oxygen.
मैं भी ऐसे ही अनुभव करती हूँ। प्रातः की ताजा हवा हमारे शरीर के अंगों को ऑक्सीजन प्रदान करती है।

Tina: You're right. Thus it keeps our body healthy.
आप ठीक कहती हैं। इस प्रकार यह हमारे शरीर को स्वस्थ रखती है।

Anita: We should also take some exercise in the morning.
हमें प्रातः के समय कुछ कसरत भी करनी चाहिए।

Tina: You're right. Let's start by jogging.
आप ठीक कहती हैं। आओ जॉगिंग से आरम्भ करें।

Anita: Well !
ठीक है।

CONVERSATION NO. – 155

Buying a Novel
उपन्यास खरीदना

Shopkeeper: Good morning, sir !
नमस्ते, श्रीमान् जी!

Customer: Good morning ! I want to purchase some work on fiction.
नमस्ते! मैं फिक्शन (काल्पनिक साहित्य) पर कोई पुस्तक खरीदना चाहता हूँ।

Shopkeeper: What kind of fiction would you like to read?
आप किस प्रकार की फिक्शन पढ़ना पसन्द करेंगे?

Customer: I'm sorry, I don't understand you.
मुझे खेद है कि मैं आपकी बात नहीं समझता।

Shopkeeper: I mean to say, would you like a science fiction, a fantasy, magic or realism?
मेरा कहने का मतलब यह है कि क्या आप विज्ञान फिक्शन, फैन्टेसी, जादू या यथार्थवाद पर आधारित फिक्शन पसन्द करेंगे?

Customer: I like novels related to some social problem.
मुझे किसी सामाजिक समस्या से सम्बन्धित उपन्यास पसन्द हैं।

Shopkeeper: I see. Please read this the latest one from Warner & Warner. It's the bestseller for this year.
ठीक है। कृपया यह वार्नर एंड वार्नर का बिल्कुल ताजा उपन्यास पढ़िये। यह इस वर्ष का सबसे अधिक बिकने वाला उपन्यास है।

Customer: Well ! How much for this?
ठीक है! इसके लिए क्या देना है?

Shopkeeper: Eight hundred only.
केवल आठ सौ।

Customer: Here you are.
यह लीजिये।

Shopkeeper: Thank you, sir !
धन्यवाद, श्रीमान् जी।

CONVERSATION NO. – 156

A Friend Asks For A C.D. Player
मित्र द्वारा सी॰डी॰ प्लेयर माँगना

Deepak: Hello, Hari !
हेलो, हरी!

Hari: Hi Deepak ! How are you?
हाइ दीपक! कैसे हो?

Deepak: I'm fine and how are you?
मैं ठीक हूं और आप कैसे हैं?

Hari: I'm also fine. Please come in.
मैं भी ठीक हूं। कृपया अन्दर आइये।

Deepak: Thank you.
धन्यवाद।

Hari: Have a seat, please.
कृपया स्थान ग्रहण कीजिये।

Deepak: Thank you.
धन्यवाद।

Hari: Would you like a tea or a cold drink?
क्या आप चाय लेंगे या ठंडा?

Deepak: No, thanks. I've come here to ask a favour of you.
नहीं धन्यवाद। मैं एक सवाल लेकर आया हूँ।

Hari: Yes, please.
हां, कृपया कहिए।

Deepak: Could you please lend me your CD player for a day?
क्या आप एक दिन के लिए मुझे अपना सीडी प्लेयर उधार दे सकते हैं?

Hari: Why not?
क्यों नहीं?

Deepak: I'm expecting some guests tonight. I too have a CD player but it isn't working properly.

आज रात मेरे घर कुछ अतिथि आ रहे हैं। मेरे पास भी एक सीडी प्लेयर है, परन्तु वह ठीक काम नहीं कर रहा है।

Hari: Oh, never mind. Here get the CD player, please.

ओह, कोई बात नहीं। यह लीजिये सी.डी. प्लेयर।

Deepak: Thank you, Hari. I'll return it to you tomorrow.

धन्यवाद, हरी! मैं तुम्हें कल यह लौटा दूंगा।

Hari: You're most welcome here !

आपका यहां भरपूर स्वागत है।

CONVERSATION NO. – 157

Arranging Articles on a Birthday

जन्मदिन पर सामान को व्यवस्थित करना

John: We want to celebrate Mary's birthday in the evening.

हम सायं को मेरी का जन्मदिन मनाना चाहते हैं।

Avtar: That's good !

अच्छी बात है।

John: Would you suggest some good looking arrangement of chairs, tables and other articles?

क्या आप कुछ कुर्सियों, मेजों और बाकी सामान का अच्छा लगने का कोई सुझाव देंगे?

Avtar: Where are you going to celebrate it?

आप यह कहां मनाने जा रहे हैं?

John: In the Aruna Banquet Hall.

अरुणा बैंकट हाल में।

Avtar: How many guests do you expect?

कितने अतिथि आने की आशा है?

John: About 50.

लगभग पचास।

Avtar: You had better place the cake on the round table in the middle of the hall. The chairs should be arranged in four semi circles close to the central table. Each semi circle should comprise about 12 chairs.

आपके लिए अच्छा यह होगा कि हाल के मध्य में एक गोल मेज पर केक रखें और कुर्सियां चार अर्ध–वृत्तों के केन्द्रीय मेज के साथ–साथ रखें। प्रत्येक अर्ध–वृत्त में लगभग 12 कुर्सियां होनी चाहिएं।

John: What do you suggest about the stalls of cold drinks, samosas, chaats, gol gappas, etc.?

ठंडे पेय, समोसे, चाट, गोल–गप्पे आदि के स्टालों के बारे में आपका क्या सुझाव है?

Avtar: These should be arranged in a row at a distance from the round table.

इनको गोल मेज से कुछ दूरी पर एक पँक्ति में लगाना चाहिए।

John: Thanks Avtar, you're a born decorator.

धन्यवाद अवतार, तुम तो एक जन्मजात सजावट करने वाले हो।

CONVERSATION NO. – 158

At A Travelling Agency
पर्यटन एजेंसी में

Customer: Sir, I want to hire a guide as I want to visit important historical places in Delhi.
श्रीमान् जी, मुझे एक पथप्रदर्शक की सेवाओं की आवश्यकता है क्योंकि मैं दिल्ली के ऐतिहासिक स्थान देखना चाहता हूँ।

Clerk: Well! We'll provide you a highly experienced guide.
ठीक है, हम आपको एक अति अनुभवी पथप्रदर्शक देंगे।

Customer: What will be the charges?
कितने पैसे लगेंगे?

Clerk: Only Rs. 4000/- per day inclusive of a guide plus a vehicle alongwith a driver to carry you from place to place.
केवल 4000 रुपये प्रतिदिन जिसमें पथप्रदर्शक के अतिरिक्त हम आपको चालक–सहित वाहन देंगे जो आपको एक स्थान से दूसरे स्थान पर ले जायेगा।

Customer: Can I pay in cash?
क्या मैं पैसे नकद दे सकता हूं?

Clerk: Sorry sir, we accept only a cheque, draft or credit card.
खेद है, श्रीमान् जी, हम केवल चेक, ड्राफ्ट या क्रेडिट कार्ड ही स्वीकार करते हैं।

Customer: In what name a cheque for Rs. 4000/- for one day is to be drawn?
एक दिन के लिए 4000 रुपये का चेक किस नाम पर काटना है?

Clerk: In favour of "TVT Travelling Agencies".
TVT ट्रेवलिंग एजेंसीज़ के नाम पर।

Customer: Here you are.
यह लीजिये।

Clerk: Thank you.
धन्यवाद।

Customer: O.K.
ठीक है।

CONVERSATION NO. – 159

Reforming the Youth
युवकों को सुधारना

Mr. Sharma: You're most welcome, here Mr. Kapoor. Please, come in.

श्रीमान् कपूर आपका यहां भरपूर स्वागत है। कृपया अन्दर आइये।

(मि. शर्मा अपने नौकर को कॉफी लाने का आदेश देता है तथा वह दो कप काफी ले आता है।)

Mr. Kapoor: Mr. Sharma, I've come here to inform you that your son Akhil and my son Akash have fallen in bad company. We should join hands to reform them.

श्रीमान् शर्मा जी, मैं यहां आपको यह सूचना देने के लिए आया हूँ कि आपका बेटा अखिल और मेरा बेटा आकाश बुरी संगति में फंस गए हैं। हमें मिलकर उनका सुधार करना चाहिए।

Mr. Sharma: Will you please throw some light on what you say?

क्या आप जो कहते हैं उस पर थोड़ा प्रकाश डालेंगे?

Mr. Kapoor: Yesterday, when I was driving the car to my office, on the way I saw a group of boys walking in the middle of the road. Each of the boys was smoking a cigarette and was shouting slogans against the school management under the influence of liquor. Unfortunately, Akhil and Akash were also there in the group.

कल जब मैं कार में दफ्तर जा रहा था तो मैंने लड़कों का एक झुंड देखा। वह सब सड़क के मध्य में चल रहे थे। प्रत्येक लड़का सिगरेट पी रहा था और शराब के नशे में वे स्कूल–प्रबन्धकों के विरुद्ध नारे लगा रहे थे। दुर्भाग्य से अखिल और आकाश भी उस झुंड में थे।

Mr. Sharma: I'm thankful to you Mr. Kapoor, you've opened my eyes. I'll see to it.

श्री कपूर मैं आपका कृतज्ञ हू। आपने मेरी आंखे खोल दी हैं। मैं यह सब देख लूंगा।

Mr. Kapoor: Thanks for a good cup of coffee.

एक अच्छी काफी के लिए धन्यवाद।

Mr. Sharma: Have a good day !

दिन मंगलकारी हो!

CONVERSATION NO. – 160

Regarding Non-Receipt of Roll Number
अनुक्रमांक नहीं मिलने सम्बन्धी

Student: Sir, I'm a student of 10th class. Almost all the students have been allotted their roll numbers for the final examinations. But I haven't got mine so far.

श्रीमान् जी, मैं दसवीं कक्षा का एक विद्यार्थी हूँ। लगभग सब विद्यार्थियों को अन्तिम परीक्षा के लिए रोल नं. मिल चुके हैं। परन्तु मुझे अभी तक नहीं मिला।

Clerk: How is it possible? We finished the entire dispatch five days ago.

यह कैसे सम्भव है? हमने पांच दिन पहले सब रोल नम्बर भेज दिये।

Student: Do you mean that I'm telling a lie?

क्या आप समझते हैं कि मैं झूठ बोल रहा हूँ?

Clerk: Don't misunderstand me. I want to help you and advise you to meet the post master of your local post office. If he says he hasn't received your roll number, then meet me again and I'll help you get a duplicate copy of your roll number.

मुझे गलत मत समझिए। मैं आपकी सहायता करना चाहता हूँ। मैं आपको यह सलाह देता हूँ कि आप अपने स्थानीय डाकखाने के पोस्टमास्टर से सम्पर्क करें। यदि वह कहे कि उसे आपका रोल नम्बर नहीं मिला, तो मुझसे पुनः मिलिए। और मैं आपको रोल नम्बर की डुप्लीकेट कापी लेने में सहायता करूंगा।

Student: Thank you, sir

धन्यवाद श्रीमान् जी।

Clerk: This is my duty, boy.

बेटा, यह तो मेरा कर्तव्य है।

CONVERSATION NO. – 161

Deciding About a Visit to Shimla
शिमला भ्रमण के लिए निर्णय लेना

Suman: Hi Reena ! Where are you going this summer vacation?
हाइ, रीना! इस ग्रीष्मावकाश में कहां जा रही हो?

Reena: Haven't so far decided about it.
मैंने अभी तक यह निर्णय नहीं लिया।
(तभी उमा वहां आ जाती है)

Uma: Hi everybody !
हाइ हर कोई!

Reena & Suman: Hi Uma !
हाइ उमा!

Reena: How are you?
कैसी हो?

Uma: Well.
ठीक हूँ।

Reena: Where would you like to spend these summer holidays?
यह ग्रीष्मावकाश कहां बिताना पसन्द करोगी?

Uma: I haven't made up my mind to go anywhere so far.
मैंने अभी तक कहीं जाने का निर्णय नहीं किया।

Suman: Why don't we all go to Shimla?
हम सब शिमला क्यों नहीं जाते?

Uma: I like the idea.
मुझे यह विचार पसन्द है।

Reena: I too like it.
मुझे भी।

Suman: Let's all sit and make a plan.
आओ सब बैठें और योजना बनायें।

Reena & Uma: Yes.
हां।

CONVERSATION NO. – 162

About Hobbies
आदतों के बारे में

Aneeta: Pooja, what is your hobby?
पूजा, तुम्हारी हॉबी क्या है?

Pooja: I like stamp collecting.
मुझे स्टाम्प इकट्ठा करना पसन्द है।

Aneeta: Why do you like it?
आप यह क्यों पसन्द करती हैं?

Pooja: Through stamps we can know the names of different countries of all continents. We also have acquaitance with their traditional dresses and customs.
स्टाम्प द्वारा हम भिन्न–भिन्न देशों के सब महाद्वीपों के नाम जान सकते हैं। हमें इनसे उनके पारम्परिक पोशाकों और रिवाजों का भी पता चलता है।

Neha: What's your hobby, Aneeta?
अनिता, तुम्हारी हॉबी क्या है?

Aneeta: I like gardening the most.
मुझे बागवानी बहुत पसन्द है।

Pooja: Why do you like gardening?
तुम्हें बागवानी क्यों पसन्द है?

Aneeta: Gardening is good exercise. It keeps my body fit.
बागवानी अच्छी कसरत है। इससे मेरा शरीर स्वस्थ रहता है।

Pooja: What's your hobby, Neha?
नेहा आपकी रुचि किसमें है?

Neha: I like reading books.
मुझे पुस्तकें पढ़ना अच्छा लगता है।

Pooja: Why do you like reading books?
आपको पुस्तकें पढ़ना क्यों पसन्द है?

Neha: Books give us all kinds of knowledge. They're our true friends.
पुस्तकें हमें हर प्रकार का ज्ञान देती हैं। वह हमारी सच्ची मित्र हैं।

CONVERSATION NO. – 163

Career Planning
भविष्य योजना

Ajay: What is your ambition in life?
आपका जीवन में क्या लक्ष्य है?

Prakash: I want to be a doctor.
मैं एक डॉक्टर बनना चाहता हूँ।

Sushil: Why do you want to be a doctor?
आप एक डॉक्टर क्यों बनना चाहते हैं?

Rakesh: I want to serve the poor rural population. Medical aid has become so expensive in our country that many people in villages cannot afford it.
मैं गांव के निर्धन लोगों की सेवा करना चाहता हूँ। डॉक्टरी सहायता हमारे देश में इतनी महंगी हो गई है कि गांव में बहुत से लोग इस पर खर्च करने में समर्थ नहीं हैं।

Ajay: But it requires rupees in lakhs to be a doctor these days.
परन्तु आजकल डॉक्टर बनने के लिए लाखों रुपये चाहिए।

Prakash: I know and I hope to achieve my target in life.
मैं यह जानता हूं, और मैं आशा करता हूँ कि मैं जीवन में अपने लक्ष्य में सफल हो जाऊँगा।

Ajay: May God help you !
परमात्मा आपकी सहायता करे!

Sushil: I want to be a Computer Engineer.
मैं एक कम्प्यूटर इंजीनियर बनना चाहता हूँ।

Prakash: What are the scopes for a computer engineer in India?
भारत में एक कम्प्यूटर इंजीनियर का क्या कार्य–क्षेत्र है?

Sushil: I'll fly to the USA. Computer Engineers are readily acceptable there.

मैं अमेरिका चला जाऊंगा। वहां एक कम्प्यूटर इंजीनियर को तुरन्त स्वीकृत है।

Prakash: What do you want to be in life, Ajay?

अजय आप जीवन में क्या बनना चाहते हैं?

Ajay: I'll become a teacher. A teacher is the real maker of the society.

मैं एक अध्यापक बनना चाहता हूँ। एक अध्यापक वास्तव में समाज को बनाने वाला होता है।

CONVERSATION NO. - 164

Complaint About Electric Breakdown

बिजली कटौती की शिकायत सम्बन्धी

Customer: Sir, may I talk to the Chief Electrical Engineer?

श्रीमान् जी, क्या मैं मुख्य इलेक्ट्रिकल इन्जीनियर से बात कर सकता हूँ?

Clerk: Yes, you may go in room no. 18 sir.

हां, श्रीमान् जी, आप कमरा न. 18 में जा सकते हैं।

Customer: Thank you.

धन्यवाद। (कमरा न. 18 में पहुंचने के बाद)

Customer: Good morning, sir !

नमस्ते, श्रीमान् जी।

Chief E.E.: Good morning ! Yes, please.

नमस्ते, हां, बताइये।

Customer: Sir, I've come here with a complaint against the frequent electric breakdown in our locality.

श्रीमान् जी, मैं यहां अपने इलाके में बार–बार बिजली के फेल होने के बारे में शिकायत करने आया हूँ।

Chief E.E.: Which locality?

किस इलाके में?

Customer: In Pratap Nagar.

प्रताप नगर में।

Chief E.E.: At what particular time does the electric break-down take place?

किस विशेष समय पर बिजली जाती है?

Customer: Everyday from 8 p.m. to 10 p.m.

प्रतिदिन 8 से 10 बजे रात्रि को।

Chief E.E.: OK ! I'll look into the matter.

ठीक है! मैं मामले की पड़ताल करूंगा।

Customer: I'll be obliged if you solve the problem on priority basis.

यदि आप इस मामले को प्राथमिकता देकर इसे हल करेंगे, तो मैं आपका आभारी रहुँगा।

Chief E.E.: OK.

ठीक है।

CONVERSATION NO. – 165

Purchasing Grocery Items
किराना वस्तुएं खरीदना

Customer: I want to purchase a few items.
मैं कुछ वस्तुएं खरीदना चाहता हूं।

Shopkeeper: Yes, please.
हां, कृपया बताइये।

Customer: What is the price of sugar per kg.?
चीनी का प्रति किलो क्या मोल है।

Shopkeeper: Rs. 17/-.
17 रुपये प्रति किलो।

Customer: Give me five kg. What is the price of tea leaves per kg.?
यह मुझे पांच किलो दे दो। चाय पत्ती प्रति किलो क्या मोल है?

Shopkeeper: Tata Tea will cost you about Rs. 175/- per kg.
टाटा चाय प्रति किलो लगभग 175 रुपये की होगी।

Customer: OK ! Give me 1 kg. I want a tin of Sun-flower Refined oil.
ठीक है, यह मुझे एक किलो दे दो। मुझे एक टीन सनफ्लॉवर रिफाइन्ड ऑयल चाहिए।

Shopkeeper: You should take ITC's Sweekar. It'll cost you 900/- per 15 kg. tin.
आपको ITC का स्वीकार लेना चाहिए। इसका आपको 900 रुपये 15 किलो के टीन के देने होंगे।

Customer: OK ! Give me one tin. What should I pay to you?
ठीक है! मुझे एक टीन दे दीजिये। मैं आपको कितने रुपये दूँ?

Shopkeeper: Rs. 1160/-
1160 रुपये।

Customer: Here you are.
यह लीजिये।

Shopkeeper: Thank you.
धन्यवाद।

CONVERSATION NO. – 166

Regarding Allottment of Work

कार्य निर्धारण सम्बन्धी

Head Girl: Girls, come here.

लड़कियों, इधर आओ।

Girls: Yes, what is the matter?

हाँ, क्या बात है?

Head Girl: As you know, the school is going to hold a function on 20th of this month and the girls have been asked to make all the arrangements. So, I think different jobs should be assigned to each of the girls.

जैसा कि आप जानते हैं कि स्कूल में इस महीने की बीस तारीख को समारोह होने जा रहा है। लड़कियों को यह कहा गया है कि सारा प्रबन्ध वह करें। इसलिए मैं समझती हूँ कि भिन्न–भिन्न काम प्रत्येक लड़की को सौंप दिये जाने चाहिएं।

Girls: We're ready to do what we're asked to.

हमें जो कहा जाएगा हम करने को तैयार हैं।

Head Girl: That's good. Ruchi ! You along with Arvind and Shivani arrange chairs in the hall in rows.

यह अच्छी बात है। रुचि तुम अरुणा और शिवानी के साथ हाल में कुर्सियां कतारों में लगा आओ।

Ruchi: O.K.

ठीक है।

Head Girl: Neena ! You along with Neha and Pooja make garlands for the guests.

नीना, तुम नेहा और पूजा के साथ मिलकर अतिथियों के लिए मालाएं बनाओ।

Neena: OK ! We'll do all work well.

ठीक है। हम सब सारा काम ठीक ढंग से करेंगी।

Head Girl: Rita ! You along with Priya make a few landscapes with crayons to be hung on the walls of the hall as decorative pieces. Tina ! you and Hema would take the charge of decorating the dais with balloons etc.

रीता, तुम प्रिया को साथ लेकर क्रेयन्स से कुछ लैंडस्केप्स हाल की दीवारों पर सजावट के लिए बनाओ। टीना! तुम और हेमा मंच को गुब्बारों आदि से सजाओगी।

Tina: OK ! We'll do it.

ठीक है। हम यह करेंगी।

CONVERSATION NO. – 167

Buying Shoes
जूते खरीदना

Customer: Sir ! I want to purchase a pair of leather shoes.
श्रीमान् जी, मैं एक जोड़ा चमड़े के जूते खरीदना चाहता हूं।

Shopkeeper: Please, sir, try these ones from the house of John & John.
यह जॉन तथा जॉन के बने हुए पहनकर देखें।

Customer: What is the price of these shoes?
इन जूतों का क्या मूल्य है?

Shopkeeper: Two thousand only.
केवल दो हजार रुपये।

Customer: These are very expensive ones. I want a pair of shoes somewhere between 400/- and 500/-.
यह तो बहुत महंगे हैं। मुझे 400 और 500 रुपये के बीच के जूते चाहिए।

Shopkeeper: Please try these.
तो यह पहनकर देखें। (ग्राहक जूते पहनकर देखता है)

Shopkeeper: Sir, these look good on you. How do you feel, sir?
श्रीमान् जी, यह आप पर अच्छे लगते हैं। आप कैसा महसूस करते हैं?

Customer: What is the price?
क्या मूल्य है?

Shopkeeper: Rs.500/- only.
केवल 500 रुपये।

Customer: Here you are.
यह लीजिये।

Shopkeeper: Thanks.
धन्यवाद।

CONVERSATION NO. – 168

Congratulating on Success in an Examination

परीक्षा में सफलता के लिए बधाई देना

Harjeet: You're most welcome, Mr. Feroz here. Be seated, please.
श्रीमान् फिरोज, आपका यहां बहुत–बहुत स्वागत है। कृपया बैठिये।

Feroz: Thank you, Mr. Harjeet. Please accept my heartiest congratulations on the grand success of your daughter in Matriculation Examination.
धन्यवाद, श्रीमान् हरजीत जी। कृपया अपनी बेटी की मैट्रिक में बड़ी सफलता के लिए मेरी हार्दिक बधाई स्वीकार करें।

Harjeet: Thank you, sir.
धन्यवाद, श्रीमान् जी।

Feroz: I have learnt that she has got around 90% marks.
मुझे पता चला है कि उसने 90 प्रतिशत के लगभग अंक प्राप्त किए हैं।

Harjeet: Yes, you're right. How many marks has your son got?
हां, यह ठीक है। आपके बेटे ने कितने अंक प्राप्त किये हैं?

Feroz: Around 80%
80 प्रतिशत के लगभग।

Harjeet: Good marks. I congratulate you on the good performance of your son.
अच्छे अंक हैं। मैं आपके बेटे की अच्छी प्रस्तुति के लिए मैं आपको बधाई देता हूं।

Feroz: Thank you. My son would have got more marks, had he not fallen ill before the examination.
धन्यवाद। मेरे बेटे के और भी अच्छे अंक आ जाते यदि वह परीक्षा से पहले बीमार न होता।

Harjeet: I know he is a brilliant student. Last year he stood first in the class.

मैं जानता हू वह एक प्रतिभाशाली विद्यार्थी है। पिछले वर्ष वह कक्षा में प्रथम आया था।

Feroz: Yes, you're right.

हां, आप ठीक कहते हैं।

Harjeet: What would you like to drink a tea or coffee?

आप क्या पीना पसन्द करेंगे चाय या काफी?

Feroz: No, sir thanks.

नहीं, श्रीमान्, धन्यवाद।

CONVERSATION NO. – 169

Village *vs* Town
गांव *बनाम* शहर

Student I: Which place do you belong to?
आप कहां के रहने वाले हैं?

Student II: Mumbai.
मुम्बई का।

Student I: Don't you feel it's crowded and polluted to a great extent?
क्या तुम यह महसूस नहीं करते कि वहा भीड़ और प्रदूषण बहुत है?

Student II: Yes, I do. But I've no alternative. Which place do you belong to?
हां। मैं महसूस करता हूँ। परन्तु कोई चारा नहीं। आप कहां के रहने वाले हैं?

Student I: I belong to Krishanpura, a small village in Punjab.
मैं पंजाब के एक छोटे से गांव कृष्णपुरा का रहने वाला हूँ।

Student II: In what ways is a village different from a city?
गांव नगर से किस प्रकार भिन्न होता है?

Student I: A village is a peaceful place.
गांव एक शांत स्थान होता है।

Student II: Do the people there have vehicles?
क्या वहां लोगों के पास वाहन होते हैं?

Student I: Yes, they have but the population of our village is just a few thousand.
हां होते हैं, परन्तु हमारे गांव की जनसंख्या केवल कुछ हजार है।

Student II: Is there any big industry there?
क्या वहां कोई बड़े कारखाने होते हैं?

Student I: No, the people there depend upon agriculture, poultry, fishery and dairy.
नहीं, वहां लोग खेती, मुर्गीपालन, मछलीपालन और पशुपालन पर निर्भर रहते हैं।

CONVERSATION NO. – 170

About Oranges & Vitamin–C
नारंगी तथा विटामिन-सी के बारे में

Teacher: Rohit, What fruit do you like?
रोहित, तुमको कौन–सा फल पसन्द है?

Rohit: Sir, I like oranges the most.
श्रीमान् जी, सब से ज्यादा नारंगी पसंद करता हूँ।

Teacher: Why do you like oranges very much?
तुम नारंगी इतने पसन्द क्यों करते हो?

Rohit: Because they are sweet and they've a good smell.
क्योंकि वह मीठे होते हैं और उनकी अच्छी खुशबू होती है।

Teacher: Can you tell what for an orange is good for health?
क्या तुम बता सकते हो कि नारंगी स्वास्थ्य के लिए क्यों अच्छी होती है?

Rohit: I'm sorry, sir. I don't know about it.
मुझे खेद है, श्रीमान् जी। मैं नहीं जानता।

Teacher: An orange contains vitamin C which helps iron to absorb into our blood stream.
नारंगी में विटामिन–सी होता है जो कि आयरन को हमारे रक्त–प्रवाह में घुलमिल जाने में सहायता करता है।

Rohit: After how many days should we eat an orange?
हमें कितने दिनों के बाद एक नारंगी खानी चाहिए?

Teacher: We must eat an orange daily.
हमें प्रत्येक दिन एक नारंगी खानी चाहिए।

Rohit: Which other things contain vitamin C?
और किन वस्तुओं में विटामिन–सी होता है?

Teacher: Lemon, amla, green vegetables, green chillies, etc.
नींबू, आमला, हरी सब्जियां, हरी मिर्च आदि।

CONVERSATION NO. – 171

About a School
विद्यालय के बारे में

Mr. Jain: In which school do you read?
तुम किस स्कूल में पढ़ते हो?

The child: Sir, I read in A. S. Convent School.
श्रीमान् जी, मैं ए.एस. कॉन्वेंट स्कूल में पढ़ता हूँ।

Mr. Jain: Where is it situated?
यह कहां स्थित है?

The child: In Karol Bagh.
करोल बाग में।

Mr. Jain: In which class do you read?
तुम कौन से श्रेणी में पढ़ते हो?

The child: Sir, in 5th standard.
श्रीमान् जी, मैं पांचवीं श्रेणी में पढ़ता हूँ।

Mr. Jain: Who is the Principal of your school?
तुम्हारे विद्यालय का प्रिंसिपल कौन है?

The child: Sir, Mr. K.K. Atwal.
श्रीमान् जी, श्री के.के. अटवाल।

Mr. Jain: Who is your class teacher?
तुम्हारा कक्षाध्यापक कौन है?

The child: Sir, Mrs. Sharma.
श्रीमान् जी, श्रीमती शर्मा।

Mr. Jain: Who teaches you science?
तुम्हें विज्ञान कौन पढ़ाता है?

The child: Mrs. Manju Bansal.
श्रीमती मंजु बंसल।

Mr. Jain: What is the strength of your school?
तुम्हारे स्कूल में कुल कितने विद्यार्थी हैं?

The child: About 1500.
लगभग 1500।

Mr. Jain: Is it upto 10+2?
क्या यह 10+2 तक है?

The child: Yes, sir.
हां, श्रीमान् जी।

Mr. Jain: Is it co-ed?
क्या यहां लड़के और लड़कियां साथ–साथ पढ़ते हैं?

The child: Yes, sir.
हां, श्रीमान् जी।

Mr. Jain: How many teachers are there in your school?
तुम्हारे स्कूल में कितने अध्यापक हैं?

The child: About 70.
लगभग 70

Mr. Jain: Do you like your school?
क्या तुम्हें अपना स्कूल पसन्द है?

The child: Yes, sir. I like it very much.
हां, श्रीमान् जी। मुझे अपना स्कूल बहुत पसन्द है।

CONVERSATION NO. - 172

On Painting Doors, etc.
दरवाजे इत्यादि के रंग-रोगन करने सम्बन्धी

Mr. Arora: Mr. Sood, I've come to ask you for some help.
श्रीमान् सूद जी, मैं आपके पास एक मदद मांगने आया हूँ।

Mr. Sood: I'm always ready to help you.
मैं सदा आपकी सहायता करने को तैयार हूँ।

Mr. Arora: A few doors of my house have been attacked by termites. In this regard I want to know, what should I do?
मेरे घर के कुछ दरवाजों पर दीमक ने आक्रमण कर दिया है। मुझे क्या करना चाहिए?

Mr. Sood: Apply Tick 20 to your doors which are under attack of termites. Which paint have you applied to your doors?
जिन दरवाजों पर दीमक ने आक्रमण किया है, उन पर टिक–20 लगाइये। आपने अपने दरवाजों पर कौन से पेंट का इस्तेमाल किया है?

Mr. Arora: I'm sorry to say I haven't ever had my doors painted.
मुझे खेद है कि मैंने अपने दरवाजों को कभी पेंट करवाया ही नहीं।

Mr. Sood: You've committed a blunder. We must get our doors, and windows painted every third year.
यहीं तो आपने गलती की है। हमें अपने दरवाजे और खिड़कियां हर तीसरे वर्ष पेंट करवानी चाहिए।

Mr. Arora: Which is the best paint?
कौन सा पेंट सबसे अच्छा है?

Mr. Sood: All the branded paints are good.
सब ब्रांडिड पेंट्स अच्छे हैं।

Mr. Arora: Thank you very much. I'll have my doors and windows painted in a few days.
बहुत–बहुत धन्यवाद। मैं कुछ दिनों के अन्दर अपने दरवाजों और खिड़कियों को पेंट करवा लूंगा।

CONVERSATION NO. – 173

About a Pair of Pants
एक जोड़ा पैंट के बारे में

Rahul: Yes !
हां!

Satish: Rahul, you're looking terrific. From where have you purchased this pair of pants?
राहुल, तुम बहुत सुन्दर दिखाई दे रहे हो। तुमने यह पैंट कहां से खरीदी है?

Rahul: From Mehar Chand & Sons, Meena Bazar.
मेहरचन्द एंड सन्स, मीना बाजार से।

Satish: Is it somewhere near ITO?
क्या यह ITO के कहीं पास है?

Rahul: Exactly.
बिल्कुल।

Harish: What have you paid for this pair of pants?
आपने इसके लिए क्या दिया है?

Rahul: Rs. 1200/-.
1200 रुपये।

Harish: Very expensive. One of my relatives bought a pair of pants similar to this for Rs. 700/- a week back.
बहुत महंगी है। मेरे एक सम्बन्धी ने ऐसी ही पैंट एक सप्ताह पहले 700 रुपये में ली है।

Satish: I don't believe it.
मुझे विश्वास नहीं आता।

Harish: So, do you mean I'm telling a lie?
तो, क्या तुम्हारा अभिप्राय है कि मैं झूठ बोल रहा हूँ।

Satish: I haven't said so. Haven't you seen these are from Lopotto England, a world famous company?
मैंने ऐसा तो नहीं कहा। तुम देखते नहीं कि यह संसार की एक प्रसिद्ध कम्पनी लोपोटो इंग्लैंड की बनी है।

Harish: Oh, I see. Those ones belonged to a local company.
तो ठीक है। वह तो एक स्थानीय कम्पनी की बनी थी।

CONVERSATION NO. – 174

About An Examination Centre
परीक्षा केन्द्र के बारे में

Student: When will the examination start, sir?
परीक्षा कब आरम्भ होगी?

Clerk: At 9 o'clock in the morning.
प्रातः 9 बजे।

Student: Sir, what is the name of my centre?
श्रीमान् जी, मेरे परीक्षा केन्द्र का क्या नाम है?

Clerk: What is your roll number?
आपका क्या अनुक्रमांक है?

Student: Sir, it is 488580.
श्रीमान् जी, यह 488580 है।

Clerk: You'll have to sit in the Ram Nath Hall, in Shivpuri in Delhi.
आपको शिवपुरी, दिल्ली में रामनाथ हाल में बैठना है।

Student: Where is it situated?
यह कहां स्थित है?

Clerk: It's near Tilak Nagar Chowk.
यह तिलक नगर चौक के पास है।

Student: Sir, what will become of me, if I don't find the right place?
श्रीमान् जी, मेरा क्या होगा यदि मुझे ठीक स्थान न मिला तो?

Clerk: You had better pay at least one visit before the starting day of your examination.
आपके लिए अच्छा होगा यदि आप परीक्षा के आरम्भ होने के दिन से कम से कम एक दिन पहले एक बार देख आयें।

Student: That's a good idea, sir.

श्रीमान् जी, यह एक अच्छा विचार है।

Clerk: It's an important place. So, there should not be much difficulty in finding it.

यह एक प्रसिद्ध स्थान है। इसलिए इसे ढूंढने में अधिक कठिनाई नहीं होनी चाहिए।

Student: Thank you, sir.

धन्यवाद, श्रीमान् जी।

Clerk: Good day !

दिन मंगलमय हो!

CONVERSATION NO. – 175

Complaint Against a Cricket Coach

क्रिकेट कोच के विरुद्ध शिकायत

Student (to the peon): May I talk to the Principal?
क्या मैं प्रिन्सिपल साहब से मिल सकता हूँ?

Peon: Stay here until you're allowed to go in.
जब तक आपको अन्दर जाने की आज्ञा नहीं दी जाती, आप यहां ठहरिये।

Student: Well !
ठीक है।
(चपरासी विद्यार्थी को एक कागज का टुकड़ा थमा कर कहता है)

Peon: Write on it your name, class and roll number. Also put your signature on the right side of it.
इस पर अपना नाम, कक्षा और रोल नम्बर लिख दें। दाईं ओर अपने हस्ताक्षर भी कर दें।

Student: OK !
ठीक है।
(विद्यार्थी कागज का टुकड़ा चपरासी को दे देता है। चपरासी वह कागज का टुकड़ा कमरे के अन्दर प्रिंसिपल को थमा देता है। फिर प्रिंसिपल व चपरासी में थोड़े समय के लिये वार्तालाप होता है। उसके बाद.....)

Peon: Well ! You can go in.
ठीक है, आप अन्दर जा सकते हैं।

Student: Thank you.
धन्यवाद।
(कमरे के अन्दर पहुंचते ही)

Student: Good morning, sir.
नमस्ते श्रीमान् जी।

Principal: Good morning.
नमस्ते।

Student: Sir, I've come here with a complaint against our cricket coach Mr. S.K. Rana.
श्रीमान् जी, मैं। यहा अपने क्रिकेट कोच श्री एस.के. राना के विरुद्ध शिकायत करने आया हूँ।

Principal: Go on.
बताइये।

Student: Sir, I'm a good player of our cricket team. I've been playing for the school for the last two years. But today, Mr. Rana has eliminated my name from the list of the players who are going to play at Mumbai the next month.
श्रीमान् जी, मैं अंपनी क्रिकेट टीम का एक अच्छा खिलाड़ी हूं। मैं स्कूल के लिए पिछले दो वर्षों से खेल रहा हूँ। परन्तु आज श्री राना ने मुझे खिलाड़ियों की उस लिस्ट में से निकाल दिया है जो अगले मास मुम्बई खेलने के लिए जा रही है।

Principal: I'll talk to him in this regard. You may go now.
मैं इस बारे में उनसे बात करूंगा। तुम अब जा सकते हो।

Student: Thank you, sir.
धन्यवाद, श्रीमान् जी।

CONVERSATION NO. – 176

About Pulse Polio Drops
पल्स पोलियो की खुराक के सम्बन्ध में

Officer: What is the age of this child?
इस बच्चे की क्या आयु है?

Child's mother: She is 6 months old.
यह 6 महीने की है।

Officer: Please show me her birth certificate.
कृपया मुझे इसका जन्म प्रमाणपत्र दिखाइये।

Child's mother: Sorry, sir. I forgot to bring it.
खेद है, श्रीमान् जी। मैं लाना भूल गई।

Officer: What's her father's name?
इसके पिता का क्या नाम है?

Child's mother: Mr. K. K. Khanna.
श्री के.के. खन्ना।

Officer: What's the date of birth of the child?
बच्चे की जन्म तिथि क्या है?

Child's mother: 26-11-2004
26 नवम्बर 2004

Officer: Has the child been given pulse polio drops before?
क्या बच्चे को पहले भी पल्स पोलियो ड्राप्स दिये गए हैं?

Child's mother: No, sir !
नहीं, श्रीमान् जी।

Officer: You should have brought the child at the pulse polio booth on 18-1-2005.

आपको बच्चे को 18-1-2005 को भी पल्स पोलियो बूथ पर लाना चाहिये था।

Child's mother: Sorry sir.

खेद है, श्रीमान् जी।

Officer: Well ! Your child has been given polio drops. Don't forget to bring your child on 8-12-2005 at the nearest Pulse Polio Drop Centre.

ठीक है, आपके बच्चे को पोलियो ड्राप्स दे दिये गये हैं। इसे 18-12-2005 को निकटतम पल्स पोलियो ड्राप्स के सेंटर पर लाना मत भूलियेगा।

CONVERSATION NO. – 177

About An Insurance Policy
बीमा पॉलिसी के बारे में

Customer: Sir, could I talk to the officer?
श्रीमान् जी, क्या मैं अधिकारी जी से मिल सकता हूँ?

Insurance Clerk: In what regard do you want to see the officer?
आप किस बारे में अधिकारी से मिलना चाहते हैं?

Customer: Sir, I've already paid all the instalments but till date I haven't got my Insurance Policy.
श्रीमान् जी, मैंने पहले ही सब किस्तें दे दी हैं, परन्तु मुझे अभी तक बीमा पालिसी नहीं मिली।

Insurance Clerk: Let me first inform him about your arrival.
मुझे पहले उनको आपके आने के बारे में बता लेने दीजिये।

Customer: Please yourself.
जैसे आप की मर्जी।
(कुछ देर बाद)

Insurance Clerk: You may please go in cabin no. 10.
कृपया आप केबिन नम्बर 10 में जा सकते हैं।

Customer: Thank you, sir !
धन्यवाद, श्रीमान् जी!
(केबिन में अन्दर)

Officer: Yes, sir !
हां, श्रीमान् जी!

Customer: Sir ! I've already paid all the instalments but till date I haven't got the Insurance Policy.
श्रीमान् जी, मैंने पहले ही सब किस्तें दे दी हैं, परन्तु आज तक मुझे बीमे की पालिसी नहीं मिली।

Officer:	You should leave the photocopy of your last instalment that you've paid with me. I'll look into the matter. आप अपनी अन्तिम किस्त की फोटोकॉपी मेरे पास छोड़ जायें मैं मामले की जाँच करूंगा।
Customer:	Here you are. यह लीजिये।
Officer:	OK ! ठीक है।

CONVERSATION NO. – 178

Warning By The Principal
प्रधानाचार्य द्वारा चेतावनी

Ravindra: May I come in, sir?
श्रीमान् जी, क्या मैं अन्दर आ सकता हूं?

Principal: Yes, please come in.
हां, आइये।

Principal: Ravindra, why did you beat Munish?
रवीन्द्र तुमने मुनीश को क्यों मारा?

Ravindra: Sir, in the recess period he tried to boss on me. I did not answer him back but some time later he started calling me names.
श्रीमान् जी, रिसेस के पीरियड में इसने मुझ पर रोब जमाने का यत्न किया। मैंने इसका उत्तर नहीं दिया। कुछ समय बाद इसने मुझे गालियां देनी आरम्भ कर दी।

Munish: It's a white lie, sir. He tried to boss on me in reality.
यह तो सफेद झूठ है, श्रीमान् जी। वास्तव में इसने मुझ पर रोब जमाने का यत्न किया।

Principal: Munish, be silent please. But, it did not mean that you should beat him, Ravindra.
मुनीश तुम चुप रहो। परन्तु रवीन्द्र, इसका अर्थ यह तो नहीं था कि तुम उसे मारो।

Ravindra: Sir, I lost my temper.
श्रीमान् जी, मुझे क्रोध आ गया था।

Principal: Now, Munish you may speak.
अब, मुनीश तुम बोल सकते हो।

Munish: Sir, In the recess period, when I bent over the tap to drink water, Ravindra caught hold of my collar and dragged me away from the tap.

श्रीमान् जी, रिसेस पीरियड में जब मैं नल पर पानी पीने के लिए झुका तो रवीन्द्र ने मुझे कॉलर से पकड़कर दूर हटा दिया।

Principal: Ravindra, this is my last warning to you. Control your temper and never be violent.

रवीन्द्र, तुम्हें यह मेरी अन्तिम चेतावनी है। अपने क्रोध को काबू में रखो और कभी हिंसक मत बनो।

Ravindra: I'm sorry, sir. In future I'll not do any mischief.

श्रीमान् जी, मुझे क्षमा कीजिये। मैं आगे कोई शरारत नहीं करूंगा।

CONVERSATION NO. – 179

Seeking Admission to a School
विद्यालय में दाखिले के लिए प्रयास

Asif: Sir, I'll be thankful to you if my son is given admission to your school.
श्रीमान् जी, मैं आपका कृतज्ञ होऊँगा यदि मेरे बेटे को आपके स्कूल में दाखिला मिल जाये तो।

Principal: What is the age of the child?
बच्चे की आयु क्या है?

Asif: He is four years old.
वह चार वर्ष का है।

Principal: Have you brought the birth certificate of the child?
क्या आप बच्चे का जन्म–प्रमाणपत्र साथ लाये हैं?

Asif: Yes, sir. Here it is.
हां, श्रीमान् जी। यह लीजिये।

Principal: What is the name of the child's father?
बच्चे के पिता का क्या नाम है?

Asif: Sir, I'm his father and my name is Asif.
श्रीमान् जी, मैं इसका पिता हूँ और मेरा नाम आसिफ है।

Principal: We'll give a test to your son that he has to clear.
हम आपके बच्चे का टेस्ट लेंगे जो उसे पास करना है।

Asif: No problem, sir. When is the test?
कोई समस्या नहीं, श्रीमान् जी। परीक्षा कब है?

Principal: On the 20th of this month at 9 a.m. You should bring the child here.
इसी महीने की बीस तारीख को। आप बच्चे को प्रातः 9 बजे यहां ले आयें।

Asif: Well ! Thank you, sir.
ठीक है। धन्यवाद, श्रीमान् जी।

CONVERSATION NO. – 180

Consulting a Physician
चिकित्सक से परामर्श लेना

Doctor: What is the problem?
क्या समस्या है?

Patient: Sir, most of the day I feel giddy.
श्रीमान् जी, लगभग सारा दिन मेरा सिर चकराता रहता है।

Doctor: Since how long has this trouble been going on?
यह परेशानी कब से चल रही है?

Patient: For the last two months.
पिछले दो महीनों से।

Doctor: Have you consulted a doctor before?
क्या आपने पहले किसी डॉक्टर का परामर्श लिया है?

Patient: Never.
कभी नहीं।

Doctor: Let me check your blood pressure.
आपके रक्तचाप की जाँच करता हूँ।
(कुछ समय बाद)

Doctor: Your blood pressure is high.
आपका रक्तचाप अधिक है।

Patient: Is it something serious?
क्या कोई गम्भीर बात है?

Doctor: Not at present but if you don't go in for a treatment then it can be. I'll prescribe you some medicines which you must start from today.
अभी तो नही, परन्तु यदि आप इलाज नहीं करवाते तो हो सकती है। मैं आपको कुछ दवाइयां बताता हू जो आपको आज से ही अवश्य आरम्भ कर देनी चाहिए।

Patient: Thank you, sir.
धन्यवाद, श्रीमान् जी।

CONVERSATION NO. - 181

About a CD Player
एक सी.डी. प्लेयर के बारे में

Customer: Sir, I bought this CD Player from your shop a few days ago. Last night when I was listening to songs, it stopped all of a sudden.
श्रीमान् जी, मैंने यह सी.डी. प्लेयंर कुछ दिन पहले ही आपकी दुकान से खरीदा। कल रात जब मैं गाने सुन रहा था तो यह अचानक (एकदम) रुक गया।

Shopkeeper: Will you please show me its memo?
क्या आप मुझे इसका रसीद दिखायेंगे?

Customer: Here it is.
यह लीजिये। (कुछ समय बाद)

Shopkeeper: Don't worry, sir. Please fill in this form and we'll replace this CD Player of yours with a fresh one.
चिन्ता न करें श्रीमान् जी। कृपया यह फार्म भर दीजिये और हम आपको इसके बदले नया सी.डी. प्लेयर दे देंगे।

Customer: Thank you, sir.
धन्यवाद, श्रीमान् जी।

Shopkeeper: This company gives a 3 year guarantee against damage for any manufacturing defect.
यह कम्पनी किसी भी उत्पादन त्रुटि के कारण होने वाली हानि के लिए तीन वर्ष की गारंटी देती है।

Customer: Please get the form, sir.
यह लीजिये फार्म, श्रीमान् जी।

Shopkeeper: Here get a fresh CD Player.
यह लीजिये नया सी.डी. प्लेयर।

Customer: Thank you, sir.
धन्यवाद, श्रीमान् जी।

CONVERSATION NO. – 182

Buying a Desert Cooler
डेजर्ट कूलर खरीदना

Shopkeeper: Good morning, sir ! You're most welcome here.

नमस्ते, श्रीमान् जी, आपका भरपूर स्वागत है।

Customer: Good morning, sir !

नमस्ते, श्रीमान्।

Shopkeeper: What can I do for you, sir?

श्रीमान् जी, मैं आपके लिए क्या कर सकता हूँ?

Customer: I want to purchase a desert cooler.

मैं एक डेज़र्ट कूलर खरीदना चाहता हूँ।

Shopkeeper: Sir, we've a vast variety of desert coolers from different companies.

श्रीमान् जी, हमारे पास भिन्न कम्पनियों के कई प्रकार के डेजर्ट कूलर हैं।

Customer: Actually, I don't want an expensive one.

वास्तव में, मैं महँगा कूलर नहीं खरीदना चाहता।

Shopkeeper: Please look at this desert cooler. It has a big fan to provide coolness to any room.

कृपया यह डेजर्ट कूलर देखिये। इसका पंखा बहुत बड़ा है जो कि किसी भी कमरे में ठंडक पहुंचा सकता है।

Customer: Can't you please show me a branded product like Crompton Greaves?

क्या कृपया आप मुझे ब्राडिंड कूलर जैसे कि क्राम्पटन ग्रीब्स नहीं दिखा सकते?

Shopkeeper: Look at that on the right side of you.

वह अपनी दाईं ओर वाला देखिये।

Customer: What is the price of this model No. 88?

इस मॉडल नम्बर 88 का क्या मूल्य है?

Shopkeeper: Four thousand rupees.

चार हजार रुपये।

Customer: Here you are.

यह लीजिये।

Shopkeeper: Thank you, sir !

धन्यवाद, श्रीमान् जी।

CONVERSATION NO. – 183

Helping the Fire Victims
अग्निकाण्ड पीड़ितों की सहायता

Anu: What happened?
क्या हुआ?

Rajesh: Last night, a fire broke out in the heart of the city.
कल रात नगर के मध्य में आग भड़क उठी।

Anu: Oh, my God ! Is there any casualty?
हे, परमात्मा! कोई व्यक्तिगत हानि तो नहीं हुई?

Rajesh: No, all the customers and shopkeepers were rescued.
नहीं, सब ग्राहकों और दुकानदारों को बचा लिया गया।

Anu: Thank God !
शुक्र है। परमात्मा का।

Rajesh: A few persons did sustain minor injuries. They were admitted to the hospital.
थोड़े से लोगों को मामूली चोटें जरूर लगी। उन्हें अस्पताल में दाखिल करवा दिया गया।

Anu: What was the actual cause of this fire?
इस आग का वास्तविक कारण क्या था?

Rajesh: Nobody is sure about it. The DC has ordered an investigation into the matter.
इसके बारे में किसी को पूरा पता नहीं। डी.सी साहब ने इस मामले की छानबीन के आदेश दे दिये हैं।

Anu: What is the total loss?
कुल हानि कितनी हुई है?

Rajesh: About 20 lakh.
कोई बीस लाख।

Anu: Let's go to help the injured persons in the hospital.
आओ जख्मी लोगों की सहायता करने के लिए अस्पताल चलें।

Rajesh: Yes, let's go.
हां, आओ चलें।

CONVERSATION NO. – 184

Seeking Information for Telephone Connection

टेलीफोन कनेक्शन के लिए जानकारी प्राप्त करना

Customer: Is it the BSNL Enquiry Centre.

क्या यह BSNL पूछताछ सेंटर है?

Clerk: Yes, it's. What can I do for you, sir?

हां, है। मैं आपके लिये क्या कर सकता हूँ, श्रीमान्?

Customer: Sir, I want to get installed a telephone set at my residence. So, I want to know the terms and conditions for the same.

श्रीमान्, मैं अपने घर पर एक टेलीफोन लगवाना चाहता हूँ। इसी सिलसिले में मैं आपके नियम व शर्तों को जानना चाहता हूँ।

Clerk: First of all, you have to make a Demand Draft (D.D.) for Rs. 1000/- in favour of "The BSNL Company Ltd" payable at Delhi. The same (as a security) alongwith your application form duly filled in and signed by you should be sent to the company's address.

सबसे पहले आपको एक हजार रुपये का डी.डी. BSNL के नाम बनवाना है जिसकी अदायगी दिल्ली में हो (यह सिक्युरिटी के रूप में) इसे प्रार्थना फार्म जो भरा हो और जिस पर आपके हस्ताक्षर हों कम्पनी के पते पर भेजना है।

Customer: What do you charge for every call?

प्रत्येक काल कितने पैसे की हैं?

Clerk: Every month, you're allowed to make forty calls free of charge. And for each extra call you have to pay Re.1/-

प्रति मास आप चालीस कालें मुफ्त कर सकते हैं और प्रत्येक अतिरिक्त काल के लिए आपको एक रुपया लगेगा।

Customer: What are the rent charges?
रेंट चार्जिज कितने हैं?

Clerk: Rs. 500/- for two months.
दो महीने के लिये पांच सौ रुपये।

Customer: Thank you very much, sir ! Give me an application form.
श्रीमान् जी बहुत–बहुत धन्यवाद। मुझे एक प्रार्थना फार्म दीजिये।

Clerk: Here you are.
यह लीजिये।

CONVERSATION NO. – 185

Advice Regarding Illness
बीमारी सम्बन्धी सलाह

Rajat: Hello ! How is everybody?
हेलो। कैसे हैं सभी?

Rakesh: I'm fine.
मैं ठीक हूँ।

Mukesh: Me too.
मैं भी (ठीक हूँ।)

Jack: But I'm not.
किन्तु मैं नहीं (ठीक नहीं हूँ)

Rajat: Why do you say so, Jack?
तुम ऐसा क्यों कहते हो, जैक?

Jack: I've been suffering from a mild fever since the last fortnight.
मैं पिछले 14 दिनों (दो सप्ताह) से हल्के बुखार से पीड़ित हूँ।

Rajat: What does your family doctor say about it?
आपका फैमिली डाक्टर इसके बारे में क्या कहता है?

Jack: I haven't met any doctor so far in this regard.
मैं किसी डॉक्टर से इसके बारे में अभी तक नहीं मिला।

Rajat: It's wrong of you not to take it seriously. You ought to see a doctor at once.
यह तुम्हारी गलती है कि तुम इस बात को गम्भीरता से नहीं लेते हो। तुम्हें तुरन्त किसी डाक्टर को दिखाना चाहिए।

Jack: Thanks Rajat ! You've given me a good piece of advice. I'll go and meet the doctor without losing a moment.
धन्यवाद रजत! तुमने मुझे अच्छी सलाह दी है। मैं जाऊंगा और बिना एक क्षण की देरी किये डॉक्टर से मिलूंगा।

Rajat: May you regain your health !
भगवान करे तुम फिर से स्वस्थ हो जाओ।

CONVERSATION NO. – 186

Opening A Saving Account
बचत खाता खोलना

Sandeep: Is it SBI Bank, sir?

श्रीमान् जी, क्या यह SBI बैंक है?

Clerk: Yes, sir. What can I do for you?

हां, श्रीमान्। मैं आपके लिए क्या कर सकता हूँ?

Sandeep: I want to get information regarding the opening of a new Savings Bank Account.

मैं एक नया बचत खाता खोलने के लिए कुछ सूचना चाहता हूँ।

Clerk: First of all, you have to bring your PAN number. (Permanent Account Number). In case you are not an assessee, you have to submit a photo-copy of your I-card alongwith your three passport size photographs. A form will be given to you to fill in.

सबसे पहले आपको अपना PAN नम्बर लाना होगा। यदि आप एक करदाता नहीं हैं, तो आपको अपने आई–कार्ड की फोटो–कॉपी अपने तीन पासपोर्ट साइज फोटोग्राफ के साथ देनी है। हम आपको एक फार्म देंगे जो आपको भर कर देना है।

Sandeep: What is the minimum deposit?

कम से कम डिपाजिट कितना है?

Clerk: Rs. 1000/-

एक हजार रुपये।

Sandeep: Will you issue me a cheque book also?

क्या आप मुझे एक चेक बुक भी देंगे?

Clerk: Yes ! We issue a cheque book to our customers on request.

हां। हम अपने ग्राहकों की मांग पर उन्हें चेक बुक देते हैं।

Sandeep: What will you charge for a cheque book?

आप एक चेक बुक के लिए क्या चार्ज करेंगे?

Clerk: We provide a cheque to our customers free of charge.

हम अपने ग्राहकों को एक चेक बुक बिना चार्ज के देते हैं।

Sandeep: Thank you, sir !

धन्यवाद, श्रीमान् जी!

Clerk: You're most welcome.

आपका बहुत स्वागत है।

CONVERSATION NO. – 187

Meeting An Officer

एक अधिकारी से मिलना

Ajay Sharma: Good morning sir ! I'm Ajay Sharma. I'm a sales officer from J and J company.

शुभ प्रभात श्रीमान्! मैं अजय शर्मा हूँ। मैं जे. एण्ड जे. कम्पनी में एक सेल्स ऑफिसर हूँ।

Clerk: Very glad to meet you, sir ! What can I do for you?

आपसे मिलकर अत्यधिक प्रसन्नता हुई। मैं आपके लिए क्या कर सकता हूं? (अर्थात् मैं आपकी क्या मदद कर सकता हूँ?)

Ajay Sharma: May I talk to the manager?

क्या मैं मैनेजर से बात कर सकता हूँ?

Clerk: I'm sorry, sir ! He is busy attending an important meeting. Would you mind waiting for him for some time?

मुझे खेद है श्रीमान्! वह एक महत्त्वपूर्ण बैठक में व्यस्त हैं। क्या आप थोड़ी देर प्रतीक्षा कर सकेंगे?

Ajay Sharma: Oh, yes, I'll wait for him.

ओह, हां, मैं उनकी प्रतीक्षा करूंगा।

Clerk: You should sit in the waiting room. As soon as the manager comes, I'll inform him about your arrival.

आपको प्रतीक्षालय में बैठना चाहिए। जैसे ही मैनेजर आते हैं उनको आपके आने का समाचार दे दूंगा।

Ajay Sharma: Thank you, sir !

धन्यवाद, श्रीमान!

(कुछ समय बाद)

Clerk: Sir ! The manager has come. You may go to his cabin.

श्रीमान्! मैनेजर साहब आ चुके हैं। आप उनके कक्ष में जा सकते हैं।

Ajay Sharma: Thank you ! Will you please lead me to his cabin?
धन्यवाद श्रीमान्! क्या आप मुझे उनके कक्ष तक पहुंचायेंगे?

Clerk: Sure. After walking straight for a few yards, you should turn to the left. The cabin no. 8 belongs to Mr. Verma, the manager.
जरूर! कुछ गज सीधा चलने के बाद आपको बाईं ओर मुड़ जाना चाहिए। केबिन न. 8 श्रीमान् वर्मा, जोकि मैनेजर हैं, का है।

Ajay Sharma: Thank you, sir !
धन्यवाद, श्रीमान्!

CONVERSATION NO. – 188

Without Ticket Traveller and the TTE

बिना टिकट यात्री तथा टीटीई

Ticket Checker: Ticket please !
कृपया टिकट दिखाइये!

Passenger: Sir, I haven't purchased a ticket.
श्रीमान् जी, मैंने टिकट नहीं खरीदा।

Ticket Checker: Do you know what you are saying?
क्या आप जानते हैं कि आप क्या कह रहे हैं?

Passenger: Sir, I apologize for this. But believe me there is no fault of mine in it. Actually when I reached the ticket-window it was already 10.25. The train was to leave the station at 10.30. If I had stood in the queue to purchase the ticket, I would have missed the train.
श्रीमान् जी, मैं आप से क्षमायाचना करता हूँ। परन्तु मुझ पर विश्वास करें इसमें मेरा कोई दोष नहीं। वास्तव में जब मैं टिकट खिड़की पर पहुंचा तो 10.25 हो चुके थे। 10.30 पर गाड़ी छूटने वाली थी यदि मैं खिड़की पर लाइन में खड़ा रहता तो मैं गाड़ी नहीं पकड़ पाता।

Ticket Checker: You could catch the next train at 1 p.m.
आप एक बजे बाद दोपहर दूसरी गाड़ी पकड़ सकते थे।

Passenger: Sir, I have to reach Ludhiana before 1 p.m.
श्रीमान् जी, मुझे 1 बजे से पहले लुधियाना पहुंचना है।

Ticket Checker: Is there any emergency?
क्या कोई आपात्काल है?

Passenger: Sir, today is my last paper.
श्रीमान् जी, आज मेरा अन्तिम पर्चा है।

Ticket Checker: Under such circumstances, the passengers should go to the guard and ask him for the ticket after paying the money.

इन परिस्थितियों में यात्रियों को गार्ड के पास जाना चाहिए और पैसे देकर टिकट बनवा लेनी चाहिए।

Passenger: I'll take care in future. What should I pay now?

आगे मैं ध्यान रखूंगा अब मुझे क्या देना है?

Ticket Checker: Rs. 20/- the travelling fare.

यात्रा किराया बीस रुपये।

CONVERSATION NO. – 189

Procedure for order
आर्डर के लिए प्रक्रिया

Customer: Is it J.K.L. Chemicals?
क्या यह जे.के.एल. केमिकल्स है?

Clerk: Yes, sir ! What can I do for you?
हां, श्रीमान् जी! मैं आपके लिए क्या कर सकता हूँ?

Customer: I want to place an order for some chemicals.
मैं कुछ केमिकल्स के लिए एक आर्डर देना चाहता हूँ।

Clerk: You should talk to our supply manager. Please hold on.
आपको हमारे सप्लाई मैनेजर से बात करनी चाहिए। कृपया प्रतिक्षा करें।
(क्लर्क extension के माध्यम से फोन को सप्लाई मैनेजर के फोन से जोड़ देता है)

Supply Manager: Hello ! What can I do for you, sir?
हेलो, श्रीमान् जी, मैं आपके लिए क्या कर सकता हूँ?

Customer: Sir, I want to send an order for some chemicals.
श्रीमान् जी, कुछ केमिकल्स के लिए मैं एक आर्डर देना चाहता हूँ।

Supply Manager: Yes, please, send it by post.
हां,। कृपया इसे डाक द्वारा भेज दें।

Customer: Am I to send any advance payment?
क्या मुझे कोई एडवांस पेमेन्ट भी करनी है?

Supply Manager: Yes, 50 per cent of total amount.
हां, कुल रकम का पचास प्रतिशत।

Customer: Thank you, sir.
हां, धन्यवाद, श्रीमान जी।

CONVERSATION NO. – 190

Reaching an Address
एक पते पर पहुँचना

A: Excuse me, sir ! Will you please guide me to this address?
क्षमा करना, श्रीमान् जी! क्या आप इस पते पर मेरा पथ–दर्शन करेंगे?

B: Oh, yes ! (Mr. A hands the paper to Mr. B who reads it carefully and a moment later speaks to him). Sir ! First of all you should go about a hundred yards straight-way. Then go left and after walking about fifty yards straight, you'll see there an oak tree on one side of the road. Reaching there, once again turn left and keep walking till you find a big black gate on your right. And the house adjacent to it belongs to Mr. Jain.
ओह, हां! (श्रीमान् ए श्री बी को कागज देता है जो कि इसे ध्यानपूर्वक पढ़ता है और एक क्षण के बाद उसे कहता है।)
श्रीमान् जी, पहले आप कोई एक सौ गज सीधे चले जायें। फिर बायें मुड़ जायें और कोई पचास गज़ सीधे जाने के बाद आपको सड़क की एक ओर एक बड़ का पेड़ दिखाई देगा। वहां पहुच कर, दुबारा बायें मुड़ जायें और चलते जायें जब तक कि आप एक काले गेट पर पहुच जायेंगे जो कि तुम्हारी दाईं ओर होगा। इसके साथ का घर श्री जैन का है।

A: Thank you very much, sir.
श्रीमान् जी, धन्यवाद।

B: It's all right.
सब ठीक है।

(Mr. A follows the instructions given by Mr. B and finally reaches the house and rings the doorbell. After a few moments the door opens and a fat man appears in the middle of the door. He's Mr. Jain.)
(श्री बी की हिदायतों के अनुसार चलकर श्री ए उस घर पर पहुंच जाते हैं और दरवाजे की घंटी बजाते हैं। कुछ क्षणों के बाद दरवाजा खुलता है और एक मोटा आदमी इसके बीच सामने आता है। वह श्री जैन हैं।)

CONVERSATION NO. – 191

Being Received
पूछे जाने सम्बन्धी

A: I think I haven't seen you before.
मुझे लगता है कि मैंने आपको पहले कभी नहीं देखा।

Fat man: You're right. May I ask you what house number do you really want?
आप ठीक कहते हैं। क्या मैं आपसे पूछ सकता हूं कि आप वास्तव में किस मकान नम्बर पर जाना चाहते हैं?

A: Wait a moment, sir.
एक क्षण प्रतीक्षा कीजिए, श्रीमान्।
(Mr. A brings out the piece of paper bearing the address of his uncle and hands it to the fat man.)
श्री ए कागज का टुकड़ा निकालता है.जिस पर उसके अंकल का पता लिखा है और वह मोटे आदमी को देता है)

Fat man's: You want the house number 3000 but mine is 300. Now, you've to walk a long way to reach your uncle's. You had better phone him from that PCO and request him to lift you up from here.
आपको मकान नं॰ 3000 पर जाना है। यह 300 है। अभी आपको अपने अंकल के घर पहुंचने के लिए बहुत दूर चलना है। आपके लिए उचित होगा यदि आप उस पी.सी.ओ. से उन्हें फोन कर लें और वह आकर आपको यहां से ले जायें।

Mr. A: I'm grateful to you sir for a kind suggestion.
श्रीमान् जी एक अच्छे सुझाव के लिए मैं आपका आभारी हूं।
(Mr. A bids goodbye to the fat man and turns towards the PCO.)
(श्री ए मोटे आदमी को नमस्ते कहता है और पी.सी.ओ. की ओर मुड़ जाता है)

CONVERSATION NO. – 192

About a Picnic
पिकनिक सम्बन्धी

Sohan: Where are you going?
आप कहां जा रहे हैं?

Mohan: I alongwith my friends am going out for a picnic.
मैं अपने दोस्तों के साथ पिकनिक पर जा रहा हूँ।

Sohan: When will you come back?
आप कब वापस आयेंगे?

Mohan: I hope to return around ten.
मैं दस बजे के आस–पास पहुंचने की आशा करता हूँ।

Sohan: Who else is going with you?
आपके साथ और कौन जा रहा है?

M.: Ali, Gopal, Singh and Krishna are going with me.
मेरे साथ अली, गोपाल, सिंह तथा कृष्ण जा रहे हैं?

S.: To which place are you going?
आप कौन से स्थान पर जा रहे हैं?

M.: We're going to the bank of the canal.
हम नहर के किनारे पर जा रहे हैं।

S.: Will you swim in the canal?
क्या आप नहर में तैरेंगे?

M.: Yes, we'll.
हां।

S.: Are you taking some eatables also with you?
क्या आप कुछ खाने–पीने वाली वस्तुएं भी साथ ले जा रहे हैं?

M.: Yes.
हां।

S.: Do they include sweets and fruits?
क्या उनमें मिठाइयां और फल भी हैं?

M: Yes, they're.
हां, हैं।

S.: May I accompany you?
क्या मैं आपके साथ जा सकता हूँ?

M.: With great pleasure.
बड़ी प्रसन्नता के साथ।

S.: Thanks.
धन्यवाद।

CONVERSATION NO. – 193

Buying Blanket
कम्बल खरीदना

B: What is the price of this blanket?
इस कम्बल का मूल्य कितना है?

A: Two thousand rupees only.
केवल दो हजार रुपये।

B: It's beyond my pocket.
यह तो मेरी जेब से बाहर है।

A: Then purchase this one.
तो यह खरीद लीजिये।

B: What is its price?
इसका क्या मूल्य है?

A: Rs. 1500/- only,
केवल 1500 रुपये।

B: It's also beyond my purchasing power.
यह भी मेरी खरीदने की क्षमता से बाहर है।

A: Then have this one.
तो फिर यह ले लीजिये।

B: What is its price?
इसका क्या मूल्य है?

A: Rs. one thousand only.
केवल एक हजार रुपये।

B: Yes, it's all right.
हां, यह ठीक है।

A: Should I get it packed?
क्या मैं इसे पैक करवा दूं?

B: No, please wait.
नहीं, कृपया ठहरिये।

A: What's the matter?
अब क्या बात है?

B: I don't like its colour?
मुझे इसका रंग पसंद नहीं।

A: Which colour do you want?
आपको कौन सा रंग चाहिए?

B: Brown.
भूरा।

A: Here you are.
यह लीजिये।

B: Yes, here's the money.
हां, यह लीजिये पैसे।

A: Thanks.
धन्यवाद।

CONVERSATION NO. – 194

Regarding Physiotherapy

भौतिक-चिकित्सा सम्बन्धी

A: Why is the importance of physiotherapy increasing these days?
आजकल भौतिक चिकित्सा का महत्त्व क्यों बढ़ रहा है?

B: Now a days certain diseases which call for such a treatment are on the increase.
आजकल लोगों को कुछ ऐसी बीमारियां बहुत लग रही हैं जो कि इस प्रकार के इलाज से ठीक हो सकती हैं।

A: What is the reason for this?
इसका क्या कारण है?

B: The people's life style has now changed.
आजकल लोगों का रहन–सहन का ढंग बदल गया है।

A: Can you give any example?
क्या आप कोई उदाहरण दे सकते हैं?

B: The people now have sedentary and stressful life style.
अब लोग बैठने का काम बहुत करते हैं और तनाव भरा जीवन बिताते हैं।

A: What is the utility of this faculty in the field of sports?
खेल जगत् में इस गुण का क्या प्रयोग है?

B: In the world of sports the sportsmen are required not only to maintain general fitness but also sometimes their injuries have to be treated promptly.
खेल जगत् में खिलाड़ियों को साधारण योग्यता ही नहीं कायम रखनी होती, बल्कि उनकी चोटों का भी जल्दी से इलाज करना होता है।

A: Then the physiotherapists must be in great demand?
तब तो भौतिक–चिकित्सकों की बहुत मांग हो गई होगी?

B: Yes, of course.
हां, बिल्कुल।

A: Can you mention some special qualities which a physiotherapist should possess?

क्या आप कोई विशेष गुण बता सकते हैं जो एक भौतिक–चिकित्सक में होने चाहिए?

B: Besides possessing some degree he should be patient, compassionate and a good communicator.

उसके पास डिग्री होने के अतिरिक्त उसे संतोषी, दयालु और अच्छा संचारक होना चाहिए।

CONVERSATION NO. – 195

Being a Gym Coach
व्यायामशाला का शिक्षक होना

A: Can you tell me something about being a gym coach?

क्या आप मुझे एक जिम कोच बनने के बारे में कुछ बता सकते हैं?

B: This is the field in which brawn matters more than brain.

यह एक ऐसा क्षेत्र हैं जिसमें शारीरिक शक्ति दिमाग से अधिक महत्त्वपूर्ण है।

A: Any other quality?

और कोई गुण?

B: This field is particularly for the young and has become quite lucrative these day.

यह क्षेत्र विशेषकर नवयुवकों के लिए है और आजकल काफी लाभदायक हो गया है।

A: But I think one can't earn much in this field.

परन्तु, मेरा विचार है कि इसमें कोई बहुत ज्यादा धन नहीं कमा सकता।

B: Perhaps one can't become a millionaire in this field. But by earning Rs. 2000 to 3000 per month also means a lot to the students as this much amount can help them in pursuing their studies comfortably.

सम्भवतः इसमें कोई व्यक्ति एक लखपति या करोड़पति तो नहीं बन सकता परन्तु एक विद्यार्थी के लिए महीने में 2000 से 3000 हजार रुपये कमाने का अर्थ है कि इससे उसे अपनी पढाई आराम से करने में सहायता मिलती है।

A: I think this must be the reason that most of the gym coaches and instructors are college-going guys.

मेरा विचार है कि यही कारण होगा कि बहुत से जिम कोचिज तथा हिदायतकार कॉलेज जाने वाले लड़के होते हैं।

B: Yes, of course.

हां, ठीक है।

A: What are the broad categories of fitness centres?
फिटनेस सेंटर के बड़े–बड़े प्रकार कौन से हैं?

B: There are two broad categories of fitness centres.
वे दो प्रकार की हैं।

A: What are they?
वे कौन से हैं?

B: They are top-of the line and those that cater to the bourgeois.
वे हैं ऊंचे दर्जे के और ऐसे जो मध्य वर्ग के लिए हैं।

CONVERSATION NO. – 196

Regarding Jobs in Australia
आस्ट्रेलिया में नौकरी सम्बन्धी

A: Can you name a few professions available in Australia?
क्या आप आस्ट्रेलिया में उपलब्ध कुछ व्यवसायों के बारे में बता सकते हैं?

B: Some of them are those of civil engineers, electrical engineers, secondary teachers, social workers, accountants, chefs, metal fitters, refrigeration and air-conditioning mechanics, etc.
उनमें से कुछ है–सिविल इंजीनियर, इलेक्ट्रिकल इंजीनियर, सेकण्डरी अध्यापक, सामाजिक कार्यकर्ता, लेखाकार, शेफ(रसोइया), मेटल फिटर, रेफ्रिजरेशन एवं ए॰ सी॰ मेकैनिक्स आदि।

A: Can you tell some detail about these professions? First, about civil engineers?
क्या आप इन व्यवसायों के बारे में कुछ विस्तार से बता सकते हैं? पहले सिविल इन्जीनियर के बारे में बताएं।

B: Civil engineers should specialise in designing, building codes, water engineering, high-rise building services, etc.
सिविल इन्जीनियर्स की डिजाइनिंग, बिल्डिंग कोड्स, जल इन्जीनियरिंग, ऊंचे भवन सेवाओं आदि में निपुणता होनी चाहिए।

A: What about electrical engineers?
इलेक्ट्रिकल इंजीनियर्स के बारे में बताएं?

B: They should be specialists in building services, electrical substation, railway design, etc.
उनको निर्माण सेवाओं, इलेक्ट्रिकल सब स्टेशन, रेलवे स्टेशन डिजाइन आदि में निपुण होना चाहिए।

A: On which subjects are secondary teachers mostly required?
किन विषयों के सेकण्डरी अध्यापकों की अधिकतर मांग है?

B: Mathematics, Science, Arts, IT, technical and design studies and technology, etc.

गणित, विज्ञान, कलाएं, आईटी, तकनीकी तथा डिजाइन अध्ययन व टेक्नॉलोजी, आदि।

A: **What type of social workers are in demand?**

किस प्रकार के सामाजिक कार्यकर्ताओं की मांग है?

B: **Mostly those who can care for the aged and can offer trauma counselling.**

जो कि वृद्धों की देखभाल कर सकते हैं और ट्रॉमा काउंसिलिंग प्रस्तुत कर सकते हैं।

A: **Thank you very much. About the remaining professions I'd get the detail from you some other times.**

बहुत–बहुत धन्यवाद। बाकी व्यवसायों के बारे में मैं फिर कभी आप से विस्तार प्राप्त कर लूंगा।

CONVERSATION NO. – 197

About Sports
खेलकूद सम्बन्धी

A: Don't you think sportspersons are a worried lot in our country?
क्या आप नहीं समझते कि हमारे देश में खिलाड़ी कुछ घबराये हुए हैं?

B: Yes, I think so.
हां, मैं भी यही समझता हूँ।

A: In your opinion what are they most worried about?
आप के विचार में वे किस बात से सबसे अधिक चिन्तित हैं?

B: They are most worried about their future.
वह सबसे अधिक अपने भविष्य के प्रति चिन्तित हैं।

A: What can be the reason for this?
इसका क्या कारण हो सकता है?

B: The sports career can be pursued only for a limited number of years. After it is over, they have to join some profession. Most of them find it difficult to do so.
खेल का जीवन तो कुछ वर्षों तक ही सीमित होता है। जब यह समाप्त होता है तो उन्हें किसी व्यवसाय पर लगना होता है, जो कि उन्हें कठिन प्रतीत होता है।

A: Why is it so?
यह ऐसे क्यों है?

B: Mostly it is because they are not well-prepared for it.
अधिकतर इसका कारण यह होता है कि वे इसके लिए पूरी तरह तैयार नहीं होते।

A: Then what is the remedy?
तब इसका इलाज क्या है?

B: The sportspersons must also pursue their studies and learn some skills right during their sports career.
यही कि खिलाड़ी अपने खेल के जीवन में ही अपनी पढ़ाई जारी रखें और कुछ कलाएं सीख लें।

A: Can these two things, that is, pursuit of studies and sports be done simultaneously?

क्या यह दोनों कार्य अर्थात् पढाई और खेल एक ही समय किये जा सकते हैं?

B: Yes, certainly.

हां, अवश्य।

A: Thank you very much.

बहुत–बहुत धन्यवाद।

B: Welcome !

आपका स्वागत है।

CONVERSATION NO. – 198

About Job Opportunities
रोजगार के अवसर के विषय में

A: Can you say something about the growing rate of unemployed young people in our country?

क्या आप हमारे देश में बेरोज़गार युवको की बढ़ रही संख्या के बारे में कुछ बता सकते हैं?

B: There are several reasons for this state of affairs. However, defective education system, increase in retirement age of employees, over-staffing, corruption, reservation, mechanization, slump in industry, faulty planning, etc. are said to be some of the reasons.

इस हालात के कई कारण हैं, परन्तु इसके अधिकतर कारण बताये जाते हैं दोषभरी शिक्षा प्रणाली, सेवानिवृत्ति आयु का बढ़ाया जाना, पहले अधिक स्टाफ भरती कर लेना, रिश्वतखोरी, आरक्षण, मशीनों का प्रयोग, इन्डस्ट्री में गिरावट, दोषभरी योजना प्रणाली आदि।

A: In your opinion in which sector is there greater scope for the creation of jobs in future?

आपके विचार में भविष्य में अधिकतर नौकरियां किस क्षेत्र में उत्पन्न होने की सम्भावना है।

B: I think such a possibility is more there in the private sector than in the public sector.

मेरे विचार में ऐसी सम्भावना सार्वजनिक क्षेत्र से ज्यादा निजी क्षेत्र में अधिक है।

A: What is your opinion about industry?

आपका उद्योग के बारे में क्या विचार है?

B: In my opinion, if the government sincerely wants to tackle the unemployment problem, it must boost industry in a big way.

मेरे विचार में यदि सरकार सच्चे दिल से बेरोजगारी की समस्या को हल करना चाहती है, तो इसे अवश्य ही उद्योग को भली–भाँति प्रोत्साहित करना चाहिए।

A: In which sectors do you think there is more scope for creation of job opportunities?

आपके विचार में किन क्षेत्रों में व्यवसायों के सृजन की अधिक संभावना है?

B: In food processing, tourism, services and IT.

खाद्य प्रसंस्करण, पर्यटन, सेवाओं तथा सूचना–प्रौद्योगिकी में

A: Thanks.

धन्यवाद

CONVERSATION NO. – 199

Composition of Human Body
मानव शरीर की बनावट

A: Of what seven physical elements is human body composed, according to the Ayurveda principles?
आयुर्वेदिक सिद्धान्तों के अनुसार किन सात शारीरिक तत्त्वों से मानव शरीर बना हुआ है?

B: It is composed of plasma and interstitial fluids, fat or adipose tissue, blood, muscle, bone, bone marrow and reproductive fluid.
यह प्लाविका, अन्तराली तरल, चर्बी या वसामय तन्तु, रक्त, मांसपेशी, हड्डी, मज्जा और प्रजनक तरल से बनी है।

A: Where is the muscular tissue of the body present?
शरीर का मांसपेशी तन्तु कहां स्थित है?

B: It is, in fact, situated all over the body. It is visible externally. But it is also present internally beneath the skin.
यह वास्तव में सारे शरीर में विद्यमान है। यह शरीर के बाहरी भागों में दिखाई देता है। परन्तु यह शरीर के अन्दर की चमड़ी के नीचे विद्यमान है।

A: What is the role of 'Kapha' in formation of body?
कफ़ का शरीर के बनाने में क्या योगदान है?

B: The formation of plasma, muscle, fat, bone marrow and reproductive fluid is based on 'Kapha'.
प्लाविका, मांसपेशी, वसा, अस्थि मज्जा और प्रजनन तरल की उत्पत्ति कफ़ पर आधारित है।

A: What does 'pitta' do?
पित्त क्या करता है?

B: It is responsible for the formation of blood.
इसका काम रक्त बनाना है।

A: What does 'vata' do?
वात क्या करता है?

B: It forms bones.
यह अस्थि बनाता है।

CONVERSATION NO. – 200

Regarding Chronic Bachelorship
चिरकालिक कुंवारा रहने सम्बन्धी

A: What is your view regarding being a chronic bachelor?
आपका चिरकालिक कुंवारा रहने के बारे में क्या विचार है?

B: I think, a chronic bachelor is the happiest man in the world.
मेरा विचार है कि एक चिरकालिक कुंवारा संसार में सबसे प्रसन्न व्यक्ति होता है।

A: Why do you think so?
आप ऐसा क्यों सोचते हैं?

B: It is because he has no responsibilities of raising a family.
इसलिए कि उसे एक परिवार बनाने की कोई आवश्यकता नहीं होती।

A: It means he is afraid of responsibilities.
इसका अर्थ यह निकलता है कि वह ज़िम्मेदारियों से घबराता है।

B: No, that is not the case.
नहीं, ऐसी बात नहीं है।

A: Then what can be the reason?
तो फिर क्या कारण हो सकता है।

B: This world is already full of people and any more people are not required here.
वास्तव में यह संसार लोगों से पहले ही भरा पड़ा है और यहां और लोगों की आवश्यकता नहीं है।

A: You are a chronic bachelor. Do you have any personal reason for being so?
आप एक चिरकालिक कुंवारा हैं। क्या आपका इसके लिए कोई व्यक्तिगत कारण भी है?

B: In this age of expensive living standard, I can't afford to have a family. It will only cause me tension and worry.
इस जीने के महंगे स्तर के युग में मैं एक परिवार नहीं रख सकता। इससे मुझे तनाव और चिन्ता ही होगी।

CONVERSATION NO. – 201

Loot in the Neighbourhood
पड़ोस में लूट सम्बन्धी

A: I've learnt something terrible happened in your neighbourhood last night. What was that?

मुझे पता चला है कि तुम्हारे पड़ोस में कल रात कोई भयानक घटना हुई। वह क्या थी?

B: Our neighbour, Mr. Ram Pal is a very well-to-do person.

हमारा पड़ोसी श्री राम पाल एक बहुत धनी व्यक्ति है।

A: Then?

तब?

B: He had a servant who knew all the secrets of the house.

उनका एक नौकर था जो कि घर के सब भेद जानता था।

A: Well ! But what did actually happen? What did he do?

ठीक है। परन्तु वास्तव में क्या हुआ, उसने क्या किया?

B: That servant used to prepare meals for the family.

वह नौकर परिवार के लिए खाना बनाया करता था।

A: But what did he actually do now?

परन्तु अब उसने वास्तव में क्या किया?

B: Last night he mixed up something poisonous in the food.

कल रात उसने कुछ विषैली वस्तु खाने में मिला दी।

A: Then?

तब?

B: As the members of the family ate the food, they became unconscious.

ज्यों ही परिवार के सदस्यों ने भोजन किया, वे बेहोश हो गये।

A: Then?

तब?

B: He knew where the family had kept gold and cash. He took it all and made good his escape very quietly and comfortably.

वह जानता था कि परिवार सोना और नकदी कहां रखता है। उसने वह सब लिया और चुपचाप और आराम से फ़रार हो गया।

A: Very bad.

बहुत बुरी बात है।

B: So, it is.

वह तो है ही।

CONVERSATION NO. – 202

Regarding Abbreviations

संक्षिप्त-अक्षर सम्बन्धी

A: Sometimes, I feel greatly puzzled with the use of abbreviations. In many cases, I know their meanings, but I don't know the full words which comprise them.

कई बार मैं शब्दों के संक्षिप्त रूप से बहुत धबड़ाहट महसूस करता हूं। बहुत बार मैं उनका अर्थ तो जानता हूं, परन्तु वह किन शब्दों से बना होता है, वह मुझे पता नहीं होता।

B: Yes, you are right.

हां, तुम ठीक कहते हो,

A: Then what should I do?

तो मैं क्या करुं?

B: The same that I've done.

वही जो मैंने किया है।

A: What have you done?

तुमने क्या किया है?

B: I have crammed many of the words making these abbreviations.

मैंने बहुत से शब्द जो यह संक्षिप्त रूप बनाते हैं, रट लिये हैं।

A: Then you must be remembering many such words?

तो आप तो फिर बहुत से ऐसे शब्द जानते होंगे?

B: Yes, of course.

हां, बिल्कुल।

A: If I speak some abbreviations will you please tell me the full words which they represent? I want the words in English only?

यदि मैं कुछ शब्दों के संक्षिप्त रूप बोलूँ, तो क्या आप बतायेंगे वे पूरे शब्द जिनको वे प्रकट करते हैं? मुझे शब्द केवल अंग्रेजी में ही चाहिए।

B: All right, I'll try. Speak one abbreviation at a time.
ठीक है, मैं प्रयत्न करूंगा। एक समय पर एक ही संक्षिप्त रूप बोलिए।

A: I O U
आइ ओ यू

B: I owe you.
आई ओ यू

A: I L U
इलू

B: I love you.
आई लव यू

A: I C U
आई सी यू

B: Intensive care unit.
इन्टेन्सिव केयर यूनिट

A: Thank you. The rest sometime later.
धन्यवाद, बाकी बाद में कभी।

B: It's all right.
सब ठीक है।

CONVERSATION NO. – 203

Seeking Bank Loan
बैंक ऋण प्राप्त करने सम्बन्धी

A: Sir, I'm a small scale industrial unit owner. I want some loan from your bank.
श्रीमान जी, मैं एक लघु उद्योग इकाई का स्वामी हूं। मुझे आपके बैंक से कुछ कर्ज चाहिए।

Manager: Where is your unit situated?
आपकी इकाई कहां स्थित है?

A: In Gurgaon.
गुड़गांव में

Manager: How much loan do you want?
आपको कितना कर्ज़ चाहिए?

A: What are the rates of interest for different amounts of loan?
भिन्न कर्जों की रकमों के लिए ब्याज की दरें क्या हैं?

Manager: I'll speak out and you'll please note down in your diary.
मैं बोलता जाऊंगा और आप कृपया अपनी डायरी में नोट करते जायेंगे।

A: All right, kindly speak out. I'm ready with my diary and pen.
ठीक है, कृपया बोलिये, मैं अपनी डायरी और पेन के साथ तैयार हूं।

Manager: Upto 50,000 it is 9%.
पचास हजार तक यह 9 प्रतिशत है।

A: Right.
ठीक है।

Manager: Above 50000 and upto Rs. 2 lac it is 9.5%.
50000 से अधिक व 2 लाख तक यह 9.5 प्रतिशत है।

A:	Right. ठीक है।
Manager:	Above Rs. 2 lac and upto Rs. 25 lac it is 10%. दो लाख से अधिक व 25 लाख तक यह 10 प्रतिशत है।
A:	All right. I want a loan of Rs. 20 lac which I understand is 10%. ठीक है। मुझे 20 लाख का कर्ज चाहिए जिस पर मैं समझता हूं कि 10 प्रतिशत ब्याज है।
Manager:	Yes, so, it is. हां यही है।
A:	Please give me the form and guide me to fulfil other formalities. कृपया मुझे फार्म दीजिये और बाकी औपचारिकताएं पूरी करने के लिए मेरा पथ प्रदर्शन करें।
Manager:	Please sit down. कृपया बैठ जाइये।
A:	Thank you. धन्यवाद

CONVERSATION NO. – 204

Learning from Insects
कीड़ों से सीखना

A: Can we learn anything from other creatures?
क्या हम लोग दूसरे जीवों से कुछ सीख सकते हैं?

B: Yes, why not?
हां, क्यों नहीं।

A: I can well understand that we can learn something from animals and birds but I don't think we can learn anything from small insects.
मैं यह अच्छी तरह समझ सकता हू कि हम पशुओं और पक्षियों से कुछ सीख सकते हैं, परन्तु मेरा विचार नहीं कि हम छोटे–छोटे कीट पतंगों से कुछ सीख सकते है।

B: You are mistaken, Mr. A. We can learn a lot even from insects.
श्रीमान, ए॰ तुम्हारा गलत विचार है। हम कीट पतंगों से भी बहुत कुछ सीख सकते हैं।

A: Can you give any examples?
क्या आप कुछ उदाहरण दे सकते हैं?

B: We can learn discipline and hard work from ants **and bees.**
हम चींटियों तथा मधु–मक्खियों से अनुशासन व मेहनत **करना सीख सकते** हैं।

A: But, is it possible to learn anything from the termites?
परन्तु क्या यह सम्भव है कि हम दीमक से भी कुछ सीख सकते हैं?

B: Yes, of course.
हां, अवश्य

A: How?
वह कैसे?

B: Just have a look at the African termites.
जरा अफ्रीका की दीमक की ओर देखिये।

A: Yes, what do they do?
हां, वह क्या करती है?

B: They build highly environment friendly cheap houses for themselves within the mounds.
वह अपने लिए मित्रवत् वातावरण में सस्ते घर टीलों में बनाते हैं।

A: Then?
तब

B: We can also build such houses for ourselves which need few mechanical services such as heating, cooling, ventilation, etc. Such houses will be comfortable and also they'll use less energy and other resources.
हम भी ऐसे घर अपने लिये बना सकते हैं जिनमें बहुत कम मशीनों की सेवाओं की आवश्यकता पड़ेगी जैसे कि गर्म करना, ठंडा करना, हवादार होना आदि और इनमें कम शक्ति व दूसरे प्रसाधनों की आवश्यकता होगी।

A: Thanks.
धन्यवाद।

B: O. K.
ठीक है।

CONVERSATION NO. – 205

Regarding Clean Drinking Water

स्वच्छ पेय जल सम्बन्धी

A: Sometimes I feel ashamed that even after about 60 years after Independence we haven't been able to ensure free, safe and clean drinking water to all the citizens of India.
कई बार मुझे इस बात की शर्म आती है कि आजादी के लगभग 60 वर्ष बाद भी हम भारत के प्रत्येक नागरिक को मुफ्त, सुरक्षित और साफ जल उपलब्ध नहीं करा सके।

B: So, I feel.
ऐसे ही मैं भी अनुभव करता हू।

A: Take the Precaution of Food Adulteration Act. (PFA)
भोजन में मिलावट रोकने संबंधी कानून को ही लीजिए।

B: When was it enacted?
यह कब पास हुआ था?

A: In 1954
1954 में।

B: What were you going to say about it?
आप इसके बारे में क्या कहने जा रहे थे?

A: This Act does not cover water under it as "food".
इस कानून के अनुसार जल को भोजन नहीं माना गया।

B: What are the implications then?
तब इसका क्या अर्थ निकलता है?

A: The straight implication is that no municipality, corporation or any other organisation feels duty bound to supply safe water to all the citizens residing within its limits.
इसका सीधा अर्थ यह निकलता है कि कोई भी नगरपालिका, निगम या कोई और संगठन अपने आपको इस कर्तव्य के बन्धन में महसूस नहीं

करता कि वह अपनी सीमा के अन्दर रहने वाले सब नागरिकों को सुरक्षित जल आपूर्ति करे।

B: But I think most of the municipalities or corporations supply water at least in the urban areas.

परन्तु मैं समझता हूं कि अधिकतर नगरपालिकायें या निगम कम से कम शहरी इलाकों में पानी की आपूर्ति करते है।

A: Yes, they do. But they are not quite serious about it as they do not think much about its safety and cleanliness.

हाँ, वह करती तो हैं, परन्तु वे इसकी सुरक्षा या सफाई के बारे में अधिक गम्भीर नहीं हैं।

CONVERSATION NO. – 206

Dealing with Terrorists
आंतकवादियों से निपटना

A: In your opinion, what should be done while dealing with terrorists?

आपके विचार में आतंकवादियों से निपटने के लिए क्या करना चाहिए?

B: Actually, there are certain things which should be done and there are certain other things which should not be done.

वास्तव में कुछ बातें ऐसी हैं जो करनी चाहिए और कुछ बातें ऐसी हैं जो नहीं करनी चाहिए।

A: Will you please say a little more on this topic?

क्या आप इस मामले के बारे में थोड़ा सा कुछ और कहेंगे?

B: We have to be most careful while dealing with terrorists who kill the people instantaneously after capturing them.

हमें उन आतंकवादियों के बारे में बहुत सावधान होना पड़ेगा जो लोगों को पकड़ते ही मार देना आरम्भ कर देते हैं।

A: Yes, I understand you.

हां, मैं आपकी बात को समझता हूँ।

B: One method is that which the Russian troops had to use against the terrorists who had captured school children. That was of attacking suddenly.

एक तरीका तो है जो कि रूस के सेनानियों को अपनाना पड़ा जब आतंकवादियों ने स्कूल के बच्चों को पकड़ लिया। वह अचानक आक्रमण करना था।

A: That resulted in great loss of life, though the Russians had no option then.

इससे बहुत जीवन की हानि हुई चाहे उस समय रूसियों के पास और कोई चारा नहीं था।

B: That is why I suggest that the terrorists should be immediately engaged in negotiations. This is what the Indian government did to get released its three persons whom the terrorists had captured in Iraq.

इसीलिये मैं यह सुझाव देता हूं कि आतंकवादियों को तुरंत बातचीत में उलझा लेना चाहिए। भारत सरकार ने ऐसे ही किया और इसके जिन तीन व्यक्तियों को आतंकवादियों ने पकड़ रखा था, उन्हें छुड़ा लिया।

A: It means negotiations are better than use of violence.

इसका अर्थ है कि हिंसा के प्रयोग के बदले में बातचीत उत्तमतर है।

B: Yes.

हां।

CONVERSATION NO. – 207

G – 4 Nations
जी-4 राष्ट्र सम्बन्धी

A: I have heard of a number of G's, but when I think of the Security Council, the Big Five come into mind.
मैंने कई G's बड़े राष्ट्रों के बारे में सुना है परन्तु जब मैं सुरक्षा परिषद् के बारे में सोचता हूं, तो पांच बड़े राष्ट्र मेरे मन में आते हैं?

B: Which are those countries?
वे कौन से देश हैं?

A: They are Russia, the U.S.A., China, France and Britain.
वे हैं, रूस, अमेरिका, चीन, फ्रांस और ब्रिटेन।

B: But what is now there in your mind?
परन्तु अब तुम्हारे मन में क्या है?

A: Now, I'm thinking of one of the new terms which has become somewhat popular in international sphere.
अब मैं एक नई टर्म के बारे सोच रहा हूं जो कि अन्तर्राष्ट्रीय क्षेत्र में कुछ कुछ लोकप्रिय हो गया है।

B: Which is that term?
वह कौन सा टर्म है?

A: That term is G–4 (nations)
वह टर्म है **G–4** (राष्ट्र)

B: What does this term stand for?
इस टर्म का क्या अभिप्राय है?

A: It signifies four countries.
इसका अभिप्राय चार देशों से है।

B: Which are those four countries?
वे कौन से चार देश हैं?

A: They are India, Japan, Germany and Brazil.
वे देश हैं भारत, जापान, जर्मनी और ब्राजील।

B: What do these countries want?
ये देश क्या चाहते हैं?

A: They want that they should also be made permanent members of the Security Council.
वे चाहते हैं कि उन्हें भी सुरक्षा परिषद् का स्थाई सदस्य बनाया जाये।

B: Which other countries are opposing this idea?
कौन से दूसरे देश इस विचार के विरुद्ध हैं?

A: Pakistan opposes India, China opposes Japan, Italy is opposing Germany and Mexico and Argentina are opposing Brazil's inclusion.
पाकिस्तान भारत के, चीन जापान के, इटली जर्मनी के और मेक्सिको तथा अर्जेन्टाइना ब्राजील के सम्मिलित किये जाने के विरुद्ध है।

CONVERSATION NO. – 208

Regarding Use of Herbs
जड़ी-बूटियों के उपयोग सम्बन्धी

A: Now a days there is much talking about the benefits of herbs.

आजकल जड़ी–बूटियों के लाभों की बहुत चर्चा है।

B: Yes.

हां

A: What is your opinion?

आपका क्या मत है?

B: I think herbs are really useful and, moreover, most of them do not have any side-effects.

मेरा विचार है कि जड़ी–बूटियां सचमुच ही बहुत लाभदायक होती हैं और उनमें से अधिकतर के कोई बुरे प्रभाव नहीं होते।

A: Can you name some herbs?

क्या आप किन्हीं जड़ी बूटियों के नाम ले सकते हैं।

B: They are numerous, but to name a few turmeric, garlic, ginger, amla (Indian gooseberry), etc.

वे तो बहुत हैं परन्तु कुछ का ही नाम लेते हुए कहा जा सकता है हल्दी, लहसुन, अदरक, अमला इत्यादि।

A: But from the herbs that you have named one can get the idea that some of them can be included in vegetables, fruits or condiments also.

आपने जिन जड़ी–बूटियों का नाम आपने लिया है, उससे तो यह पता चलता है कि इनमें से कुछ सब्जियों, फलों या मिर्च–मसालों में गिनी जा सकती हैं।

B: You are right.

आप ठीक कहते हैं।

A: Now, please tell me about a few contents of garlic.
अब कृपया मुझे लहसुन के कुछ तत्त्वों के बारे में बतायें।

B: According to modern analysis of garlic, it contains water, protein, carbohydrates, calcium, phosphorus, iron, vit. B complex and iodine. It also contains sulphur and volatile oils.
लहसुन के आधुनिक विश्लेषण के अनुसार लहसुन में जल, प्रोटीन, कार्बोहाइड्रेट्स, कैल्शियम, फास्फोरस, आयरन, विटामिन–बी काम्पलेक्स और आयोडीन होते हैं। इसमें गंधक और वाष्पीय तेल भी होते हैं।

CONVERSATION NO. – 209

About Eating Corn
खाद्यान्न सम्बन्धी

A: Which fruit do you like the best?
आपको कौन सा फल सबसे अच्छा लगता है?

B: I like a corn bhutta the best.
मुझे मकई का भुट्टा सबसे अधिक पसंद है।

A: But I don't think a corn bhutta is a kind of fruit.
परन्तु मेरे विचार में एक मकई का भुट्टा कोई फल नहीं।

B: Then it must be a vegetable.
तब यह एक सब्जी होगी।

A: It is not perhaps a vegetable either.
यह शायद एक सब्जी भी नहीं है।

B: Then what is it?
तो फिर यह क्या है?

A: I think it's a kind of corn.
मेरे विचार में यह एक प्रकार का अनाज है।

B: Let it be a kind of corn, but I like it very much.
चलो यह एक प्रकार का अनाज ही सही, परन्तु यह मुझे बहुत पसंद है।

A: For what reason do you like it?
आप इसे किस कारण से पसन्द करते हैं?

B: I like it for its taste chiefly.
मैं अधिकतर इसके स्वाद के लिए इसे पसन्द करता हूं।

A: In what form do you take it?
आप इसे किस प्रकार से खाते हैं?

B: I eat it in the roasted form.
मैं इसे भून कर खाता हूं।

A: Why don't you take it in the boiled form.
आप इसे उबालकर क्यों नहीं खाते?

B: In this way, it can lose not only its flavour but many of its contents.
इस प्रकार तो केवल इसका स्वाद ही नहीं बल्कि इसके बहुत से तत्त्व ही नष्ट हो जाते हैं।

A: But does it contain any good elements?
परन्तु क्या इसमें कोई अच्छे तत्त्व होते भी हैं?

B: Yes, it has many.
हां इसमें बहुत अच्छे तत्त्व होते हैं।

A: May be.
हो सकता है।

CONVERSATION NO. - 210

Serving the Poorest
निर्धनतम की सेवा करना

A: Suppose you are a highly learned person. Two things occur in your mind simultaneously. One is to go to America or Canada and lead a very comfortable life. The other is to serve the poorest in our own country. Which of the two will you like to do?

मान लीजिए आप एक बहुत विद्वान व्यक्ति हैं। दो बातें तुरंत आपके मन में आती हैं। एक है कि आप अमेरिका या कनाडा में जा कर एक अति आराम वाला जीवन व्यतीत करें। दूसरी बात है कि आप अपने देश में सबसे निर्धन लोगों की सेवा करें। आप दोनों बातों में से कौन सा काम करना अधिक अच्छा समझेंगे?

B: I'll like to do the latter.

मैं दोनों में से बाद वाला काम करना अधिक अच्छा समझूँगा।

A: Why that?

वह क्यों?

B: It is because most of the poorest live in India and India has a long heritage of spirituality and human service and I do not want to forget these ideals.

यह इसलिए कि संसार के अधिकतर निर्धन लोग भारत में रहतें हैं और भारत की आध्यात्मिकता तथा मानवीय सेवा की एक लम्बी विरासत है और मैं इन आदर्शों को भूलना नहीं चाहता।

A: I appreciate your idea. If there are many more men who think like you, India can turn into a heaven.

मैं आपके विचार की प्रशंसा करता हू। यदि आप जैसे और भी बहुत से लोग हों जो ऐसे ही सोचते हैं, तो भारत एक स्वर्ग में परिवर्तित हो जायेगा।

B: I thank you very much for this appreciation.

मैं आपकी इस प्रशंसा के लिए आपका धन्यवाद करता हू।

CONVERSATION NO. - 211

Tackling Depression

उदासी या अवसाद से सामना करना

A: Why do you seem so upset?
आप इतने परेशान क्यों दिखाई देते हैं?

B: I'm suffering from depression.
मैं उदासी से परेशान हूं।

A: What is the reason for this?
इसका क्या कारण है?

B: I don't know.
मैं नहीं जानता।

A: Has there been a quarrel in your house?
क्या आपके घर में कोई झगड़ा हुआ है।

B: No, not at all.
नहीं, बिल्कुल नहीं।

A: Have you suffered losses in business?
क्या आपको व्यापार में हानि हुई है।

B: No, that is not the case.
नहीं, यह बात नहीं।

A: Then what can be the reason for your depression?
तो फिर आपकी उदासी का क्या कारण हो सकता है?

B: I've told you I can't say anything about it.
मैंने आपको बताया है कि मैं इसके बारे में कुछ नहीं कह सकता।

A: You should know that mental depression is now recognized as a disease but it is all in the mind.
आपको यह पता होना चहिए कि मानसिक उदासी अब एक रोग मानी जाती है। परन्तु यह सब मन में ही होती है।

B: Then what should I do?

तो मैं क्या करूँ?

A: You'll have to change your attitude to life from negative to positive. And I'd advise you to consult a psychiatrist.

आपको अपना जीवन के प्रति दृष्टिकोण नकारात्मक से सकारात्मक में बदलना होगा और मैं आपको सलाह दूंगा कि आप किसी मानसिक विशेषज्ञ का परामर्श लें।

B: Many many thanks.

बहुत बहुत धन्यवाद।

A: It's OK.

सब ठीक है।

CONVERSATION NO. – 212

On Drinking
मदिरापान सम्बन्धी

A: Is alcohol good for man?

क्या मदिरा मनुष्य के लिए अच्छी है?

B: First tell me how such an idea occurred in your mind?

पहले मुझे यह बताओ कि आपके मन में यह विचार कैसे आया?

A: It is because the number of alcoholics is increasing day by day in society.

इसका कारण यह है कि समाज में दिन प्रतिदिन मदिरा पान करने वालों की गिनती बढ़ रही है।

B: In reality, there is nothing in what type of food a man takes. Everything is in the mind.

वास्तव में, इस बात में कुछ भी नहीं कि कोई व्यक्ति किस प्रकार का भोजन करता है। सब कुछ मन में ही होता है।

A: But I've heard that food has a direct bearing on our behaviour and way of thinking?

परन्तु मैंने सुना है कि भोजन का हमारे स्वभाव और सोचने के ढंग से सीधा संबंध है?

B: I agree with you in this respect because mind is connected to body and thus it is a part of body.

मैं इस बात पर आप से सहमत हूं क्योंकि मन शरीर से जुड़ा है और इस प्रकार यह शरीर का एक भाग ही है।

A: But you haven't expressed your views on drinking?

परन्तु आपने मदिरापान के बारे अपने विचार प्रकट नहीं किये?

B: The scientists say that small quantities of alcohol are good for the heart. But excess of drinking can cause havoc to a man's health.

वैज्ञानिक यह कहते हैं कि थोड़ी मात्रा में मदिरा हृदय के लिए अच्छी होती है। परन्तु अत्यधिक मदिरापान से मनुष्य का स्वास्थ्य का विनाश हो सकता है।

A: Thanks for your frank views on drinking.

मदिरापान के बारे आपके स्पष्ट विचारों के लिए मैं आपका धन्यवाद करता हूं।

B: OK.

ठीक है।

CONVERSATION NO. – 213

About Lottery
लॉटरी के बारे में

A: Have you ever purchased a lottery ticket?
क्या आपने कभी कोई लाटरी टिकट खरीदी है?

B: Yes, I purchased a Maa Lakshmi Diwali Pooja Bumper draw ticket last year.
हां, मैंने पिछले वर्ष एक मां लक्ष्मी दिवाली पूजा बम्पर ड्रा की एक टिकट खरीदी थी।

A: What was the price of the ticket?
इस टिकट का मूल्य क्या था?

B: Rs. 100/-
एक सौ रुपये।

A: But for how much did you get it?
परन्तु आपने यह कितने की ली?

B: For Rs. 100/-
सौ रुपये की ही।

A: Didn't you get any discount?
क्या तुम्हें कोई छूट नहीं मिली?

B: No, no discount is given in the matter of lottery tickets.
लाटरी के टिकटों के मामले में कोई छूट नहीं मिलती।

A: Of which state was this ticket?
यह टिकट कौन से राज्य का था?

B: It was of Punjab State.
यह पंजाब राज्य का था।

A: What was the first prize worth?
प्रथम पुरस्कार कितने का था?

B: Of Rs. 2 crore.
दो करोड़ रुपये

A: And second prize?

और दूसरा इनाम?

B: There were 12 second prizes of Rs. 10 lakh each.

12 दूसरे इनाम थे जिन में प्रत्येक 10 लाख रुपये का था।

A: Did you win any prize?

क्या आपने कोई इनाम जीता?

B: Yes, I won the 3rd prize for Rs. 3 lakh.

हां, मैंने तीसरा इनाम जीता जो 3 लाख रुपये का था।

A: Congratulations !

मुबारक हो।

B: Thanks.

धन्यवाद।

CONVERSATION NO. – 214

Regarding Unemployment Allowance
बेरोजगारी भत्ता सम्बन्धी

A: What should be done to solve the unemployment problem?

बेरोजगारी की समस्या को हल करने के लिए क्या करना चाहिए?

B: Jobs should be provided to the unemployed.

बेरोजगारों को काम देना चाहिए।

A: I don't think you have answered my question quite appropriately. Anybody can say that jobs should be provided to the unemployed, but the question is how these jobs should be created.

मैं नहीं समझता कि आपने मेरे प्रश्न का उत्तर ठीक ढंग स दिया हैं। यह तो कोई भी कह सकता है कि बेरोजगारों को काम देना चाहिए, परन्तु प्रश्न तो यह है कि इन कार्यो का सृजन कैसे किया जाये।

B: Yes, this is a tough question.

हां, यह एक कठिन प्रश्न है।

A: Nobody can deny that the unemployed have to lead a miserable life as they have no source of income.

इस बात से तो कोई इंकार नहीं कर सकता कि बेरोजगारों को मुसीबत का जीवन व्यतीत करना पड़ता है, क्योंकि उनके पास आय का कोई साधन नही होता।

B: I think till an unemployed person gets a job, he should be given an unemployment allowance.

मेरा विचार है कि जब तक एक बेरोजगार व्यक्ति को कार्य नहीं मिलता, उसे बेरोजगारी भत्ता मिलना चाहिए।

A: But it will put a great burden on the government.

परन्तु इससे सरकार पर बहुत बोझ पड़ेगा।

B: Let it be.

पड़ने दो।

A: Some people will wrongly get this allowance.

कई लोग यह भत्ता अनुचित ढंग से ले लेंगे।

B: Yes, this is possible.

हां, ऐसा तो हो सकता है।

CONVERSATION NO. – 215

Regarding Illegal Construction

अवैध निर्माण सम्बन्धी

A: What is your opinion about illegal construction work in cities?

नगरों में अवैध निर्माण के बारे में आपका क्या विचार है?

B: I think, it is there, more or less, in almost all the cities of India.

मेरे विचार में यह भारत के लगभग सब नगरों में कम या अधिक विद्यमान है।

A: Do you think it proper?

क्या तुम इसे ठीक समझते हो?

B: No, not at all.

नहीं, बिल्कुल नहीं।

A: Are there no laws against it?

क्या इसके विरुद्ध कोई कानून नहीं हैं?

B: Yes, laws are there but they have several loopholes.

हां, कानून तो होते हैं, परन्तु उनमें कई कमियां होती हैं।

A: Are they properly implemented?

क्या वे ठीक ढंग से लागू किये जाते हैं?

B: No, they are not properly implemented and this is a big drawback.

नहीं, वे ठीक ढंग से लागू नहीं किये जाते और यह एक बड़ी कमी है।

A: What is the reason for this state of affairs?

इस तरह के हालात के क्या कारण हैं?

B: Actually, most of the laws are violated first by some influential people and then some others also follow them.

वास्तव में, अधिकतर कानून पहले कुछ प्रभावशाली लोगों द्वारा तोड़े जाते हैं और फिर कुछ और लोग ऐसा ही करते हैं।

A: I think, a strict action should be taken against such people, otherwise India will become a big slum.

मेरे विचार में ऐसे लोगों के विरुद्ध सख्त कार्रवाई करनी चाहिए, अन्यथा सारा भारत ही एक गन्दी बस्ती में परिवर्तित हो जायेगा।

CONVERSATION NO. – 216

Regarding Drug Abuse
औषधियों के दुरुपयोग सम्बन्धी

A: Can you say something about drug abuse?
क्या आप औषधियों के दुरुपयोग के बारे में कुछ कह सकते है?

B: I think this bad habit is spreading fast.
मेरे विचार में यह बुरी आदत बहुत तेजी से फैल रही है।

A: I think this is a habit related to men only.
मेरे विचार में यह आदत पुरुषों से ही संबंधित है।

B: No, no, that's not the case. It's increasingly spreading among the women also.
नहीं, नहीं ऐसी बात नहीं है। यह तेजी से स्त्रियों में भी फैल रही है।

A: But I've heard that it is common among men only.
परन्तु मैंने तो यही सुना है कि यह पुरुषों में ही आमतौर पर होती है।

B: In the modern world women are fast overtaking men in all fields, good or bad. Drug abuse is no exception.
आधुनिक संसार की स्त्रियां तेजी से पुरुषों से आगे निकल रही हैं, इनमें औषधियों का दुरुपयोग भी है।

A: I've heard that drugs cause depression, anxiety and a feeling of powerlessness.
मैने सुना है कि ड्रग्स लेने से व्यक्ति में उदासी, चिन्ता और शक्तिहीनता की भावना हो जाती है।

B: Yes, you are right.
आप ठीक कहते हैं।

A: Then why do some people take them?
फिर कई लोग इनका सेवन क्यों करते हैं?

B: Because of lack of knowledge and for the sake of curiosity, some people, particularly the young, fall in bad company and this is the result.
अज्ञानता के कारण और जिज्ञासा के लिए, कुछ लोग, विशेषकर युवावर्ग के लोग बुरी संगत में पड जाते हैं और उसका यह परिणाम निकलता है।

CONVERSATION NO. – 217

Regarding I.T. (Information Technology)
आई॰टी॰(तकनीकी सूचना)के सम्बन्ध में

A: What are your views regarding I.T.?
आई.टी. के बारे में आपका क्या विचार है?

B: Many people think that the change brought about by I.T. is a revolution and they consider it as powerful as or even more powerful than the industrial revolution.
बहुत से लोग यह सोचते हैं कि आई.टी. द्वारा लाया हुआ परिवर्तन एक क्रान्ति है और वे इसे इतना ही सशक्त मानते हैं जितनी कि औद्योगिक क्रान्ति या उससे भी अधिक सशक्त।

A: But what is your own opinion?
परन्तु आपका अपना विचार क्या है?

B: I consider it a great change, but not revolution. It may be as powerful as or even more powerful than the industrial revolution, but I don't think it is a revolution.
मैं मानता हूं कि यह एक महान परिवर्तन है परन्तु यह एक क्रान्ति नहीं है। यह औद्योगिक क्रांति जैसी ही या उससे भी अधिक शक्तिशाली हो सकती है। परन्तु फिर भी यह क्रांति नहीं है।

A: Why do you think like this?
आप ऐसा क्यों सोचते हैं?

B: The Industrial Revolution brought about a great change in the life of the common man. The devices discovered and invented by it enabled the common man to raise his living standard.
औद्योगिक क्रांति से साधारण व्यक्ति के जीवन में एक बड़ा परिवर्तन आ गया। जिन ढंगों की इसने खोज की या जिनके आविष्कार किये, उससे एक साधारण व्यक्ति इस योग्य हो गया कि वह अपना जीवन स्तर ऊंचा कर सकते।

A: What has happened with I.T.?

आई.टी से क्या हुआ है?

B: Those who were rich have become much richer but the poor have either become poorer or have remained at the same level. Very few of them have become richer.

जो धनी थे वे अत्यधिक धनी हो गये हैं परन्तु निर्धन या तो और निर्धन हो गये हैं या उसी स्तर पर रह गये हैं, उनमें बहुत कम ऐसे हैं जो पहले से धनी हो गये हैं।

A: You mean that the gap between the rich and the poor has increased?

आपका अर्थ है कि धनिकों और निर्धनों में अन्तर बढ़ गया है?

B: Yes, exactly.

हां, बिल्कुल ठीक।

CONVERSATION NO. – 218

About Thinking High
उत्तम सोच सम्बन्धी

A: Do you believe there's any value of thinking?
क्या आपके विश्वास के अनुसार सोचने का कोई मोल है?

B: I believe thinking is of great value.
मेरे विचार में सोचने का बहुत मोल है।

A: How do you say so?
आप यह कैसे कहते हैं?

B: It is rightly said that whatever a man thinks he becomes.
ठीक ही कहा जाता है कि जैसे कोई सोचता है, वैसे ही वह बन जाता है।

A: But can a man rise in life by thinking?
परन्तु जीवन में क्या कोई व्यक्ति सोचने से उन्नति कर सकता है?

B: Unless a man thinks high, he cannot become high in life.
जब तक कोई व्यक्ति ऊंचा विचार नहीं रखता, वह जीवन में ऊंचा नहीं जा सकता।

A: All the great men of the world have, in reality, been great thinkers and dreamers.
संसार के सब महान लोग वास्तव में बड़ा सोचने वाले तथा स्वप्न लेने वाले हुए हैं।

B: This is true of the spiritualists, but can we say this about businessmen and women also?
यह आध्यात्मवादियों के बारे तो ठीक है, परन्तु क्या हम यह व्यापारी पुरुषों व स्त्रियों के बारे में लागू कर सकते हैं।

A: Yes, this is what I believe. If we read the history of successful men and women all over the world, we shall learn about their dreaming natures. Every venture is preceded by a vision.

हां, यह मेरा विश्वास है। यदि हम संसार के सफल स्त्रियों व पुरुषों का इतिहास पढ़े तो हमें पता चलेगा कि उनका स्वप्न लेने का स्वभाव था। प्रत्येक कार्य एक कल्पना से आरम्भ होता है। (अर्थात् पहले कल्पना होती है फिर कार्य होता है।)

CONVERSATION NO. – 219

The Scourge of AIDS
एड्स महाविपत्ति सम्बन्धी

A: At first South Africa was the country where AIDS was said to be spreading quickly. But, now, India is said to be the country where it is spreading the fastest in the world.
पहले दक्षिणी अफ्रीका ऐसा देश था जहां एड्स बहुत तेजी से फैल रहा था, परन्तु अब भारत एक ऐसा देश है जहां यह संसार में सबसे तेजी से फैल रहा है।

B: Yes, this is what the newspapers say.
हां, समाचारपत्र तो यही कहते हैं।

A: What are the real causes of AIDS?
एड्स के वास्तविक कारण क्या हैं?

B: There are four main causes of this disease.
इस बीमारी के चार बड़े कारण है।

A: What are they?
वे कौन कौन से हैं?

B: The first one is unprotected sex.
प्रथम है असुरक्षित यौन संबंध।

A: What is the second cause?
दूसरा कारण कौन सा है?

B: It is the use of non-disposable syringes.
यह है नान–डिस्पोजेबल सिरिंजों का प्रयोग।

A: What is the third cause?
तीसरा कारण क्या है?

B: It is the transfusion of infected blood.
यह है दूषित रक्त का प्रवेश (या परिवर्तन)।

A: What is the fourth cause?
चौथा कारण क्या है?

B: It is hereditary. The child of an infected mother or parents can get it.

यह आनुवंशिक है। एक दूषित माता या माता–पिता से शिशु को यह रोग लग सकता है।

A: But, why is it spreading so fast in India?

परन्तु, भारत में यह इतनी तेजी से क्यों बढ़ रहा है?

B: It is because people are not quite conscious here.

इसलिए कि यहां के लोग अधिक जागरूक नहीं हैं।

CONVERSATION NO. – 220

About Eating At a Restaurant
रेस्तरां में भोजन करने के विषय में

A: Have you ever visited a fast food restaurant?
क्या आप कभी किसी फास्ट फूड रेस्टॉरंट में गये हैं?

B: Yes, I visited one last Sunday.
हां, मैं पिछले इतवार ही एक में गया था।

A: What is its name?
उसका क्या नाम है?

B: Friends' Fast Food Restaurant.
फ्रेंड्स फास्ट फूड रेस्टॉरन्ट

A: Where is it situated?
यह कहां स्थित है?

B: On the Pandara Road.
पंडारा रोड पर

A: What did you notice there in particular?
आपने वहां विशेष रूप से क्या देखा?

B: That the people are no longer bothered about etiquette.
यही कि लोग अब शिष्टाचार की परवाह नहीं करते हैं।

A: What type of people do you want to refer to in particular?
विशेष रूप से आप किस प्रकार के लोगों की ओर संकेत करते हैं?

B: The young people.
युवा वर्ग

A: How did they look?
वे कैसे प्रतीत होते थे?

B: They looked awkward.
वे बेढंगे से लगते थे।

A: How do you say so?

आप कैसे यह कहते हैं?

B: They made violent clumsy movements of their bodies even while eating.

वे खाना खाते हुए भी अपने शरीर को हिंसात्मक और गंदे ढंग से हिलाते थे।

A: What else?

और क्या?

B: They devoured eatables like wolves.

वे भेड़ियों की तरह खाने वाली वस्तुएं निगलते थे।

A: Do you approve of this?

क्या तुम इसे स्वीकार करते हो?

B: Can't say. It's a new culture.

कह नहीं सकता। यह नई संस्कृति है।

CONVERSATION NO. – 221

Regarding The Three M's
तीन एम(M) सम्बन्धी

A: Can you mention any letter which is realated with three most important things of the modern world?

क्या आप कोई ऐसा अक्षर बता सकते हैं जो आधुनिक युग की तीन सबसे महत्त्वपूर्ण वस्तुओं से संबंधित हो?

B: Yes, the letter is 'M'.

हां, यह अक्षर एम है।

A: How do you say so?

आप यह कैसे कहते हैं?

B: In the modern world 'M' stands for music, money and merchandise.

आधुनिक युग में एम का अर्थ है संगीत, धन और व्यापारिक सामान।

A: How did such a feeling arise?

इस प्रकार की भावना की उत्पत्ति कैसे हुई?

B: It was the result of the utilitarian moral values of the middle class.

यह मध्य वर्ग के प्रयोगात्मक नैतिक मूल्यों का परिणाम थी।

A: What was behind this?

इसके पीछे क्या था?

B: The social norms of the common people who welcomed it.

साधारण लोगों के सामाजिक विचार जिन्होंने इसका स्वागत किया।

A: What is the present scenario?

इस समय क्या स्थिति है?

B: The singers, musicians and others concerned with music are earning a lot.

गायक, संगीतकार और संगीत से संबंधित लोग बहुत धन कमा रहे हैं।

A: Who is patronising them?
उनको कौन प्रोत्साहित कर रहा है।

B: The moneyed people.
पैसे वाले लोग।

A: How have they got money?
उन्होंने धन कैसे प्राप्त किया?

B: Through their merchandise.
अपने व्यापारिक सामान द्वारा।

CONVERSATION NO. – 222

About The Taj Mahotsav
ताज महोत्सव सम्बन्धी

A: Did you attend the inauguration of the Taj Mahotsav?
क्या आप ताज महोत्सव के उद्घाटन में सम्मिलित हुए थे?

B: Yes, I did.
हां, मैं सम्मिलित हुआ था।

A: What type of festival was it?
यह उत्सव कैसा था?

B: It was meant to mark 350 years of the monument of love.
इसका अर्थ था प्रेम के इस स्मारक की तीन सौ पचासवीं वर्षगांठ मनाना।

A: Where did this festival begin?
यह उत्सव कहां आरम्भ हुआ?

B: In Agra.
आगरा में।

A: When did it start?
यह कब आरंभ हुआ?

B: On 27th September, 2004.
27 सितम्बर 2004 को।

A: How long did it continue?
यह कब तक चलेगा?

B: For one year.
एक वर्ष तक।

A: How did the inauguration ceremony begin?
उद्घाटन की रस्म कैसे आरम्भ हुई?

B: It began with the santoor recital by Shiv Kumar Sharma and gazal recital by Hariharan.
यह शिव कुमार शर्मा के संतूरवादन तथा हरिहरन के गज़लगायन से आरम्भ हुआ।

A: What important events were included in the year long celebrations?

वर्षभर मनाये जाने में क्या–क्या महत्त्वपूर्ण घटनाएं सम्मिलित थीं?

B: They were classical and Sufi music, gazal recitals and qawwali by Indian and Pakistani artists.

वे थीं क्लासिकल तथा सूफी संगीत, गजल गायन एवं भारतीय तथा पाकिस्तानी कलाकारों द्वारा कव्वाली।

A: Thank you.

धन्यवाद

B: Welcome !

स्वागत।

CONVERSATION NO. – 223

Regarding Housing Loan
गृह ऋण सम्बन्धी

A: I've learnt that your bank has drawn a plan to make house ownership easy. Is it a fact?

मुझे यह पता चला है कि आपके बैंक ने गृह–स्वामित्व सुगम बनाने की एक योजना बनाई है। क्या यह सत्य है?

Bank officer: Yes.

हां।

A: Will you please explain it a bit?

क्या आप थोड़ा विस्तार से बताऐंगे।

B.O.: According to this plan, we'll give loans upto Rs. 10 lakhs and above.

इस योजना के अनुसार हम 10 लाख तथा उससे ऊपर के ऋण देंगे।

A: It means there will be two categories of loanees?

इसका अर्थ है कि ऋण लेने वालों की दो श्रेणियां होगी?

B.O.: Yes, of course.

हां, बिल्कुल

A: What will be the difference between them?

इन दोनों में क्या अंतर होगा?

B.O.: There will be a lesser rate of interest on loan upto Rs. 10 lakh. It will be more on loan above Rs. 10 lakh.

10 लाख तक के ऋण पर ब्याज कम लगेगा। परन्तु इससे ऊपर के ऋण पर ब्याज अधिक होगा।

A: What more facilities will you give?

आप और कौन कौन सी सुविधायें देंगे।

B.O.: You can get a loan for a long period on easy instalments.

आप कम किस्तें देकर लम्बे समय के लिए ऋण ले सकते हैं।

A: Any more facility?

और कोई सुविधा?

B.O.: It'll cover free personal accident insurance.

इसमें मुफ़्त व्यक्तिगत दुर्धटना का बीमा सम्मिलित है।

A: When will the scheme start?

यह योजना कब से आरंभ होगी?

B.O.: From the 20th of this month.

इस मास की 20 तारीख से।

A: Thank you.

धन्यवाद।

B.O.: It's all right.

सब ठीक है।

CONVERSATION NO. – 224

About an Enclave
इन्क्लेव (अन्तः क्षेत्र) के बारे में

A: I've heard much about your 'enclave'.
मैंने आपके इन्क्लेव के बारे में बहुत कुछ सुना है?

Receptionist: I'm very glad to hear it.
मुझे यह सुनकर बहुत प्रसन्नता हुई है।

A: I want to buy a plot in it.
मैं इसमें एक प्लाट खरीदना चाहता हूं।

R: You're most welcome.
आपका बहुत–बहुत स्वागत है।

A: First, please tell me something about it.
कृपया पहले मुझे इसके बारे में कुछ बतायें।

R: You know it is situated quite near the main road.
आप जानते हैं कि यह मुख्य सड़क के बिल्कुल पास स्थित है।

A: Yes, I know it.
हां, मैं यह जानता हूं।

R: Bus stand, taxi stand, main markets and the railway station are quite near it.
बस स्टैंड, टैक्सी स्टैंड, मुख्य बाजार तथा रेलवे स्टेशन बिल्कुल इसके निकट है।

A: Tell me something about the planned facilities to be made available in it.
कृपया मुझे उन आयोजित सुविधाओं के बारे में बतायें जो यहां उपलब्ध कराई जायेंगी।

R: It will have wide roads, lush green parks, a school, a dispensary, a health spa, 24 hour armed security, proper sewage and water arrangement, good lighting system and the like.

इसमें चौड़ी सड़कें, हरी–हरी घास के पार्क, एक स्कूल, एक डिस्पेन्सरी, एक स्वास्थ्य स्पा, चौबीस घंटे की हथियारबन्द सुरक्षा, उचित मल निकास तथा जल प्रबन्ध, अच्छी रोशनी का प्रबंध आदि होंगे।

A: Thank you. I'll come again.

धन्यवाद, मैं फिर आऊंगा।

R: O.K.

ठीक है।

CONVERSATION NO. – 225

Joining an Immigration-cum-Education Company

इमिग्रेशन-कम-एज्युकेशन कम्पनी में शामिल होना

A: Madam, I've learnt that your company provides all kinds of education and training for immigration abroad?
महोदया, मैने सुना है आपकी कंपनी आप्रवासन के लिए हर प्रकार की शिक्षा तथा प्रशिक्षण देती है?

Receptionist: Yes, you've heard the right thing.
हां, आपने ठीक ही सुना है।

A: Do you prepare the students for interview also?
क्या आप विद्यार्थियों को साक्षात्कार की तैयारी भी करवाते हैं?

R: Yes, of course.
हां, बिल्कुल

A: In which countries do you send the people?
आप कौन–कौन से देशों में लोगों को भेजते हैं?

R: In New Zealand, Australia, U.K. and Gulf countries.
न्यूजीलैंड, आस्ट्रेलिया, यू.के. तथा खाड़ी देशों में।

A: How much time does it take in immigrating to the desired country?
जिस देश में कोई व्यक्ति जाना चाहता है वहां जाने में कितना समय लगता है?

R: Immigrating into different countries requires different time. In general, it takes from six months to one year.
भिन्न देशों में प्रवास करने के लिए भिन्न–भिन्न समय लगता है। साधारण रूप में 6 मास से एक वर्ष का समय लगता है।

A: Do you arrange all the processes?
क्या आप सब प्रणालियों का प्रबन्ध कर देते हैं?

R: Yes, we do.
हां, हम कर देते हैं।

A: What is the expenditure?
कुल खर्च कितना है?

R: It is different for different countries. Please read this brochure.
भिन्न–भिन्न देशों के लिए यह भिन्न–भिन्न है। कृपया यह विवरणिका पढ़ लीजिये।

A: Thanks.
धन्यवाद

R: O.K.
ठीक है।

CONVERSATION NO. – 226

Regarding Nursing Degree
नर्सिंग डिग्री के बारे में

A.: I've learnt that scope for nurses to seek immigration into some countries is vast.
मुझे पता चला है कि कुछ देशों में आप्रवासन के लिए नर्सों के लिए बहुत अवसर हैं?

Receptionist: Yes, you are right.
हाँ, आप ठीक कहते हैं।

A.: In which country is there maximum scope for nurses?
नर्सों के लिए किस देश में सर्वाधिक अवसर हैं?

R.: At present, it is in New Zealand.
इस समय यह न्यूजीलैंड में है।

A.: What is the earning potential?
धन कमाने की क्या सम्भावना है?

R.: At present, it is NZ $ 35000/- to 55000/- per annum.
इस समय यह सम्भावना वार्षिक 35000/- to 55000/- न्यूज़ीलैंड के डालर हैं।

A.: Can anybody go with a nursing diploma?
क्या कोई नर्सिंग डिप्लोमा प्राप्त जा सकता है?

R.: No, he must have a Nursing Degree.
नहीं उसके पास नर्सिंग डिग्री होनी चाहिए।

A.: But if somebody has a nursing diploma only?
परन्तु यदि किसी के पास नर्सिंग डिप्लोमा ही हो तो?

R.: He should go in for the upgradation of the diploma to get an internationally recognized nursing degree.
उसे डिप्लोमा का स्तर ऊपर करके अन्तर्राष्ट्रीय मान्यता वाली नर्सिंग डिग्री प्राप्त करनी चाहिए।

A.: How can it be done?
यह कैसे किया जा सकता है?

R.: We arrange proper education for it.
हम इसके लिए उचित शिक्षा का प्रबन्ध करते हैं।

A.: How much time does it take?
इसमें कितना समय लगता है?

R.: Only 8 months.
केवल आठ महीने।

A.: I'll go for it.
मैं यह करूँगा।

R.: You're most welcome.
आपका बहुत स्वागत है।

CONVERSATION NO. – 227

Spot Admission to a Foreign Institution

विदेशी संस्थान में तत्काल प्रवेश सम्बन्धी

A.: Is it a fact that your academy arranges spot admission to a number of institutions abroad?
क्या यह सत्य है कि आपकी अकादमी कुछ विदेशी संस्थानों में प्रवेश के लिए उसी समय प्रबन्ध कर देती है?

Rec: Yes.
हाँ।

A.: With which countries have you a linkage?
आप किन देशों के साथ सम्बन्धित हैं?

R.: With several countries such as UK, Canada, USA, Australia, New Zealand, Singapore, Switzerland, etc.
कई देशों के साथ जैसे कि यू॰के॰, कनाडा, यू॰एस॰ए॰, आस्ट्रेलिया, न्यूजीलैंड, सिंगापुर, स्विट्जरलैंड आदि।

A.: Here's the detail of my qualifications. Kindly read it.
यह मेरी योग्यताओं की सूची है। कृपया इसे पढ़ लीजिये।

R.: Yes, I've read it.
हाँ, मैंने इसे पढ़ लिया है?

A.: Now, which country will you recommend me?
अब आप मेरे लिए कौन से देश के बारे में परामर्श देते हैं?

R.: Canada.
कनाडा।

A.: In which institution there will you arrange admission for me?
वहाँ किस संस्था में आप मेरी भर्ती का प्रबन्ध करेंगें?

R.: In ABC College.
ए॰बी॰सी॰ कॉलेज में।

A.: Which course will be the best for me?
मेरे लिए कौन सा कोर्स सबसे अच्छा रहेगा?

R.: Business Administration.
बिज़नेस एडमिनिस्ट्रेशन।

A.: How much time will the studies take?
पढ़ाई में कितना समय लगेगा?

R.: Two years.
दो वर्ष।

A.: When should I come for interview?
मैं साक्षात्कार के लिए कब आऊँ?

R.: Tomorrow at 10.00 am.
कल दस बजे।

A.: Where?
कहाँ।

R.: At Hotel King, Chandigarh.
होटल किंग, चंडीगढ़।

A.: Thanks.
धन्यवाद।

R.: Welcome.
स्वागत।

CONVERSATION NO. – 228

A Seminar on God

ईश्वर पर परिसंवाद (सेमिनार) सम्बन्धी

A.: What kind of preparations are going on in the hall?
हाल में किस प्रकार की तैयारियाँ चल रही हैं?

B.: A seminar is going to be held there.
वहाँ एक सेमिनार होने जा रहा है।

A.: When?
कब?

B.: It'll begin today in the afternoon.
यह आज बाद दोपहर से आरम्भ होगा।

A.: What's the topic?
क्या विषय है?

B.: Whether God exists or not.
परमात्मा का अस्तित्व है या नही।

A.: Will scholars speak in it?
क्या इसमें विद्वान बोलेंगे?

B.: Yes.
हाँ।

A.: How many?
कितने?

B.: About a dozen.
कोई एक दर्जन।

A.: Will philosophers also be there in it?
क्या इनमें दार्शनिक भी होंगे?

B.: Yes, a number of them.
हाँ कई।

A.: Who will be the audience?
श्रोतागण कौन होंगे?

B.: All the people of the town have been invited.
नगर के सब लोगों को आमन्त्रित किया गया है।

A.: Can a common man also speak in it?
क्या एक साधारण व्यक्ति भी इसमें बोल सकता है?

B.: Yes.
हाँ।

A.: Has one to give one's name earlier for it ?
क्या इसके लिए उसे पहले अपना नाम देना है?

B.: Yes.
हाँ।

A.: Upto what time?
कितने समय तक?

B.: Upto 11 am.
11 बजे प्रातः तक।

A.: I'm going to give my name.
मैं अपना नाम देने जा रहा हूँ।

B.: Yes, do.
हाँ, दीजिये।

CONVERSATION NO. – 229

Who'll Bell the Cat?
बिल्ली के गले में घंटी कौन बाँधेगा?

A.: I'm tired of the boring lessons of our maths teacher, Mr. XYZ.
मैं तो अपने गणित अध्यापक श्रीमान् XYZ के उबा देने वाले पाठों से उकता गया हूँ।

B.: My condition is also the same.
मेरी भी यही दशा है।

C, D.: We also feel like this.
हम भी ऐसे ही अनुभव करते हैं।

A.: What hurts me most is that when we ask him something, he snubs us.
जिस बात से मुझे सब से अधिक दुःख होता है, वह यह है कि जब हम कुछ पूछते हैं, तो वह हमें झाड़ देते हैं।

B.: Even worse than that is that he punishes the students without any reason.
इससे भी बुरी बात यह है कि वह विद्यार्थियों को बिना किसी कारण के दण्ड देते हैं।

C.: Yes, he not only beats the students but also fines them heavily.
वह विद्यार्थियों को केवल मारते ही नहीं, अपितु उन पर भारी जुर्माने भी कर देते हैं।

D.: And these fines have to be paid by our parents who also scold us for our carelessness.
और ये जुर्माने हमारे माता पिता को देने पड़ते हैं और वह भी हमें हमारी लापरवाही के कारण डाँटते हैं।

A.: Let's go to the Principal to complain against Mr. XYZ.
आओ श्रीमान् XYZ के विरुद्ध प्रिंसिपल साहब से जाकर शिकायत करें।

B, C, D: Yes, we must.
हाँ, हमें अवश्य ही ऐसा करना चाहिये।

A.: Let B first go into the Principal's room.
पहले B को प्रिंसिपल साहब के कमरे में जाने दीजिये।

B.: No, I'm terribly afraid of Mr. XYZ.
नहीं, मैं श्रीमान् XYZ से भयंकर रूप से भयभीत हूँ।

C and D.: We also. Let A do this job.
हम भी। A को यह कार्य करने दो।

A.: I can't, I'm even more afraid.
यह मैं नहीं कर सकता। मुझे तो आप लोगों से भी अधिक भय लगता है।

CONVERSATION NO. – 230

Regarding Tours Abroad
विदेशी पर्यटन सम्बन्धी

A.: I've learnt that your company arranges tours abroad?
मुझे पता चला है कि आपकी कम्पनी विदेशी पर्यटनों का प्रबन्ध करती है?

Rec: Yes, of course.
हाँ, बिल्कुल।

A.: Will you please explain a little?
क्या आप कृपया थोड़ा स्पष्ट करेंगे?

R.: We mainly arrange two types of tours.
हम मुख्यतः दो प्रकार के पर्यटनों का प्रबंध करते हैं।

A.: Which are they?
वे कौन–कौन से हैं?

R.: One is the Budget Tour and the other is Group Tour with some other kinds.
एक तो है बजट पर्यटन और दूसरा है समूह पर्यटन तथा कुछ और प्रकार के हैं।

A.: For how many days and nights are tours arranged?
कितने दिन और रात के लिए पर्यटन का प्रबन्ध किया जाता है?

R.: They are different for different countries.
वे भिन्न–भिन्न देशों के लिए भिन्न–भिन्न हैं।

A.: Which countries do you generally cover?
आप अधिकतर कौन–कौन से देश कवर करते हैं?

R.: Thailand, Malaysia, Singapore, Mauritius, etc.
थाईलैंड, मलेशिया, सिंगापुर, मॉरीशस आदि।

A.: What are the rates?
क्या रेट हैं?

R.: They are different for different countries.
वे भिन्न–भिन्न देशों के लिए भिन्न–भिन्न हैं।

A.: What facilities do you provide?
आप क्या–क्या सुविधाएँ प्रदान करते हैं?

R.: The charges which we get from the customer include airfare, hotel accommodation, sightseeing, free visas, and mediclaim, breakfasts, lunches, dinners and many other facilities.
जो पैसे हम ग्राहकों से लेते हैं उनमें सम्मिलित होते हैं—हवाई किराया, होटल में ठहरने का खर्च, सैर–सपाटा, मुफ्त वीजा, मेडिक्लेम, नाश्ता, दोपहर का खाना, रात का खाना और अन्य बहुत–सी सुविधाएँ।

A.: Thank you very much. I'll come again after taking the final decision.
बहुत–बहुत धन्यवाद। मैं अन्तिम निर्णय लेकर फिर आऊँगा।

CONVERSATION NO. – 231

Regarding Purchase of Diamonds
हीरों की खरीदारी सम्बन्धी

A.: I read in a newspaper a large advertisement inserted by your company.
मैंने एक समाचारपत्र में आपकी कम्पनी द्वारा दिया गया एक बड़ा विज्ञापन पढ़ा।

Manager: What type of advertisement?
किस प्रकार का विज्ञापन?

A.: About your diamonds.
आपके हीरों के बारे में।

Manager: Yes, we are the biggest diamond sellers in the world.
हाँ, हम संसार में सबसे बड़े हीरों के विक्रेता हैं।

A.: What is the speciality about your diamonds?
आपके हीरों की क्या विशेषता है?

M.: We ourselves manufacture our diamonds.
हम अपने हीरे स्वयं बनाते है।

A.: From where do you get these diamonds?
आप यह हीरे कहाँ से लेते हैं?

M.: We get these from renowned divers.
हम इन्हें प्रसिद्ध गोताखोरों से लेते हैं।

A.: Then what do you do with them?
तब आप इन्हें क्या करते हैं?

M.: We cut and polish them.
हम इन्हें काटते हैं और पालिश करते हैं।

A.: In what lies your particular skill?
आपकी विशेष निपुणता किस बात में है?

M.: In cutting which is the toughest job in the matter of diamonds.

हीरे को निश्चित आकार में काटना एक कठीन कार्य है।

A.: From where did you learn it?

आपने यह कहाँ से सीखा?

M.: That's a secret which we have inherited from our forefathers.

यह एक ऐसा भेद है जो हमने अपने पूर्वजों से प्राप्त किया है।

A.: How can you be sure about the quality of a diamond?

आप हीरे की गुणवत्ता के बारे में कैसे सुनिश्चित हो सकते हैं?

M.: There are some international standards. Moreover, this is also a secret which we possess.

कुछ अन्तर्राष्ट्रीय स्तर हैं। इसके अतिरिक्त यह भी एक भेद है जो हमारे पास है।

A.: OK. I'll shortly place an order with you for some diamonds.

ठीक है। मैं शीघ्र ही आपको कुछ हीरों के लिए आर्डर दूँगा।

M.: You're welcome.

आपका स्वागत है।

CONVERSATION NO. – 232

Regarding World Tourism Day Celebrations

विश्व पर्यटन दिवस समारोह सम्बन्धी

A.: I'm very regretful for one thing.
मुझे एक बात का बड़ा खेद है।

B.: What's that?
वह क्या है?

A.: I couldn't attend the World Tourism Day Celebrations in my town.
मैं अपने नगर में विश्व पर्यटन दिवस समारोह में नहीं जा सका।

B.: Why?
क्यों?

A.: I fell suddenly ill with stomachache.
मुझे अचानक पेट दर्द होने लगा।

B.: But I attended the function.
परन्तु मैं समारोह में गया था।

A.: Who was the chief guest?
मुख्य अतिथि कौन थे?

B.: The Hon'ble Tourism Minister, Mr. XYZ.
आदरणीय पर्यटन मन्त्री, श्री XYZ.

A.: Where was the function held?
समारोह कहाँ हुआ?

B.: At the Krishna Tourist Complex.
कृष्णा टूरिस्ट काम्प्लेक्स में।

A.: What were the main events?
मुख्य घटनाएँ क्या थीं?

B.: They included processions of guests, visit to Handicraft Bazaar, Arts and Heritage House, Launching of Rural Tourism in rural ambience, etc.

इनमें सम्मिलित थे अतिथियों की शोभायात्रा, हैंडीक्राफ़्ट बाज़ार, आर्ट्स तथा हेरिटेज हाउस जाना, ग्रामीण वातावरण में ग्रामीण पर्यटन का आरम्भ करना आदि।

A.: What was the most interesting event?

सबसे मनोरंजक घटना कौन–सी थी?

B.: The procession of guests with decorated tongas, bullock carts, camels and horses.

अतिथियों की शोभायात्रा जो कि सजे हुए तांगों, बैलगाड़ियों, ऊँटों और घोड़ों पर निकाली गई।

A.: I'm glad to hear all this. Thanks.

यह सब सुनकर मुझे प्रसन्नता हुई है। धन्यवाद।

B.: Welcome, sir!

श्रीमान् जी, आपका स्वागत है।

CONVERSATION NO. – 233

Regarding Job Oriented Courses
कार्यानुकूल पाठ्यक्रम सम्बन्धी

A.: Which courses do you teach at your centre?
आप अपने केन्द्र में कौन–कौन से पाठ्यक्रम सिखाते हैं?

Rec: We coach here several job-oriented courses such as MBA, MCA, B Sc (IT), M Sc (IT), PGDCA, etc.
हम यहाँ पर अनेक रोजगारोन्मुख कोर्स कराते हैं जैसे कि MBA, MCA, B Sc(IT), M Sc(IT), PGDCA आदि।

A.: What is the fees per month?
प्रति मास कितना शुल्क है?

R.: There's different fees for different courses.
भिन्न–भिन्न पाठ्यक्रमों के लिए भिन्न–भिन्न शुल्क है।

A.: What is the last date of admission?
प्रवेश के लिए अन्तिम तिथि क्या है?

R.: 10th October.
10 अक्टूबर।

A.: What are your specialities?
आपकी विशेषताएँ क्या हैं?

R.: We have got the best centre award.
हमें सर्वोतम सेन्टर का एवार्ड मिल चुका है।

A.: That's very encouraging.
वह तो बहुत उत्साहजनक है।

R.: We assure sure placement.
हम आश्वस्त कराते हैं कि हमारा पाठ्यक्रम पूरा होने के बाद नौकरी अवश्य मिलेगी।

A.: For how many hours daily are classes held?
प्रतिदिन कितने घंटे पढ़ाई होती है?

R.: Three hours.

तीन घंटे।

A.: Can one pursue studies with job also?

क्या कोई नौकरी करते हुए पढ़ाई कर सकता है?

R.: Yes, of course.

हाँ, अवश्य।

A.: How?

कैसे?

R.: We have two separate morning and evening groups for all courses.

हमारे पास सब पाठ्यक्रमों के लिए दो ग्रुप हैं, प्रातः तथा सायं।

A.: Thank you.

धन्यवाद।

CONVERSATION NO. – 234

Regarding A Diesel Car
डीजल कार सम्बन्धी

A.: I've read in a newspaper that you have been successful in converting one of your petro cars into a diesel car.
मैंने एक समाचार पत्र में पढ़ा है कि आप अपनी एक पेट्रो कार को डीज़ल कार में परिवर्तित करने में सफ़ल हो गये हैं।

CEO: Yes, you've read the right thing.
हाँ, आपने ठीक ही पढ़ा है।

A.: What name have you given to the new car?
आपने नई कार को क्या नाम दिया है?

CEO: ABC Petro-Diesel Car.
ए॰बी॰सी॰ पेट्रो–डीज़ल कार।

A.: What is its overall fuel efficiency?
इसमें कुल कितनी ईंधन की निपुणता है?

CEO: 17.5 km pl.
17.5 किलोमीटर प्रति लीटर।

A.: What are its other specialities?
इसकी और विशेषताएँ क्या है?

CEO: It has 1910 cc 63 BHP D.Tech engine.
इसका इन्जन 1910 cc 63 BHP डी॰ टेक है।

A.: Good.
अच्छी बात है।

CEO: It has chip-controlled pump and diesel sensors.
इसके चिप द्वारा नियन्त्रित पम्प और डीज़ल सेन्सर्स हैं।

A.: What else?
और क्या?

CEO: It has 14" alloy wheels and Twin Parabolic Head lamps.
इसके 14" एलाय ह्वील तथा ट्विन पैराबोलिक हेड लैम्प्स हैं।

A.: How is its speaker system?
इसका स्पीकर सिस्टम कैसा है?

CEO: It has a 6 speaker Kenwood system.
इसका 6 स्पीकर केनवुड सिस्टम है।

A.: Thank you. Let me make up my mind.
धन्यवाद। मुझे अपना विचार कर लेने दो।

CEO: You're most welcome.
आपका बहुत स्वागत है।

CONVERSATION NO. – 235

Regarding DTH (Direct-to-Home)
डी॰टी॰एच॰ (डायरेक्ट-टू-होम) सम्बन्धी

Recep. D.D.: Hello!
हेलो।

A.: Is it DD?
क्या यह दूरदर्शन है?

R.: Yes.
हाँ।

A.: May I seek some information?
क्या मैं कुछ सूचना प्राप्त कर सकता हूँ।

R.: Yes.
हाँ।

A.: I've heard that you're starting shortly DTH service in this town?
मैंने सुना है कि आप इस नगर में शीघ्र ही DTH सेवा आरम्भ कर रहे हैं?

R.: Yes, of course.
हाँ, बेशक।

A.: How many channels will you allow?
आप कितने चैनल आरम्भ करेंगें?

R.: 30 channels, including 17 DD's own national channels and 13 private channels.
कुल 30 चैनल होंगे जिनमें 17 दूरदर्शन के राष्ट्रीय चैनल तथा 13 प्राइवेट चैनल होंगे।

A.: I've heard that there will be some radio channels also?
मैंने सुना है कि कुछ रेडियो चैनल भी होंगे?

R.: Yes, there will be 10 radio channels also?
हाँ, 10 रेडियो चैनल भी होंगे।

A.:	What will be the total price including the dish?
	डिश के खर्च को मिला कर कुल कितना खर्च आयेगा?
R.:	About Rs. 5000/-
	लगभग पाँच हज़ार रुपये।
A.:	When will it start?
	यह कब आरम्भ होगी?
R.:	From Ist December.
	प्रथम दिसम्बर से।
A.:	Thanks.
	धन्यवाद।
R.:	Welcome.
	स्वागत।

CONVERSATION NO. – 236

Television Clips On Edge Phone
एज़ फोन पर टेलीविज़न क्लिप्स

Receptionist: Hello!
हेलो!

Customer: Is it XYZ Edge Phone Company?
क्या यह XYZ एज फोन कम्पनी है?

R.: Yes.
हाँ।

C.: I've heard a lot about your new Edge Phone.
मैंने आपके नये एज फोन के बारे में बहुत कुछ सुना है।

R.: Good!
अच्छी बात है।

C.: Will you kindly explain briefly?
क्या कृपया आप थोड़ी व्याख्या करेंगे।

R.: This phone will also serve to some extent the purpose of T.V.
यह फ़ोन कुछ हद तक टी॰ वी॰ का काम भी करेगा।

C.: Excellent!
कमाल है।

R.: Yes, it is.
हाँ, वह तो है।

C.: Yes, I'm listening.
हाँ, मैं सुन रहा हूँ।

R.: You can watch over it your favourite serials, news, movie trailers, fashion and lifestyle, cartoons and many more things.
आप इसपर अपने चहेते धारावाहिक, समाचार, मूवी ट्रेलर्स, फैशन तथा लाइफस्टाइल, कार्टून्स और बहुत और चीज़ें देख सकते हैं।

C.: How many channels will it allow?
इसमें कितने चैनल देख सकते हैं?

R.: 13
तेरह।

C.: I think, it must be very costly.
मेरा विचार है कि यह बहुत महंगा होगा।

R.: No, it'll suit every pocket.
नहीं, यह हर कोई खरीद सकेगा।

C.: Then I'll go for it.
तब मैं यह खरीदूँगा।

R.: You're welcome.
आपका स्वागत है।

CONVERSATION NO. – 237

Joining a Company
एक कम्पनी में शामिल होना

Solanki: Come on, Lokesh!
लोकेश जी, आइये।

Lokesh: Mr. Solanki, you're a senior executive in a renowned company.
श्रीमान् सोलंकी जी, आप तो एक प्रसिद्ध कम्पनी में एक वरिष्ठ अधिकारी हैं।

S.: Go on, please.
कृपया अपनी बात जारी रखें।

L.: Can't you give me some guidance in the matter of joining a company?
क्या आप किसी कम्पनी को जॉइन करने के बारे में मेरा पथ–दर्शन नहीं कर सकते?

S.: I know you've got very good qualifications and you've the requisite virtues in you to rise higher in life.
मैं जानता हूँ कि आपकी योग्यता काफ़ी अच्छी है और आपके अन्दर जीवन में उन्नति करने के आवश्यक गुण हैं।

L.: Thank you, sir, for the appreciation.
श्रीमान् जी, इस प्रशंसा के लिए मैं आपका धन्यवाद करता हूँ।

S.: Still your progress in life much matters in respect of the company you join.
फिर भी आपकी जीवन में उन्नति इस बात पर बहुत निर्भर करती है कि आप किस प्रकार की कम्पनी जॉइन करते हैं।

L.: Sir, that's why I've come to you.
श्रीमान् जी, मैं इसीलिए आपके पास आया हूँ।

S.: I know.
मैं जानता हूँ।

L.: Yes, sir.

हाँ, श्रीमान् जी!

S.: Look here, I'll advise you to join the company which provides performance oriented quick growth and offers a splendid pay package at the very start.

मेरी ओर देखिये मैं आपको यह परामर्श दूँगा कि आप वह कम्पनी जॉइन करें जो कार्य के अनुसार शीघ्र उन्नति की ओर ले जाती है और जो आरम्भ में ही अच्छा वेतन देती हो!

L.: Thank you, sir.

धन्यवाद, श्रीमान् जी।

S.: It's OK.

सब ठीक है।

CONVERSATION NO. – 238

With Principal for fine Remission
प्रधानाचार्या से अर्थदण्ड माफी के विषय में

Principal: Hello!
हेलो!

Mrs. Luthra: Is that Principal, KLM School?
क्या यह प्रधानाचार्य, के॰एल॰एम॰ स्कूल हैं?

P.: Yes.
हाँ।

L.: Ma'am, may I make a request?
महोदया, क्या मैं एक प्रार्थना कर सकती हूँ?

P.: Yes, please go on.
हाँ, कृपया बोलिए।

L.: Ma'am, my daughter, Swarna, reads in your school.
महोदया मेरी बेटी स्वर्णा आपके स्कूल में पढ़ती है।

P.: In which class does she read?
वह किस कक्षा में पढ़ती है?

L.: She is in 6th A.
वह छठी–ए में है।

P.: OK.
ठीक है।

L.: Yesterday, she reached school late by about 15 minutes.
कल वह स्कूल करीब 15 मिनट देर से पहुँची।

P.: Why?
क्यों।

L.: Ma'am, she was on her way, her bicycle got punctured and her class, teacher, Mrs. Kusum, has fined her Rs.50.

महोदया, जब वह जा रही थी तो उसकी बाइसिकल पंचर हो गयी और उसकी क्लास टीचर, श्रीमती कुसुम ने उसे 50 रुपये जुर्माना कर दिया है।

P.: Now, what do you want?

अब आप क्या चाहती हैं।

L.: I request you to remit her fine as she was not late deliberately.

मैं आपसे प्रार्थना करती हूँ कि आप उसका जुर्माना क्षमा कर दें क्योंकि वह जानबूझकर देर से नहीं पहुँची।

P.: Please send a written request. This time I'll do but in future she should start from home a bit earlier.

कृपया लिखकर यह प्रार्थना भेजिये। इस बार तो मैं क्षमा कर दूंगी, परन्तु आगे से उसे घर से कुछ पहले चलना चाहिए।

L.: She'll. Thank you, ma'am.

वह जायेगी। धन्यवाद, महोदया।

P.: It's all right.

ठीक है।

CONVERSATION NO. – 239

Seeking Information Regarding Admission

प्रवेश सम्बन्धी सूचना प्राप्त करना

Headclerk: Hello!
हेलो!

Mrs. Gulati: Is it ABC School?
क्या यह ए॰बी॰सी॰ स्कूल है?

H.C.: Yes.
हाँ।

G.: May I seek some information?
क्या मैं कुछ सूचना प्राप्त कर सकती हूँ।

H.C.: Yes, please speak out.
हाँ, कृपया बताइये।

G.: My daughter was studying in J.K. School, Panipat.
मेरी बेटी जे॰के॰ स्कूल पानीपत में पढ़ रही थी।

H.C.: Then?
तो?

G.: I am an officer in the Income Tax Department and was serving there and my daughter was living with me.
मैं आयकर विभाग में एक आफ़ीसर हूँ और मैं वहाँ नियुक्त थी और मेरी बेटी भी मेरे साथ रहती थी।

H.C.: Yes.
हाँ।

G.: Now, I've been transferred to this city and my daughter has also come with me.
अब मेरा इस शहर में तबादला हो गया है और मेरी बेटी भी मेरे साथ आ गई है।

H.C.: What can our school do for you?

हमारा स्कूल आपके लिए क्या कर सकता है?

G.: Can my daughter be admitted to your school?

क्या मेरी बेटी को आपके स्कूल में प्रवेश मिल सकता है?

H.C.: Which class?

किस कक्षा में!

G.: 6th

छठी।

H.C.: But there are some conditions.

परन्तु कुछ शर्तें हैं।

G.: Which ones?

कौन सी?

H.C.: She'll have to produce a school leaving certificate from the previous school and here also she'll have to take a written test.

उसे पिछले स्कूल को छोड़ने का वहाँ से सर्टिफ़िकेट लाना होगा और यहाँ भी एक टेस्ट में बैठना होगा।

G.: She'll do that. Thanks.

वह ऐसा करेगी। धन्यवाद।

H.C.: OK.

ठीक है।

CONVERSATION NO. – 240

Regarding Fee Remission For Second Child

दूसरे बच्चे की शुल्क माफी सम्बन्धी

Principal: Hello!

हेलो!

Mrs.Kundra: Ma'am, I have a daughter, Sonal, studying in your school in class II.

महोदया, मेरी बेटी, सोनल आपके स्कूल में दूसरी कक्षा में पढ़ती है।

P.: Good!

अच्छी बात है।

K.: Now, I want admission in your school for my second daughter also.

अब मैं अपनी दूसरी बेटी के लिए भी आपके स्कूल में प्रवेश चाहती हूँ।

P.: In which class?

किस कक्षा में?

K.: Ma'am, in nursery.

महोदया, नर्सरी में।

P.: Yes, you're welcome.

हाँ, आपका स्वागत है।

K.: Ma'am, can you grant some fee concession to her?

महोदया, क्या आप उसे शुल्क में कुछ रियायत दे सकती हैं।

P.: I'll grant her half fee concession.

मैं उसे आधी फ़ीस की रियायत दूँगी।

K.: Ma'am, I want to request you to grant her full fee concession.

महोदया, मैं आपसे यह प्रार्थना करना चाहती हूँ कि उसे पूरी फीस की रियायत दें।

P.: When a child is studying in our school, we can grant only half fee concession for brother or sister. This is as per rules followed in this school. I can't violate rules.

जब एक बच्चा हमारे स्कूल में पढ़ रहा होता है तो हम भाई या बहन के लिए आधी फ़ीस ही माफ़ कर सकते हैं। यह स्कूल के नियमों के अनुरुप है। मैं इन नियमों का उल्लंघन नहीं कर सकती।

K.: Thank you, madam.

धन्यवाद, महोदया।

P.: You're welcome.

आपका स्वागत है।

CONVERSATION NO. – 241

Seeking Information Regarding a Post

एक पद सम्बन्धी सूचना प्राप्त करना

Chairman: Hello !

हेलो !

Mrs. Kulkarni: Sir, is it Janhit Society Office?

श्रीमान्, क्या यह जनहित सोसायटी का कार्यालय है?

Ch.: Yes, of course.

हाँ, अवश्य

K: Who's that?

कौन बोल रहा है?

Ch.: Chairman.

चेयरमैन।

K.: Good morning, sir.

शुभ प्रभात श्रीमान् जी।

Ch.: Good morning, yes, what can I do for you?

नमस्ते, हाँ, मैं आपके लिए क्या कर सकता हूँ ?

K.: Sir, may I seek some information if you don't mind?

श्रीमान् जी, यदि आप बुरा न मानें तो मैं कुछ सूचना प्राप्त कर सकती हूँ?

Ch.: Yes, please speak out.

हाँ, कृपया बोलिये।

K.: Sir, today I read in the newspaper that your society is establishing an ultra modern school in Delhi.

श्रीमान् जी, मैनें समाचार–पत्र में पढ़ा कि आप की सोसायटी दिल्ली में एक अति आधुनिक स्कूल स्थापित करने जा रही है।

Ch.: Yes, of course.

हाँ, अवश्य।

K.: Sir, it is mentioned that you need to appoint the Principal?

श्रीमान् जी, यह उल्लेख किया गया है कि आपको प्रिंसिपल नियुक्त करना है?

Ch.: Yes, certainly.

हाँ, अवश्य।

K.: But, sir, it is not clearly mentioned what are the essential qualifications and what is the remuneration?

परन्तु, श्रीमान् जी, यह साफ–साफ नहीं बताया गया कि आवश्यक योग्यताएँ क्या हैं और क्या वेतन मिलेगा?

Ch.: The essential qualifications are MA/MSc, B.Ed. We'll prefer a PhD. though it is not an essential qualification. Remuneration will be as per government grade.

आवश्यक योग्यताएँ हैं MA/MSc, B.Ed.। हम Ph D. को वरीयता देंगे यद्यपि यह आवश्यक योग्यता नहीं है। वेतन सरकारी ग्रेड के अनुसार होगा।

K.: Thank you, sir.

धन्यवाद, श्रीमान् जी।

Ch.: You're welcome.

आपका स्वागत है।

CONVERSATION NO. – 242

Regarding Qualifications for a Lecturer

प्रवक्ता की योग्यता सम्बन्धी

Superintendent (Adm.): Hello !

हेलो !

Mrs. Nandita: Good morning !

शुभ प्रभात !

Superintendent (Adm.): Good morning. What can I do for you?

नमस्ते। मैं आपके लिए क्या कर सकता हूँ?

Mrs. Nandita: In today's paper there's an advertisement inserted by your college for the post of a lecturer in Economics.

आज के समाचारपत्र में आपके कालेज की ओर से एक विज्ञापन अर्थशास्त्र में एक लेक्चरर के लिए है।

Superintendent (Adm.): Yes, it is.

हाँ, है।

Mrs. Nandita: You haven't mentioned in it what qualifications a candidate should possess.

आपने इसमें इस बात का वर्णन नहीं किया कि क्या योग्यताएँ चाहिए।

Superintendent (Adm.): A candidate should have a good academic record with at least 55% marks at postgraduate level. A candidate belonging to SC or ST or those who passed their Master's Degree prior to 19.09.1991 and hold a Ph.D. degree should have obtained at least 50% marks instead of 55%.

प्रत्याशी का अच्छा शैक्षिक रिकार्ड होना चाहिए जिसमें उसके स्नातकोत्तर स्तर पर कम से कम

	55% अंक होने चाहिए। यदि कोई प्रत्याशी अनुसूचित जाति या अनुसूचित जनजाति से सम्बन्धित है या वे जिन्होंने 19.9.91 से पहले स्नातकोत्तर डिग्री प्राप्त की और उनके पास Ph.D. की डिग्री है, उनके 55% प्रतिशत के स्थान पर कम से कम 50% नम्बर होने चाहिए।
Mrs. Nandita:	Is there any other essential qualification? क्या और कोई आवश्यक योग्यता भी है?
Superintendent (Adm.):	Yes, it is that the candidate must have qualified the UGC/CSIR NET for lecturers or similar test accredited by the UGC. हाँ, वह है कि प्रत्याशी ने UGC/CSIR NET (लेक्चरर के लिए) या इसी प्रकार का UGC द्वारा मान्य टेस्ट पास किया हो।
Mrs. Nandita:	Is there any relaxation in it? क्या इसमें कोई रियायत है?
Superintendent (Adm.):	Yes. But for this you should come here and read the notice on the notice-board. हाँ, है। परन्तु इसके लिए आपको यहाँ आना चाहिए और नोटिस–बोर्ड पर नोटिस पढ़ना चाहिए।
Mrs. Nandita:	O.K. Thanks. ठीक है 'धन्यवाद'
Superintendent (Adm.):	Welcome. स्वागत।

CONVERSATION NO. – 243

Regarding Fire Professionals

अग्निशमन कर्मचारियों के सम्बन्ध में

G. M.: Hello !
हेलो !

Mr. R.: Good morning, sir.
नमस्ते, श्रीमान् जी।

G. M.: Good morning ! Yes.
नमस्ते ! हाँ, बोलिए !

Mr. R.: Sir, I have learnt that some posts of fire professionals are lying vacant in your department?
श्रीमान् जी, मैंने सुना है कि आपके विभाग में अग्निशमन कर्मचारी के कुछ पद रिक्त हैं?

G. M.: Yes, they are.
हाँ हैं।

R.: Sir, what are the qualifications?
श्रीमान् जी, क्या योग्यताएँ चाहिए?

G. M.: The candidate should be B. E. (Fire Engineering) with minimum three years work experience or he should have completed Station Officer Course with minimum eight years of experience in a large refinery, petrochemical, fertilizer, pharmaceutical plant or in a large chemical industry.
प्रत्याशी ने बी.ई की डिग्री फायर इन्जीनियरिंग में पास की हो और कम से कम तीन वर्ष का कार्य अनुभव होना चाहिए या फिर उसने स्टेशन आफिसर का कोर्स किया हो तथा कम से कम 8 वर्ष का अनुभव किसी बड़ी रिफाइनरी, पेट्रोकेमिकल, फर्टिलाइजर या दवाइयों के कारखाना या किसी बड़े रासायनिक उद्योग से प्राप्त किया हो।

R.: Is any more qualification also necessary?
क्या कोई और योग्यता भी आवश्यक है?

G. M.: Yes, it is that he should have a valid heavy vehicle driving licence.

हाँ, वह यह है कि उसके पास एक वैध भारी वाहन चलाने का लाइसेंस होना चाहिए।

R.: Thank you very much, sir.

बहुत–बहुत धन्यवाद, श्रीमान्।

G. M.: It's all right.

ठीक है।

CONVERSATION NO. – 244

Interview with a General Manager (Human Resource)

महाप्रबंधक (मानव संसाधन) के साथ साक्षात्कार

Interviewer: Well, as GM (HR) of ABC Company, how do you feel?

ठीक है, ABC कम्पनी के जी॰ एम॰ (HR) के रूप में आप कैसा महसूस करते है?

G. M.: I feel very nice.

मैं बहुत बढ़िया महसूस करता हूँ।

I.: What is your present staff strength?

इस समय आपकी कम्पनी में कितने लोग हैं?

G. M.: There are about 200 people working at different posts and places in our company.

हमारी कम्पनी में कुल कोई दो सौ व्यक्ति भिन्न–भिन्न पदों पर और भिन्न–भिन्न स्थानों पर लगे हुए हैं।

I.: When was your company established?

आपकी कम्पनी की स्थापना कब हुई?

G. M.: 20 years ago.

बीस वर्ष पहले।

I.: How many people were there in your company in the first year?

आपकी कम्पनी के प्रथम वर्ष में कुल कितने व्यक्ति थे?

G. M.: Only two, my father and me.

केवल दो, मेरे पिताजी और मैं।

I.: Then how has your company been able to make such a tremendous progress in just two decades?

तो फिर आपकी कम्पनी ने केवल दो दशकों में इतनी उन्नति कैसे कर ली?

G. M.: It has been first because of the farsightedness of my father and secondly because of the hard work put in by the men whom we employed.

सब से पहले इसका कारण है मेरे पिताजी की दूरदर्शिता और दूसरी बात है उन लोग की मेहनत जिनको हम ने काम पर लगाया।

I.: It means two things are essential for success-farsightedness and hard work.

इसका अर्थ है सफलता के लिए दो बातें अत्यावश्यक है–दूरदर्शिता और मेहनत।

G. M.: Yes, of course.

हाँ, अवश्य।

I.: Many many thanks.

बहुत बहुत धन्यवाद

G. M.: OK.

ठीक है।

CONVERSATION NO. – 245

Interview with a Forensic Scientist

फोरेन्सिक वैज्ञानिक से साक्षात्कार

Interviewer: As a forensic scientist how do you feel?

एक फॅरेन्सिक वैज्ञानिक के रूप में आप कैसा महसूस करते हैं?

Forensic Scientist: I feel very fine.

मैं बहुत बढ़िया महसूस करता हूं।

I.: Why is the role of forensic science said to have increased greatly in the present times?

आजकल के समय में फॅरेन्सिक विज्ञान का महत्त्व बहुत बढ़ गया है, ऐसा क्यों कहा जाता है?

F. S.: Forensic science plays a key role in any investigation. With the rise in crime rate, there is need for an army of forensic scientists to zero in on criminals.

किसी भी छानबीन में फॅरेन्सिक विज्ञान का बहुत महत्त्व होता है। जुर्म के बढ़ रहे रेट के कारण और अपराधियों को पकड़ने के लिए फॅरेन्सिक वैज्ञानिकों की बड़ी संख्या में आवश्यकता है।

I.: What are the job prospects in this field?

इस क्षेत्र में कार्य के क्या अवसर हैं?

F. S.: Students who complete this course have very good job prospects. Even if the remuneration is not very high, there is a lot of job satisfaction.

जो विद्यार्थी इस कोर्स को पूरा कर लेते हैं उनको नौकरी मिलने की बहुत सम्भावना होती है। चाहे इसमें वेतन बहुत नहीं होता परन्तु बहुत कार्य संतुष्टि मिलती है।

I.: What are generally the payscales?

साधारणतः वेतनमान कितने मिलते हैं?

F. S.: A Lab assistant gets Rs. 8000. A Junior Scientific Officer gets Rs. 15000 and a Senior Scientific Officer gets Rs. 20000. Promotion from Lab assistant to JSO and then to SSO is often certain.

एक लैब असिस्टैंट को 8000 रुपये, एक जूनियर वैज्ञानिक आफिसर को 15000 रुपये और एक सीनियर वैज्ञानिक आफिसर को 20,000 रुपये मिलते हैं। लैब असिस्टैंट से जूनियर वैज्ञानिक आफिसर तथा फिर सीनियर वैज्ञानिक आफिसर तक पदोन्नति प्रायः निश्चित होती है।

I.: Thank you, sir.

श्रीमान् जी, धन्यवाद।

F. S.: Welcome.

स्वागत है।

CONVERSATION NO. – 246

Regarding To Be a Floriculturist
पुष्पकृषक बनने सम्बन्धी

Would-be Floriculturist: Good morning, sir.
नमस्ते, श्रीमान् जी।

Floriculturist: Good morning.
नमस्ते।

W.b.f.: Have you recognized me, sir?
श्रीमान् जी, क्या आपने मुझे पहचाना है?

F. No, sir, to be frank.
नहीं श्रीमान् जी, स्पष्ट बात तो यह है।

W.b.f.: Sir, I live in your neighbourhood just a few metres away.
श्रीमान् जी, मैं आपके पड़ोस में ही कुछ मीटरों की दूरी पर रहता हूं।

F.: I'm glad to see you. Say, what can I do for you?
मुझे आपसे मिलकर प्रसन्नता हुई है। कहिये, मैं आपके लिए क्या कर सकता हूं।

W.b.f.: Sir, you're a renowned floriculturist, while I want to become one. Will you kindly give me some guidance in this field?
श्रीमान् जी, आप एक प्रसिद्ध फ्लोरिकल्चरिस्ट हैं, जबकि मैं ऐसा बनना चाहता हूं। क्या कृपया आप मुझे इस क्षेत्र में मेरा पथ–प्रदर्शन करेंगे?

F.: Sir, you must have at least an acre of land to start with. If you have a degree in floriculture, it's good. Otherwise, you can do without it.

श्रीमान् जी, आपके पास कम से कम एक एकड भूमि होनी चाहिए। यदि आप के पास फ्लोरिकल्चर डिग्री हो तो अच्छा है, अन्यथा इसके बिना भी काम चल जायेगा।

w.b.f.: What are the essentials in this field?

इस क्षेत्र में कौन सी जरूरी बातें हैं?

F.: Some of them are—availability of soil, availability of usable ground water, proper climate and proximity to market.

उनमें से कुछ हैं—मिट्टी की उपलब्धता, प्रयोगात्मक जमीनी जल की उपलब्धता, उचित जलवायु तथा बाजार की निकटता।

W.b.f.: Thank you a lot, sir.

बहुत सा धन्यवाद, श्रीमान् जी।

F.: It's all right.

सब ठीक है।

CONVERSATION NO. – 247

Regarding CGFNS Examination

सी॰जी॰एफ॰एन॰एस॰ परीक्षा सम्बन्धी

A.: I've learnt that you have passed the Commission on Graduates for Foreign Nursing Schools (CGFNS) Examination.

मैंने सुना है कि आपने CGFNS परीक्षा पास कर ली है।

B.: Yes.

हां।

A.: Will you please tell me what are the mandatory qualifications for taking this examination?

क्या कृपया आप मुझे बताएंगे कि यह परीक्षा देने के लिए क्या आवश्यक योग्यताएं हैं?

B.: In all, there are two such qualifications.

कुल, इस प्रकार की दो योग्यताएं हैं?

A.: What is the first qualification?

प्रथम योग्यता क्या है?

B.: It is that after class XII, the student should have got degree in nursing from a government approved institution.

वह यह है कि 12वीं कक्षा के बाद विद्यार्थी ने किसी सरकार द्वारा स्वीकृत संस्था से नर्सिंग में डिग्री प्राप्त की हो।

A.: Is this degree enough?

क्या यह डिग्री पर्याप्त होती है?

B.: No. It must include two or more general nursing programmes, which include both theory and clinical practice in each of the five areas of nursing.

नहीं। इसमें दो या दो से अधिक नर्सिंग प्रोग्राम सम्मिलित हैं। थीअरी तथा क्लिनिकल प्रैक्टिस के नर्सिंग के पांचों में से प्रत्येक क्षेत्र में।

A.: What are those five areas?

वे पांच क्षेत्र कौन से हैं?

B.: They are Medical, Surgical, Obstetric, Paediatric and Psychiatric Nursing.

वे हैं मेडीकल, सर्जिकल, ऑब्स्टेट्रिक, पेडिआट्रिक तथा साइकिआट्रिक नर्सिंग।

A.: What is the second qualification?

दूसरी योग्यता क्या है?

B.: It is that the person must possess a valid licence or registration to practise as a general nurse in the country or in the state concerned.

वह यह है कि व्यक्ति के पास एक वैध लाइसेंस या रजिस्ट्रेशन होना चाहिए कि वह एक नर्स के रूप में देश में या सम्बन्धित प्रान्त में प्रैक्टिस कर सकता हो।

A.: Thank you, very much.

बहुत–बहुत धन्यवाद।

B.: It is all right.

सब ठीक है।

CONVERSATION NO. – 248

Regarding Cell Phones and Doctors

सेलफोन और डाक्टर सम्बन्धी

Doctor: Good morning, ma'am.
नमस्ते, महोदया।

Receptionist: Good morning ! What can our company do for you?
नमस्ते, हमारी कम्पनी आपके लिए कर सकती है?

Doctor: I've learnt that cell phones can be very useful to a doctor, and your company being the leader in the market, I want to purchase a cell phone from you.
मुझे पता चला है कि एक डॉक्टर के लिए सेल–फोन्स बहुत लाभदायक हो सकते हैं, और आपकी कम्पनी मार्केट में प्रथम स्थान पर है, इसलिए मैं आपकी कम्पनी का सेलफोन खरीदना चाहता हूं।

Receptionist: You're most welcome.
आपका बहुत–बहुत स्वागत है।

Doctor: First, I want to know how in different ways a cell phone can help a doctor as I've started my clinic only recently.
ग्बसे पहले मैं यह जानना चाहता हूं कि कैसे एक डॉक्टर के लिए एक सेलफोन भिन्न प्रकार से लाभदायक हो सकता है, क्योंकि मैंने अपनी क्लिनिक थोड़े समय पहले ही आरम्भ की है।

R.: Through the cell phone, you can establish contact with your patients and colleagues.
अपने सेल फोन द्वारा आप अपने रोगियों तथा साथियों के साथ सम्बन्ध स्थापित कर सकते हैं।

D.: Yes, this is right.
हां, यह बात तो ठीक है।

R.: You can not only establish this contact while in the clinic but also maintain it when you are on the move.

आप यह सम्बन्ध केवल उस समय जब आप अपनी क्लीनिक में हैं, ही नहीं स्थापित कर सकते, बल्कि उन्हें कायम भी रख सकते हैं जब आप इधर–उधर आ–जा रहे हैं।

D.: This is, of course, correct.

यह तो बिल्कुल ठीक है।

R.: Then, you can exchange information with your colleagues.

तब, आप अपने साथियों से सूचना का आदान–प्रदान कर सकते हैं।

D.: Anything else?

और कुछ?

R.: You can make appointments, give instructions to staff, have access to Internet and send and receive e-mail with the cell phones having integrated cameras, you can even take pictures of interesting and specific cases.

आप नियुक्तियां कर सकते हैं, आप स्टाफ को हिदायतें दे सकते हैं, इन्टरनेट के साथ सम्बन्ध कर सकते हैं, ईमेल भेज सकते हैं व प्राप्त कर सकते हैं, आप रुचिकर और विशेष मामलों की तस्वीरें ले सकते हैं।

D.: Thank You, ma'am. Let me have a cell phone.

धन्यवाद, महोदया। मुझे एक सेलफोन दे दीजिए।

CONVERSATION NO. – 249

Joining an Academy
एक अकादमी में शामिल होना

Receptionist: Hello !

हेलो!

Student: Is it Kochar Academy?

क्या यह कोचर अकादमी है?

R.: Yes.

हां।

S.: Ma'am, I want to join your academy.

महोदया, मैं आपकी अकादमी में शामिल होना चाहता हूं।

R.: In which class?

किस कक्ष में?

S.: + 2.

+ 2

R.: Yes.

हां।

S.: Ma'am, what are the specialities of your academy?

महोदया, आपकी अकादमी की क्या विशेषताएं हैं?

R.: We teach in small groups. We follow indepth learning methods. We have a highly qualified staff. Our fees are reasonable. We've quick revision methods. We give elaborate high class computerized notes. We have a healthy atmosphere in our academy. We allow interaction among students. We encourage students to ask questions.

हम छोटे समूहों में पढ़ाते हैं। हम गहराई में सीखने के ढंग अपनाते हैं। हमारे पास बहुत योग्य स्टाफ है। हमारे शुल्क उचित

हैं। हमारे पास तेजी से दोहराई के ढंग है। हम विस्तार में ऊंचे स्तर के कम्प्यूटराइज्ड नोट्स देते हैं। हमारी अकादमी में स्वस्थ वातावरण है। हम विद्यार्थियों को आपस में परस्पर मेलजोल की आज्ञा देते हैं। हम विद्यार्थियों को प्रश्न पूछने के लिए प्रोत्साहित करते हैं।

S.: Thanks, ma'am, I'll join.

धन्यवाद महोदया, मैं जाइन करूंगा।

CONVERSATION NO. – 250

Contacting a Cafe
कैफे से सम्पर्क स्थापित करना

Receptionist: Hello !
हेलो!

Customer: Is it Excellent Coffee Cafe?
क्या यह एक्सीलेंट कॉफी कैफे है?

R.: Yes.
हां।

C.: May I seek some information?
क्या मैं कुछ सूचना प्राप्त कर सकता हूं?

R.: Yes, of course.
हां, अवश्य।

C.: Your coffee is famous throughout the city.
आपका कॉफी तो नगर भर में प्रसिद्ध है।

R.: Thanks for the appreciation.
प्रशंसा के लिए धन्यवाद।

C.: Which other items do you make available with coffee?
आप कॉफी के साथ और कौन–कौन वस्तुएं उपलब्ध कराते हैं?

R.: Our sandwiches are well-known to all our customers. We make available several items, among them are cakes, pudding, bakery, breads, salads, several cheese preparations and even some non-veg. items such as eggs, fish-fingers, lamb-fingers, mutton chops and roasted chicken flesh balls etc.
हमारे सैंडविचिज तो हमारे सब ग्राहकों को मालूम हैं। हम अनेकों व्यंजन उपलब्ध कराते हैं जिनमें कुछ हैं केक्स, पुडिंग, बेकरी, ब्रेड्स, सैलड्स, पनीर क्रीम की अनेक व्यंजन और कुछ मांसाहारी व्यंजन भी जैसे कि अंडे, मछली क़ी फिंगर्स, लैम–फिंगर्स, मटन चॉप्स, और भुने हुए चिकन मांस बाल्स आदि।

C.: Is your Cafe A.C.?
क्या आपका कैफे वातानुकूलित है?

R.: Yes.
हां।

C.: Is there proper seating arrangement for couples?
क्या दंपतियों के लिए बैठने का उचित प्रबन्ध है?

R.: Yes.
हां।

CONVERSATION NO. – 251

With an Human Resource Director
मानव संसाधन निदेशक के साथ

Student: Sir, you are the H R Director of a renowned MNC company.
श्रीमान् जी, आप एक प्रसिद्ध MNC company में HR निदेशक हैं।

HRD: Please go on.
कृपया बात जारी रखिये।

Student: Will you please answer an important query?
क्या कृपया आप एक महत्त्वपूर्ण प्रश्न का उत्तर देंगे?

HRD: Yes, I'll try.
हां, मैं प्रयास करूंगा।

S.: Sir, what are the various ways to change the employees' attitude from negative to positive?
श्रीमान् जी, कौन–कौन से भिन्न तरीके हैं जिससे कार्यकर्त्ताओं का दृष्टिकोण नकारात्मक से सकारात्मक में बदला जा सकता है?

HRD: There are several such ways, but I'll point out here a few of them.
इसके कई तरीके हैं, परन्तु मैं यहां उनमें से कुछ वर्णन करूंगा।

S.: Very kind of you, sir.
आपकी बहुत कृपा है, श्रीमान् जी।

HRD: First of all, the managers should carry the image of humaneness and gentleness instead of bullyism.
सबसे पहले प्रबन्धकों की छवि डराने–धमकाने के स्थान पर कोमलता तथा नर्मी की होनी चाहिए।

S.: How can that be done?
वह कैसे किया जा सकता है?

HRD: The employees must be paid all salaries and dues fully and on time. There should be no exploitation.
कर्मचारियों को सब देय वस्तुएं पूरी और ठीक समय पर मिलनी चाहिएं। कोई शोषण नहीं होना चाहिए।

S.: What else, sir?
और क्या, श्रीमान् जी?

HRD: There should be flexitime working hours as far as possible. Such an attitude should be there in particular for women.
जहां तक हो सके काम का समय लचीला होने चाहिए। स्त्रियों के प्रति ऐसी अभिवृत्ति विशेष रूप से होनी चाहिए।

S.: Anything more, sir?
और कोई बात, श्रीमान् जी।

HRD: Now, one thing strange. The interiors of office or work place should be bright and colourful.
अब एक अद्‌भुत बात। कार्यालय या कार्य स्थान के आन्तरिक भाग चमकीले और रंगदार होने चाहिए।

S. Thank you, sir.
धन्यवाद, श्रीमान् जी।

CONVERSATION NO. – 252

Regarding Tele Callers
टेलीकालर्स के सम्बन्ध में

Miss Rita: Is it Manager, ABC bank?
क्या यह मैनेजर, ए.बी.सी. बैंक है?

Manager: Yes.
हां।

R.: May I seek some information?
क्या मैं कुछ सूचना प्राप्त कर सकती हूं?

M.: Yes.
हां।

R.: I've learnt from somewhere that you're in need of some Tele Callers for your bank?
मुझे कहीं से पता चला है कि आपके बैंक को कुछ टेली–कालर्स चाहिए?

M.: Yes, of course, we have some vacancies.
हां, हमारे पास कुछ रिक्तियां हैं।

R.: Sir, what are the qualifications?
श्रीमान जी, क्या योग्यताएं चाहिए?

M.: One should be a graduate. Even freshers can be accepted.
व्यक्ति को स्नातक होना चाहिए। नये स्नातक भी स्वीकार किये जा सकते हैं।

R.: Any other requisite qualifications, sir?
श्रीमान् जी, और कोई योग्यताएं?

M.: One must possess good interpersonal and communicative skills in English and Hindi or in a local language.
व्यक्ति के पास अच्छी अन्तर व्यक्तिगत और संचार साधनीय निपुणताएं अंग्रेजी और हिन्दी या किसी स्थानीय भाषा में होनी चाहिए।

R.: What's remuneration, sir?

श्रीमान् जी, पारिश्रमिक क्या होगा?

M.: It'll be the best in the banking world and will include several incentive programmes.

यह बैंक के क्षेत्र में सब से बढ़िया होगी और इसमें अनेकों प्रोत्साहित प्रोग्राम भी सम्मिलित होंगे।

R.: Thank you, sir.

धन्यवाद, श्रीमान् जी।

M.: You're welcome.

आपका स्वागत है।

CONVERSATION NO. – 253

Regarding A Multi-speciality Hospital

बहु-विशेषता वाले अस्पताल सम्बन्धी

Radiologist: Is this M.D., P Q R Hospital?

क्या यह एम.डी., पी क्यू आर अस्पताल है?

M.D.: Yes.

हां।

R.: I think, you've just started your hospital?

मेरा विचार है कि आपने अभी–अभी यह अस्पताल आरम्भ किया है?

M.D.: Yes, you're right.

हां, आप ठीक कहते हैं।

R.: Will you please tell me something about it?

क्या आप कृपया मुझे इसके बारे में कुछ बतायेंगे?

M.D.: It is a multi-speciality hospital. At present we provide tertiary level care in various specialities. But we propose to expand our facilities and invite medical professionals with super-speciality qualifications, in a number of fields.

यह एक बहु–विशेषता वाला अस्पताल है। इस समय हम कई विशेषताओं में तीसरे दर्जे की सुविधाएं देते है। परन्तु हम अपनी सुविधाओं को बढ़ाना चाहते है और इसके लिए हम कई क्षेत्रों में मेडीकल प्रोफेशनल्स जिनके पास अति विशिष्ट योग्यताएं हैं, को निमन्त्रित करने का सुझाव रखते हैं।

R.: Do you need a specialist in Radiology.

क्या आपको रेडियोलॉजी में एक विशेषज्ञ चाहिए?

M.D.: Yes, we do.

हां, है।

R.: Is the post full time?

क्या यह पद पूर्णकालिक है?

M.D.: Yes.

हां।

R.: What is the remuneration?

क्या वेतन है?

M.D.: It is according to qualifications.

यह योग्यताओं के अनुसार है।

R.: Thanks.

धन्यवाद।

CONVERSATION NO. – 254

Regarding Telemarketers
टेलीमार्केटर्स सम्बन्धी

M.D.: Hello !
हेलो।

Candidate: Is it M.D. Cato Tele Network Pvt. Ltd.?
क्या यह एम.डी. कैटो टेली नेटवर्क प्राइवेट लिमिटेड है?

M.D.: Yes.
हां।

C.: Sir, I've learnt that you're looking for competent telemarketers?
श्रीमान् जी, मुझे पता चला है कि आप योग्य टेलीमार्केटर्स की खोज में है?

M.D.: Yes.
हां।

C.: Sir, what are the required qualifications?
श्रीमान् जी, क्या जरूरी योग्यताएं है?

M.D.: The candidate must be a graduate. He must be fluent in English and well-versed in conversational skills with customers. He must have a good knowledge of computer.
प्रत्याशी को स्नातक होना चाहिए। वह अंग्रेजी भली–भाँति बोल सकता हो और ग्राहकों के साथ बातचीत की कलाओं में वह निपुण होना चाहिए। उसे कम्प्यूटर का अच्छा ज्ञान होना चाहिए।

C.: Sir, what is the last date for applying?
श्रीमान् जी, आवेदन करने की अन्तिम तारीख क्या है?

M.D.: Candidates must submit their biodata so as to reach us before the end of the current month. Two recent photographs along with portfolios of academic record must also be sent with the application.

प्रत्याशियों को अवश्य अपना विवरण भेजना चाहिए जो कि इस महीने के अन्त तक हमारे पास पहुंच जाये। दो अभी–अभी खिंचवाई फोटो अपने शैक्षिक योग्यताओं की फाइल प्रार्थना पत्र के साथ अवश्य भेजने होंगे।

C.: Sir, what is the salary?

श्रीमान् जी, क्या वेतन है?

M.D.: It will be according to qualifications.

यह योग्यताओं के अनुसार होगा।

C.: Thank you, sir.

धन्यवाद, श्रीमान् जी।

M.D.: Welcome.

स्वागत।

CONVERSATION NO. – 255

Regarding Call-Centre Executives
कॉलसेन्टर अधिकारी सम्बन्धी

M.D.: Hello !
हेलो।

Candidate: Is it M.D., XYZ call centre?
क्या यह एम.डी., एक्स वाई जेड काल सेंटर है?

M.D.: Yes.
हां।

C.: Sir, I've learnt that you are looking for call centre executives?
श्रीमान् जी, मुझे पता चला है कि आप कॉल सेंटर एग्जीक्यूटिव्स की खोज में है?

M.D.: Yes, we are.
हां, है।

C.: Sir, what are the requisite qualifications?
श्रीमान् जी, आवश्यक योग्यताएं क्या हैं?

M.D.: The candidate should preferably be a graduate, though we can accept an exceptionally brilliant undergraduate also.
अच्छा हो यदि प्रत्याशी स्नातक हो यद्यपि हम एक असाधारण रूप में योग्य अन्डरग्रैड्यूएट को भी स्वीकार कर लेते हैं।

C.: What are other requirements, if any?
क्या कोई और आवश्यकताएं भी हैं?

M.D.: He must be having excellent communication skills.
उसमें शानदार बातचीत निपुणताएं होनी चाहिए।

C.: Where are the positions based?
नौकरियां कौन से स्थान के लिए है?

M.D.:	Delhi only. केवल दिल्ली।
C.:	What is the remuneration? पारिश्रमिक क्या है?
M.D.:	Rs. 10,000/- per month, free pick & drop and incentives. दस हजार रुपये प्रति मास, मुफ़्त ले जाना और छोड़ जाना तथा प्रोत्साहन।
C.:	Will there be written test or interview? क्या लिखित परीक्षण होगी या साक्षात्कार?
M.D.:	Interview only. केवल साक्षात्कार।
C.:	Thank you, sir. धन्यवाद, श्रीमान् जी।

CONVERSATION NO. – 256

About a Nursing Home
नर्सिंग होम के बारे में

PT Correspondent: Is it M.D., KPT Nursing Home?
क्या यह एम.डी. के.पी.टी. नर्सिंग होम है?

M.D.: Yes.
हां।

PTC: I'm PT correspondent. Our daily is preparing a weekly display of facilities available in various nursing homes in the city.
मैं पी.टी. सवांददात्री हूं। हमारा समाचारपत्र इस नगर के भिन्न–भिन्न नर्सिंग होम्स में मिलने वाली विभिन्न सुविधाओं का साप्ताहिक प्रदर्शन तैयार कर रहा है।

M.D.: What service can we do, Ma'am?
महोदया, हम क्या सेवा कर सकते है?

PTC: Please send to us a detail of the outstanding features of your nursing home with photographs, especially mentioning in detail the facilities available there.
कृपया अपने नर्सिंग होम के विशेष गुण फोटोग्राफ्स सहित हमारे पास भेजें तथा विशेष रूप से जो सुविधाएं आपके यहां उपलब्ध हैं उनका वर्णन करें।

M.D.: Till when should all this be sent?
यह सब कब तक भेजना चाहिए?

PTC: As early as possible.
जितनी जल्दी सम्भव हो।

M.D.: We'll do it on priority basis.
हमलोग इसे प्राथमिकता के रूप में करेंगे।

PTC: Meanwhile, please tell me over the phone now the names of different departments of your nursing home and also say whether your nursing home is below fifty bed one or over fifty bed one.

इस समय अभी फोन पर कृपया आप मुझे अपने नर्सिंग होम के भिन्न–भिन्न विभागों के नाम बताएं और यह भी बताएं कि आपका नर्सिंग होम पचास बिस्तरों से कम का है या अधिक का।

M.D.: Ma'am, it is above fifty bed nursing home. The names of different departments are medicine, gynaecology, urology, psychiatry, paediatrics, orthopaedics, radiology, dermatology and emergency.

महोदया, यह पचास बिस्तरों के ऊपर का नर्सिंग होम है। इसके भिन्न विभागों के नाम है–मेडिसन, गाइनेकॉलॅजि, यूरॅलॅजि, साइकियाट्री, पेडियाट्रिक्स, आर्थोपेडिक्स, रेडियोलॅजि, डर्मटलॅजि तथा इमरजेंसी।

CONVERSATION NO. – 257

With an Auto Expert
आटो एक्सपर्ट के साथ

Mr. A.: Sir, I've learnt that you're an Auto expert?
श्रीमान् जी, मुझे पता चला है कि आप एक ऑटो एक्सपर्ट हैं?

B.: Yes, you can say so if you like.
हां, यदि आप ऐसा कहना चाहते हैं तो कह सकते हैं।

A: I've also heard that you give free advice in the matter of automobiles especially cars?
मैंने यह भी सुना है कि आप आटोमोबाइल्स के मामले में मुफ्त सलाह देते हैं, विशेष कर कारों के मामले में?

B.: You've heard the right thing.
आपने ठीक ही सुना है।

A.: I've also come here for a similar purpose.
मैं भी यहां कुछ ऐसे ही काम के लिए आया हूं।

B.: Please say what I can do for you.
कृपया बताइये कि मैं आपके लिए क्या कर सकता हूं।

A.: Sir, I want to buy a car.
श्रीमान् जी, मैं एक कार खरीदना चाहता हूं।

B.: That's a good idea.
यह एक अच्छा विचार है।

A.: What things should I especially bear in mind while purchasing a car?
मुझे एक कार खरीदते समय किन–किन बातों को विशेष रूप से ध्यान में रखनी चाहिएं?

B.: There are four main points.
चार मुख्य बातें हैं।

A.: Which are those, sir?
वे कौन–कौन–सी हैं, श्रीमान् जी?

B.: They are comfort, flexibility, manoeuvrability and safety.
वे हैं आराम, लचीलापन, युक्ति चालिता तथा सुरक्षा।

A.: Will you kindly explain a little?
क्या आप थोड़ा व्याख्या करेंगे?

B.: Comfort is concerned with going in and coming out of the car and sitting in it.
आराम का सम्बन्ध कार में जाने और आने तथा इसमें बैठने से है।

A.: Then what does it mean, sir?
तब इसका क्या अर्थ है, श्रीमान् जी?

B.: It means the car should have wide doors and high seats.
इसका अर्थ है कि कार के खुले दरवाजे व ऊंची सीटें होनी चाहिएं।

A.: What do you imply by flexibility?
आपका लचीलापन से क्या अभिप्राय है?

B.: It means that the front and rear seats should fold independently to make space for both passengers and luggage.
इसका अर्थ है कि आगे की और पिछली सीटें स्वतंत्र रूप में फोल्ड हो जानी चाहिएं ताकि सवारियों तथा सामान के लिए जगह बनाई जा सके।

A.: What do manoeuvrability and safety mean?
युक्तिचालिता तथा सुरक्षा से क्या अभिप्राय है?

B.: They are self-explanatory.
वे स्वयं व्याख्यात्मक हैं।

A.: Thank you, sir.
धन्यवाद, श्रीमान् जी।

B.: O.K.
ठीक है।

CONVERSATION NO. – 258

Caring for the Dog

कुत्ते की देख-भाल करना

Mr. A.: Good morning, sir.
नमस्ते, श्रीमान् जी।

Vet. Doctor: Good morning !
नमस्ते!

A.: Sir, I've got my pup vaccinated.
श्रीमान् जी, मैंने अपने पॅप को टीका लगवा लिया है।

V.D.: That's good.
यह अच्छी बात है।

A.: Now, shall I have to get it vaccinated again?
क्या अब मुझे इसको बाद में भी टीका लगवाना होगा?

V.D.: Many people commit this blunder. They once get their pup vaccinated and never care to get it vaccinated again as it grows up.
बहुत से लोग यही गलती करते हैं। वह एक बार पॅप को टीका लगवा लेते हैं, परन्तु जब वह बड़ा हो जाता है तो वह उसे टीका लगवाने की परवाह नहीं करते।

A.: I've heard that dogs can get infected if they are not vaccinated.
मैंने सुना है कि यदि कुत्तों को टीके न लगवाये जायें, तो उनको बीमारियां लग सकती हैं।

V.D.: Yes. Some of the diseases such as rabies can get transmitted to humans also from dogs. And you know, rabies is a very dangerous disease.
हां। कुछ बीमारियां जैसे कि रेबीज कुत्तों से मनुष्यों को भी हो सकती है और आप जानते हैं कि रेबीज एक बहुत भयानक बीमारी है।

A.: Sir, how often in a year should I get my dog vaccinated?

श्रीमान् जी, मुझे अपने कुत्ते को एक वर्ष में कितनी बार टीका लगवाना चाहिए।

V.D.: Only once in a year. But it should not be vaccinated when it is sick.

वर्ष में केवल एक बार। परन्तु जब यह बीमार हो तब इसे टीका नहीं लगवाना चाहिए।

A.: Thank you, sir.

धन्यवाद, श्रीमान् जी।

CONVERSATION NO. – 259

About a Tender
एक निविदा के बारे में

Chief Engineer(MES): Hello !
हेलो!

Contractor: Is this CE, MES?
क्या यह CE, MES है?

C.E.: Yes.
हां।

C.: I've learnt that you have called for tenders for the construction of a Guard Rest Room at the military post, Srinagar?
मुझे पता चला है कि आपने गार्ड रेस्ट रूम, श्रीनगर के लिए निविदाएँ आमन्त्रित की हैं?

C.E.: Yes.
हां।

C.: Will you kindly tell me something in this context?
क्या कृपया इसके बारे में मुझे कुछ बतायेंगे?

C.E.: First of all, let me make it clear that only enlisted contractors are allowed to submit a tender.
सबसे पहले मैं यह बात स्पष्ट कर देना चाहता हूं कि केवल वही ठेकेदार निविदा जमा कर सकते हैं जिनके नाम दर्ज हैं।

C.: What is the estimated cost?
अनुमानित खर्च क्या है?

C.E.: 50 lakh.
50 लाख।

C.: What is the earnest money?
बयाना राशि कितनी है?

C.E.: Rs. 50 thousand.
पचास हजार रुपये।

C.: What is the last date for submitting tenders?
निविदा जमा करने की अन्तिम तिथि क्या है?

C.E.: 25th July.
25 जुलाई।

C.: From where can I get the tender form?
मैं निविदा फार्म कहां से ले सकता हूं?

C.E.: From my office.
मेरे कार्यालय से।

C.: When?
कब?

C.E.: Anytime during working hours.
काम के समय जब चाहें।

C.: Thank you, sir.
श्रीमान्, धन्यवाद।

CONVERSATION NO. – 260

Regarding Syllabus
पाठ्यक्रम सम्बन्धी

Superintendent (Adm.): Hello !
हेलो!

Student: Is this Superintendent, Administration?
क्या यह प्रशासन अधीक्षक है?

Supdt.: Yes.
हां।

St.: May I seek some information?
क्या मैं कुछ सूचना प्राप्त कर सकता हूं?

Supdt.: Yes.
हां।

St. I'm a student of B.A. Part I.
मैं बी.ए. प्रथम वर्ष का एक विद्यार्थी हूं।

Supdt.: What do you want to ask?
आप क्या पूछना चाहते हैं?

St.: I've heard that the question on comprehension in the English paper will be based on environment only. Is it a fact?
मैंने सुना है कि अंग्रेजी के पेपर में कॉम्प्रिहेंशन (बोध) का प्रश्न केवल वातावरण पर ही आधारित होगा। क्या यह ठीक है?

Supdt.: Yes, it is a fact.
हां, यह ठीक है।

St.: Will you please clear one thing more?
क्या आप एक और बात स्पष्ट करेंगे?

Supdt.: What is it?
वह क्या है?

St.: What will be the shape of question No. 3?
तीसरा प्रश्न कैसा होगा?

Supdt.: It'll contain eight short questions out of which the candidate will be required to attempt any five.
इसमें आठ छोटे प्रश्न होंगे जिनमें से प्रत्याशी को कोई भी पांच प्रश्न हल करने होंगे।

St.: Thank you, sir.
धन्यवाद, श्रीमान् जी।

Supdt.: It's all right.
सब ठीक है।

CONVERSATION NO. – 261

Exhorting a Friend
मित्र को प्रबोधित करना

Sudesh: Hi, Satish, how are you?
हाइ, सतीश, कैसे हो?

Satish: I'm all right. And you?
मैं बिल्कुल ठीक हूं और तुम?

Sudesh: I also.
मैं भी।

Satish: You are welcome here, but I wonder why you have come so late at night.
मैं तुम्हारा स्वागत करता हूं, परन्तु मैं हैरान हूं कि तुम इतनी देर रात क्यों आये हो!

Sudesh: Dear Satish, Simmy told me that you are thinking of dropping this year.
प्रिय सतीश, मुझे सिम्मी ने बताया कि तुम इस वर्ष ड्रॉप करने के बारे में सोच रहे हो।

Satish: Actually, I'm not well-prepared.
वास्तव में मेरी पूरी तरह से तैयारी नहीं है।

Sudesh: You're mistaken, friend. I know you haven't been able to get enough time to prepare for the examination. But you're a brilliant student and I'm sure you'll come off with flying colours.
मित्र, तुम गलती कर रहे हो। मैं जानता हूं कि तुम्हें परीक्षा की तैयारी के लिए पर्याप्त समय नहीं मिल सका। परन्तु तुम एक प्रतिभाशाली विद्यार्थी हो और मुझे विश्वास है कि तुम अच्छे अंकों सहित पास हो जाओगे।

Satish: Then what do you suggest?
तो तुम क्या सुझाव देते हो?

Sudesh: Gird up your loins right from this moment to appear in the examination. There are fifteen days still left.

इसी क्षण से परीक्षा में बैठने के लिए अपनी कमर कस लो। पन्द्रह दिन अभी भी शेष हैं।

Satish: OK, I'll act upon your advice.

ठीक है, मैं तुम्हारी सलाह मान लूंगा।

Sudesh: Good !

अच्छी बात है।

CONVERSATION NO. – 262

About Delhi
दिल्ली के बारे में

A.: So, you've come back from Delhi?
तो, आप दिल्ली से वापस आ गये हैं?

B.: I returned only last night.
मैं कल रात ही लौटा।

A.: Will you tell me something about Delhi?
क्या आप मुझे दिल्ली के बारे में कुछ बतायेंगे?

B.: You know Delhi is the capital of India.
आप जानते हैं कि दिल्ली भारत की राजधानी है।

A.: Yes, I know. In fact, everybody knows this.
हां, मैं जानता हूं। वास्तव में हर कोई यह जानता है।

B.: It is a very big ancient city.
यह एक बहुत बड़ा प्राचीन नगर है।

A.: Yes. Did you visit any historical places there?
हां। क्या वहां तुम किन्हीं ऐतिहासिक स्थानों पर गये?

B.: I visited several historical places.
मैं कई ऐतिहासिक स्थानों पर गया।

A.: Will you please name a few of them?
क्या आप कृपया उनमें से कुछ का बतायेंगे?

B.: The Red Fort, the Qutab Minar, the Jama Masjid, the India Gate, the Parliament House, the Rashtrapati Bhawan, the Jantar Mantar, the Connaught Place, the Chandni Chowk, the Zoo, the Appu Ghar and some other places.
लाल किला, कुतब मीनार, जामा मस्जिद, इण्डिया गेट, संसद् भवन, राष्ट्रपति भवन, जन्तर–मन्तर, कनाट प्लेस, चाँदनी चौक, चिड़ियाघर, अप्पूघर और कई स्थान।

A.: Did you travel by the Metro train?
क्या आपने मेट्रो गाडी द्वारा यात्रा की?

B.: Yes, I travelled by it from Shahdara to Tis Hazari.
हां, इसके द्वारा मैं शाहदरा से तीस हजारी गया।

A.: How did you feel?
आपने कैसा अनुभव किया?

B.: Very fine.
बहुत बढ़िया।

A.: Thanks.
धन्यवाद।

B.: Welcome.
स्वागत।

CONVERSATION NO. – 263

Postponing Sales Tax Date
(Telephonic)
बिक्री कर सुनवाई सम्बन्धित दिनांक का स्थगन

Sales Tax Officer: Hello !
हैलो

Merchant: Is it Sales Tax officer?
क्या यह सेल्स टैक्स आफिसर हैं?

S.T.O.: Yes, who's that?
हां। दूसरी तरफ़ कौन है?

M.: I'am partner, ABC Company. Sir, I have a hearing in your office on Monday next.
मैं ए॰बी॰सी॰ कम्पनी का पाटनर् हूँ। श्रीमान् जी, अगले सोमवार मेरी आपके कार्यालय में सुनवाई है।

S.T.O.: Then?
तब

M.: Can't it be postponed?
क्या इसे स्थगित नहीं किया जा सकता है?

S.T.O.: Why?
क्यों?

M.: There's some reason, sir.
श्रीमान् जी, कुछ कारण है?

S.T.O.: What reason?
कौन सा कारण?

M.: Sir, I haven't been able to get my accounts ready.
श्रीमान् जी, मैं अपने खाते तैयार नहीं करवा सका।

S.T.O.: Why?

क्यों?

M.: Due to illness of my accountant.

अपने लेखाकार की बीमारी के कारण।

S.T.O.: Since when has he been ill?

वह कब से बीमार है?

M.: For the last two weeks.

पिछले दो सप्ताह से।

S.T.O.: Well, send your application in writing along with the medical certificate of your accountant.

ठीक है, अपना प्रार्थना पत्र अपने लेखाकार के डाक्टरी प्रमाणपत्र के साथ भेज दो।

M.: Thank you, sir.

धन्यवाद, श्रीमान् जी,

S.T.O.: All right.

सब ठीक है।

CONVERSATION NO. – 264

Returning from the U.S.A.
संयुक्त राज्य अमेरिका से वापसी

A: Hello, Mr. B !
हेलो, श्रीमान् जी

B: You're most welcome here.
आपका यहां बहुत स्वागत है।

A: When did you return from the USA?
आप यू.एस.ए. से कब लौटे?

B: On yesterday.
कल ही।

A: Didn't you feel happy there?
क्या वहां आपने अपने आपको प्रसन्न नहीं पाया?

B: That's not the case.
ऐसी बात नहीं है।

A: Then?
तो फिर?

B: Actually, I hadn't gone there for permanent stay.
वास्तव में मैं वहां स्थायी तौर पर रहने के लिए नहीं गया था।

A: Then why did you go there?
फिर आप वहां क्यों गये थे?

B: Only for a short stay.
केवल थोडी देर वहां रहने के लिए।

A: In connection with some business?
किसी कारोबार के संबंध में?

B: No.
नहीं।

A: For some study purpose?
पढ़ाई के संबंध में?

B: Oh, no !
ओह, नहीं।

A: But there must be some reason?
कुछ तो कारण होगा?

B: I went there to attend the marriage of my cousin who lives there.
मैं वहां अपनी चचेरी बहन के विवाह पर गया जो कि वहां ही रहती है।

A: Congratulations !
बधाई

B: Thanks !
धन्यवाद

A: It's OK.
सब ठीक है।

CONVERSATION NO. – 265

Enquiring About Safety
सुरक्षा सम्बन्धी पूछताछ

Kiran: Hello !

हेलो

Pinky: Is it Kiran?

क्या यह किरण है?

K.: Yes.

हां

P.: I've just listened to the news over the News Channel of Doordarshan.

मैने अभी दूरदर्शन के समाचार चैनल पर समाचार सुना है।

K.: Yes, what in particular have you listened ?

हां, क्या विशेष बात अपने सुनी है?

P.: I've listened that a cloud burst has caused a flashflood in Kullu.

मैंने सुना है कि कुल्लू के ऊपर बादल फट गया है। इसलिए वहां अचानक बाढ़ आ गई है।

K.: Yes, That's right.

हां, यह बात ठीक है।

P.: I've phoned you to learn about your safety.

मैने आपकी सुरक्षा के बारे में जानने के लिए आपको फोन किया है।

K.: That's very kind of you. Actually, there is a sort of flood situation in the lower part of the city. But my residence is situated at the higher part of the hill in Kullu. There has never been a flood at this place in the history of Kullu.

	यह तो आपकी बहुत दयालुता है। वास्तव में नगर के निचले भाग में बाढ़ जैसी दशा ही है। परन्तु मेरा घर कुल्लू की पहाडी के ऊंचे भाग पर है। कुल्लू के इतिहास में यहां कभी बाढ़ नहीं आई।
P.:	I'm glad to hear this.
	मुझे यह सुनकर प्रसन्नता हुई है।
K.:	Won't you ever come here? Now, I don't think you can ignore my invitation.
	क्या आप यहां कभी नहीं आयेंगे? मेरे विचार में आप अब मेरे निमन्त्रण की अनदेखी नहीं कर सकते।
P.:	I'll certainly come next month.
	मैं अगले मास अवश्य आऊंगा।
K.:	Oh ! thanks.
	ओह ! धन्यवाद।
P.:	Welcome !
	स्वागत !

CONVERSATION NO. – 266

Asking the Salesman
विक्रेता से पूछताछ करना

Salesman: Swati garments !
स्वाती गारमेंट्स

Manager: I'm Bhandari.
मैं भंडारी हूं।

S.: Good morning, sir !
ओह, नमस्ते श्रीमान् जी।

M.: Good morning !
नमस्ते।

S.: How has been the tour, sir?
श्रीमान्, यात्रा कैसी रही?

M.: It's going on well.
यह ठीक चल रही है।

S.: That's good, sir.
श्रीमान् जी, यह तो अच्छी बात है।

M.: How are the sales going on at your end?
आपके यहां सेल्स कैसे चल रही है?

S.: Not very well, sir, in the case of men wear.
श्रीमान् जी, पुरुषों के वस्त्रों के मामले में बहुत अच्छी नहीं।

M.: What about ladies' and children's wear?
स्त्रियों तथा बच्चों के वस्त्रों के बारे में कैसी है?

S.: Quite satisfactory, sir.
बिल्कुल संतोषजनक, श्रीमान् जी

M.: What about youths' wear?
युवाओं के वस्त्रों के बारे में क्या हाल है?

S.: Very good, sir.
बहुत अच्छा, श्रीमान् जी

M.: What particular items are in demand?
कौन विशेष वस्तुओं की मांग है?

S.: Jackets, trousers, skirts, T-shirts and Lehngas.
जैकटों, ट्राउजर्स, स्कर्ट्स, टी–शर्ट तथा लहंगे

M.: OK.
ठीक है।

S.: Thank you, sir.
धन्यवाद, श्रीमान् जी।

M.: It's all right.
सब ठीक है।

CONVERSATION NO. – 267

Complaining Against Erroneous Electricity Bill

अशुद्ध बिजली बिल के विरुद्ध शिकायत

Chairman: Hello !
हेलो

Consumer: Is this the State Electricity Board Chairman?
क्या यह राज्य विद्युत बोर्ड अध्यक्ष है?

Ch.: Yes.
हां

Con.: Can I make a complaint?
क्या मैं एक शिकायत कर सकता हू?

Ch.: Yes.
हां।

Con.: Sir, I have received an electricity bill which is erroneous.
श्रीमान् जी, मुझे एक बिजली का बिल मिला है जो कि गलत है।

Ch.: How?
कैसे?

Con.: Its reading was taken late.
इसकी रीडिंग देर से ली गई थी।

Ch.: Then?
तब?

Con.: For this reason the charges mentioned in the bill are more than actually they should have been.
इस कारण बिल में जो चार्जिज लगाये गये हैं, वे वास्तविक चार्जिज से अधिक हैं।

Ch.: How do you say this?
आप यह कैसे कहते हैं?

Con.: Sir, the bill covers peak summer days when there is more consumption of electricity.

श्रीमान् जी, बिल उन भरी गर्मियों के समय का है जब बिजली की खपत अधिक होती है।

Ch.: Then?

तब?

Con.: Sir, your charges are less for the first 100 watts and rate goes on increasing as the consumption increases.

श्रीमान् जी आपके प्रथम 100 वाट्स के चार्जिज कम है और जैसे ही खपत बढ़ती है रेट बढ़ता जाता है।

Ch.: Yes.

हां

Con.: Now, autumn has started and with it the consumption of electricity has decreased. So, if the metre reading had been taken in time, the total charges would have been less.

अब पतझड़ आरंभ हो गया है। और इसके साथ बिजली की खपत भी कम हो गई है। इसलिए यदि मीटर रीडिंग समय पर ली जाती तो कुल खर्च कम होता।

Ch.: Please send the bill to me, I'll see.

कृपया मुझे बिल भेज दो। मैं छानबीन करूँगा।

Con.: Thanks, sir.

धन्यवाद, श्रीमान् जी।

CONVERSATION NO.–268

Regarding Defective Construction

दोषपूर्ण निर्माण सम्बन्धी

Resident: Good morning, sir.
नमस्ते, श्रीमान् जी।

Chairman (Housing Board): Good morning !
नमस्ते।

R.: Sir, I've come to thank you for giving me the keys of the house.
श्रीमान् जी, मुझे मकान की चाबियां सौंपने के लिए मैं आपका धन्यवाद करने आया हूं।

Ch.: Oh ! Good. So, you have now occupied the house. Congratulations !
ओह! अच्छा। तो आप अपने मकान में आ गये हैं। बधाई!

R.: Sir, I appreciate your department's having finished the construction work in record time.
श्रीमान् जी, आपके विभाग द्वारा निमार्ण को रिकार्ड समय में समाप्त करने के लिए मैं आपकी प्रशंसा करता हूं।

Ch.: I thank you very much for this appreciation.
मैं आपकी इस प्रशंसा के लिए आपका धन्यवाद करता हूं।

R.: Sir, but I'm sorry to say one thing.
श्रीमान् जी, परन्तु मुझे एक बात कहने का खेद है।

Ch.: Oh ! What has gone wrong?
ओह! क्या गलत बात हो गई है?

R.: Sir, while caring for quantity, your department hasn't cared for quality.
श्रीमान् जी, मात्रा का ध्यान रखते हुए आपके विभाग ने गुणवत्ता की ओर ध्यान नहीं दिया।

Ch.:	What do you want to say, sir? श्रीमान् जी, आप कहना क्या चाहते हैं?
R.:	Sir, material of low quality has been used in the construction. श्रीमान् जी, निमार्ण में घटिया प्रकारं का मैटीरियल प्रयोग में लाया गया है।
Ch.:	How do you say so? आप यह कैसे कहते हैं?
R.:	There are cracks in the roof and walls. छत और दीवारों में दरारें पड़ गई हैं।
Ch.:	OK. I'll come and see. ठीक है। मैं आऊंगा और देखूंगा।
R.:	OK., sir. ठीक है, श्रीमान् जी।
Ch.:	OK. ठीक है।

CONVERSATION NO. – 269

Suggestion for Reduction in Drug Prices

औषधियों के मूल्य में कमी के लिए सुझाव

Drug Authority of India: Hello !
हेलो।

Consumer: Is this Drug Authority of India?
क्या यह ड्रग अथारिटी आफ इण्डिया है?

D.A.I.: Yes.
हां।

C.: Sir, can I give a suggestion?
श्रीमान् जी, क्या मैं एक सुझाव दे सकता हूं?

D.A.I.: What suggestion?
कैसा सुझाव?

C.: The prices of life-saving drugs should be reduced.
जीवन–रक्षक दवाइयों के मूल्य कम कर देने चाहिए।

D.A.I.: Why?
क्यों?

C.: The poor people can't buy them.
निर्धन लोग उन्हें नहीं खरीद सकते।

D.A.I.: The prices of such medicines are already less than normal.
इन दवाइयों के मूल्य तो पहले ही सामान्य से कम हैं।

C.: Sir, we know that millions of people in our country live below the poverty line. Many people are unemployed and have no or very little income. So, prices of such drugs must be reduced further.

श्रीमान् जी, हम जानते हैं कि हमारे देश में करोड़ों लोग गरीबी की रेखा के नीचे जी रहे हैं। बहुत से लोग बेरोजगार हैं और उनकी कोई आमदनी नहीं है या फिर बहुत कम है। इसलिए ऐसी दवाइयों के मूल्य और कम करने चाहिए।

D.A.I.: Well, send your proposal in writing and I'll consider it.
ठीक है आप अपना सुझाव लिखकर भेज दें और मैं उसकी ओर ध्यान दूंगा।

C.: Thank you, sir.
धन्यवाद, श्रीमान् जी।

D.A.I.: You're welcome.
आपका स्वागत है।

CONVERSATION NO. – 270

Regarding Studies Abroad
विदेश में अध्ययन सम्बन्धी

A.: Good morning, ma'am.
नमस्ते, महोदया।

Madam: Good morning !
नमस्ते।

A.: Ma'am I've come to your institute to seek some advice regarding studies.
महोदया मैं आपकी संस्था में पढ़ाई के बारे में कुछ सलाह लेने के लिए आया हूं।

M.: Which type of studies are you interested in?
आप किस प्रकार की पढ़ाई में रुचि रखते हैं?

A.: Ma'am, I'm interested in doing MBA.
महोदया, मैं MBA करने में रुचि रखता हूं।

M.: Do you want to do it from some Indian or foreign university?
क्या आप यह किसी भारतीय या विदेशी विश्वविद्यालय से करना चाहते हैं?

A.: Foreign university.
विदेशी विश्वविद्यालय से।

M.: You can do it from Schiller International University.
आप यह शिल्लर इन्टरनेशनल विश्वविद्यालय से कर सकते हैं।

A.: Where is this university situated?
यह विश्वविद्यालय कहां स्थित है?

M.: It is there in six countries and has campuses in eight countries such as UK, USA, Switzerland, etc.
यह छः देशों में है तथा इसके कैम्पस आठ देशों में हैं जैसे कि UK, USA, Switzerland आदि।

A.:	How much time does it take in doing MBA from here? यहां MBA करने में कितना समय लगता है?
M.:	One year only. केवल एक वर्ष
A.:	That's very good. यह तो बहुत अच्छी बात है।
M.:	Yes, it is. वह तो है ही।
A.:	Thank you, ma'am. धन्यवाद, महोदया।
M.:	It's all right. सब ठीक है।

CONVERSATION NO. – 271

Transfer to Universities in Europe

यूरोपियन विश्वविद्यालयों में स्थानान्तरण

A.: Good morning, ma'am.
नमस्ते, महोदया।

Madam: Good morning !
नमस्ते।

A.: Ma'am, I came to you last week and you advised me to seek admission in a European university to do MBA.
महोदया, मैं पिछले सप्ताह आपके पास आया था और आपने यह परामर्श दिया था कि मैं MBA करने के लिए एक यूरोप के विश्वविद्यालय में प्रवेश ले लूं।

M.: Yes, I remember I did.
हां, मुझे याद है मैंने ऐसा परामर्श दिया था।

A.: But, ma'am, for some domestic reasons, I'm unable to join any European university for the present.
परन्तु महोदया, किन्हीं घरेलू कारणों से मैं इस समय इस योग्य नहीं हूं कि मैं कोई यूरोप के विश्वविद्यालय में प्रवेश ले सकूं।

M.: But I remember you said that you wanted to do MBA from some foreign university only.
परन्तु मुझे याद है कि आपने कहा था कि आप MBA केवल किसी विदेशी विश्वविद्यालय से ही करना चाहते हैं।

A.: Ma'am, in this respect, still I have the same idea.
महोदया इस बारे में तो अभी वही विचार है।

M.: Then you can do it from Stamford International University, Bangkok.
तब आप स्टैमफोर्ड अन्तर्राष्ट्रीय विश्वविद्यालय बैंकाक से MBA कर सकते हैं।

A.: Shall I be able to get myself transferred later to some European country?
क्या मैं बाद में अपने आप को किसी यूरोपियन विश्वविद्यालय में तबादला करवा सकूंगा?

M.: Yes, of course.
हां, बिल्कुल।

A.: How much will it take in all?
कुल कितना समय लगेगा?

M.: 18 months.
18 महीने।

A.: This suits me better. Please enrol my name.
यह मुझे अधिक सुविधाजनक है। कृपया मेरा नाम दर्ज कर लीजिये।

M.: Here you are.
यह लीजिये।

A.: Thank you, ma'am.
धन्यवाद, महोदया।

M.: Welcome.
स्वागत।

CONVERSATION NO. – 272

Gold Cup Hockey Tournament
स्वर्ण कप हॉकी प्रतियोगिता

Sarla: Hi, Rakhi, how are you?
हाइ, राखी, कैसी हो?

Rakhi: I'm all right. What about you?
मैं ठीक हूं। आपका क्या हाल है?

S.: I'm also fine.
मैं भी बढ़िया हूं।

R.: You seem very jubilant.
आप बड़ी प्रसन्न प्रतीत होती हैं।

S.: Yes, it's such an occasion.
हां, अवसर ही ऐसा है।

R.: Won't you tell me?
क्या आप मुझे नहीं बतायेंगी?

S.: I'm returning from Guru Nanak Dev University Hockey ground.
मैं गुरु नानक देव विश्वविद्यालय के हॉकी ग्राउंड से लौट रही हूं।

R.: What is special about it?
इसमें कौन–सी विशेषता है?

S.: Don't you know All India Sher–e–Punjab Maharaja Ranjit Singh Junior Gold Cup Hockey Tournament was being held there and it concluded yesterday?
क्या आपको पता नहीं कि वहां अखिल भारतीय शेरे पंजाब महाराजा रणजीत सिंह जूनियर गोल्ड कप हॉकी टूर्नामेंट हो रहा था जो कल सम्पन्न हुआ?

R.: Did you witness it?
क्या आपने यह देखा?

S.: Yes, I did.

हां।

R.: Was, it interesting?

क्या यह रुचिकर था?

S.: Yes, it was very interesting.

हां, यह बहुत रुचिकर था।

R.: Who won it?

इसे कौन जीता?

S.: Dhanoa Academy, Jalandhar.

धनोआ एकेडमी, जलन्धर।

R.: Which was the other team?

दूसरी टीम कौन–सी थी?

S.: Local K T S College team, Amritsar.

स्थानीय KTS College टीम, अमृतसर।

R.: Thank you, friend.

धन्यवाद, सहेली।

S.: Welcome.

स्वागत।

CONVERSATION NO. – 273

Life Ban on Weightlifters
भारोत्तोलकों पर आजीवन-प्रतिबन्ध

A.: I've learnt that three Indian weightlifters have been banned for life?
मैंने सुना है कि तीन भारतीय भारोत्तोलकों पर आजीवन प्रतिबंध लगा दिया गया है?

B.: Yes.
हां।

A.: Who are they?
वे कौन से हैं?

B.: They are Pratima Kumari, Sanama Chau and Sunaina.
वे हैं प्रतिमा कुमारी, सानामा चाऊ तथा सुनैना।

A.: Which authority has done so?
किस अधिकारी ने यह किया है?

B.: The Indian Olympic Association.
भारतीय ओलम्पिक एसोसिएशन।

A.: I've heard that a foreign coach has also been blacklisted?
मैंने सुना है कि एक विदेशी कोच को भी ब्लैकलिस्ट किया गया है?

B.: Yes.
हां।

A.: Who's he?
वह कौन है?

B.: He's Leonid Taranko.
लिओनिड तारानन्को।

A.: What's the charge against all of them?
इन सब पर क्या आरोप लगाए गए हैं?

B.: Doping.
प्रतिबन्धित शक्तिवर्द्धक दवाएँ लेने का।

A.: There must be something at the background?

पृष्ठभूमि पर अवश्य कुछ होगा?

B.: The weightlifters tested positive during or after the sports events and charge was made by Pratima Kumari against the coach during the Olympic Games at Athens.

इन भारोत्तोलकों के खेलों के बीच या बाद में पाजिटिव परिणाम आये और एथेन्स में खेलों के दौरान प्रतिमा कुमारी ने कोच के विरुद्ध दोष लगाया था।

A.: It's good that strict action is being taken against doping.

यह अच्छी बात है कि डोपिंग के विरुद्ध सख्त कार्यवाही की जा रही है।

B.: Yes.

हां।

A.: Even if these people are later pardoned or charges against them are proved wrong, the hard fact is that doping is bad.

चाहे इन लोगों को बाद में क्षमा कर दिया जाये, या इनके विरुद्ध दोष गलत सिद्ध हों, परन्तु कठोर तथ्य यह है कि डोपिगं एक बुरी बात है।

B.: Yes.

हां।

CONVERSATION NO. – 274

Regarding Integrity

सच्चाई सम्बन्धी

A.: Honesty has taken a back seat in modern life.

आधुनिक जीवन में ईमानदारी पीछे रह गई है।

B.: Yes.

हां।

A.: What can be done to make people honest?

लोगों को ईमानदार बनाने के लिए क्या किया जा सकता है?

B.: I think, it is an uphill task.

मेरे विचार में यह एक अति कठिन कार्य है।

A.: But I think there must be something that can be done.

परन्तु मैं समझता हूं कि कुछ तो हो ही सकता है।

B.: In my opinion, laws should be made more stringent.

मेरे विचार में कानूनों को अधिक सख्त बनाना चाहिए।

A.: That' correct.

यह ठीक है।

B.: I think, rigorous punishments should be given to those who take bribe.

मेरे विचार में जो घूस लेते हैं उन्हें सख्त सज़ाएं दी जानी चाहिए।

A.: I have other suggestions also.

मेरे पास कुछ और सुझाव भी हैं।

B.: What are those?

वे कौन से हैं?

A.: People have a great faith in religion. So, religious people should be approached to bring home to people the significance of honesty.

लोगों का धर्म में बहुत विश्वास है। इसलिए धार्मिक लोगों को मिलना चाहिए ताकि वे लोगों के मनों में ईमानदारी का महत्त्व भर दें।

B.: Yes, I agree with you.

हां, मैं आप से सहमत हूं।

CONVERSATION NO. – 275

Regarding A Vegetarian Dhaba

एक शाकाहारी ढाबा संबंधी

A.: Sir, I'm reading a lot in the local newspapers about your dhaba.

श्रीमान् जी, मैं स्थानीय समाचारपत्रों में आपके ढाबे के बारे में बहुत कुछ पढ़ रहा हूं।

Manager: I'm glad to hear this.

मुझे यह सुनकर प्रसन्नता हुई है।

A.: Is your dhaba a vegetarian one or non-veg. or mixed?

क्या आपका ढाबा शाकाहारी है या मांसाहारी या मिश्रित?

M.: It's one hundred per cent vegetarian, sir.

श्रीमान् जी, यह शत प्रतिशत वैष्णव है।

A.: Do you use vegetable ghee or desi ghee?

क्या आप वनस्पति घी प्रयोग करते हैं या देशी घी?

M.: Sir, we have all preparations in 100% pure desi ghee only.

श्रीमान्, हमारी सब वस्तु शत–प्रतिशत शुद्ध देशी घी में बनी होती हैं।

A.: How many halls do you have?

आपके यहां कितने हॉल है?

M.: Sir, we have three halls— a kitty hall, a party hall and a general hall.

श्रीमान् जी, हमारे यहां तीन हॉल हैं–एक किट्टी हाल, एक पार्टी हॉल तथा एक जन–साधारण हॉल।

A.: Are they air–conditioned?

क्या वे वातानुकूलित हैं?

M.: Yes, all the three are air–conditioned.

हां, तीनों ही वातानुकूलित हैं।

A.: What kinds of parties and functions are allowed in your dhaba?

आपके ढाबे में किस प्रकार की पार्टियों तथा उत्सवों की आज्ञा दी जाती है?

M.: All kinds of auspicious and healthy parties and functions such as marriage functions, ring ceremonies, shagun ceremonies, birthday parties, kitty parties and all domestic functions.

हर प्रकार की शुभ तथा स्वस्थ पार्टियों व उत्सव जैसे विवाह–उत्सव, रिंग रीति, शकुन रीति, जन्मदिन पार्टी, किट्टी पार्टी तथा सब घरेलू समारोह।

A.: Thanks.

धन्यवाद।

CONVERSATION NO. – 276

Regarding A Laparoscopic Hospital

लैपेरॉस्कोपिक अस्पताल

Medical Superintendent: Hello !
हेलो।

A.: Is it PQR Laparoscopic Hospital?
क्या यह लैपेरास्कोपिक (दूरबीन से आपरेशन करने वाला) PQR अस्पताल है?

M.S.: Yes.
हां।

A.: I'm a correspondent. May I seek some information?
मैं एक संवाददाता हूं। क्या मुझे कुछ सूचना मिल सकती है?

M.S.: Yes, of course.
हां, अवश्य।

A.: What operations are performed in your hospital?
आपके अस्पताल में कौन–कौन से आपरेशन होते हैं?

M.S.: Almost of all types.
लगभग हर प्रकार के।

A.: Will you please name a few?
क्या आप कृपया इनमें से कुछ का नाम लेंगे?

M.S.: Laparoscopic Cholecystectomy, Cancer surgery, hernia, normal delivery, caesarian, fistula, ENT surgery, TUR Prostate, Orthopaedic surgery, etc.

दूरबीन द्वारा पथरियों का आपरेशन, कैंसर का आपॅरेशन, हर्निया का आप्रेशन, नार्मल डिलिवरी, सीजेरियन डिलिवरी, भगदर का आपरेशन, कान, नाक तथा गले का आपरेशन, हड्डियों का आपरेशन आदि।

A.: Is plastic surgery also done in your hospital?

क्या आपके अस्पताल में प्लास्टिक सर्जरी भी होती है?

M.S.: Yes.

हां।

A.: Are Laparoscopic Tubectomy and Diagnostic Laparoscopy also done in your hospital?

क्या आपके अस्पताल में बच्चे बन्द होने का स्त्रियों का दूरबीन द्वारा आपरेशन तथा स्त्रियों में बांझपन का दूरबीन द्वारा इलाज किया जाता है?

M.S.: Yes.

हां।

A.: Thanks.

धन्यवाद।

CONVERSATION NO. – 277

Regarding Blood Donation

रक्तदान सम्बन्धी

A.: Where are you going?
आप कहां जा रहे हैं?

B.: Don't you know it is National Volutary Blood Donation Day today?
क्या आप नहीं जानते कि आज राष्ट्रीय स्वैच्छिक रक्तदान दिवस हैं?

A.: Then?
तब?

B.: I'm going to donate my blood.
मैं अपना रक्त–दान करने के लिए जा रहा हूं।

A.: Why is blood donation so important?
रक्त–दान इतना महत्त्वपूर्ण क्यों है?

B.: It is because our human fellows need blood on several occasions such as accidents, wars, earthquakes, diseases, etc.
यह इसलिए कि हमारे मानव साथियों को कई अवसरों पर रक्त की आवश्यकता पड़ती है जैसे कि दुर्घटनाएं, युद्ध, भूचाल, रोग आदि।

A.: Is there no alternative source of blood?
क्या रक्त के कोई और साधन नहीं है?

B.: No, not so far.
नहीं, अभी तक नहीं।

A.: Doesn't blood donation make a person weak?
क्या रक्त–दान से व्यक्ति निर्बल नहीं हो जाता?

B.: No, not at all. One gets fresh blood within a few days.
नहीं, बिल्कुल नहीं। एक व्यक्ति के अन्दर ताजा रक्त थोड़े ही दिनों में बन जाता है।

A.: Where is blood stored?
रक्त कहां जमा किया जाता है?

B.: In blood banks.
ब्लड बैंकों में।

A.: Is there not enough blood available in our country?
क्या हमारे देश में पर्याप्त रक्त नहीं है?

B.: Many people donate blood, still it is not enough to meet the demand.
बहुत से लोग रक्तदान करते हैं परन्तु फिर भी यह मांग के अनुसार पर्याप्त नहीं है।

A.: I too will go with you.
मैं भी तुम्हारे साथ चलूंगा।

B.: You are welcome.
आपका स्वागत है।

CONVERSATION NO. – 278

Donating Eyes
नेत्रदान करना

A.: Have you never realized sometimes that eyes are the greatest gift given to us by God?

क्या आपने कभी यह महसूस नहीं किया कि आंखें परमात्मा की ओर से हमें दिया हुआ सबसे बड़ा तोहफा है?

B.: Yes, I do feel like this.

हां, मैं अवश्य ऐसे ही अनुभव करता हूं।

A.: We should have a thought for those who are unable to see.

हमें कुछ उन लोगों के बारे में सोचना चाहिए जो देख नहीं सकते।

B.: What can we do for them?

हम उनके लिए क्या कर सकते हैं?

A.: It's almost impossible to manufacture artificial eyes.

बनावटी आंखें बनाना लगभग असम्भव है।

B.: I agree with you.

मैं आप से सहमत हूं।

A.: It is also a fact that after our death, our eyes are of no use to us.

यह भी एक तथ्य है कि हमारी मृत्यु के बाद हमारी आंखें हमारे किसी काम नहीं आती।

B.: Then what should we do?

तो हमें क्या करना चाहिए?

A.: We should donate our eyes.

हमें अपने नेत्र दान कर देने चाहिए।

B.: How is it possible?

यह कैसे सम्भव है?

A.: When a man dies, for a short time afterwards the eyes remain capable of being transplanted into the eye sockets of some blind person through a surgical operation.

जब किसी व्यक्ति की मृत्यु होती है तो थोड़े समय के अन्दर उसकी आंखें किसी अन्धे व्यक्ति को एक सर्जिकल आपरेशन द्वारा लगाई जा सकती हैं।

B.: Then let us go and donate our eyes.

तब तो आओ हम जाकर अपनी आंखें दान कर दें।

A.: Yes, let's go.

हां, आओ चलें।

(They go)

वे जाते हैं।

CONVERSATION NO. – 279

Going Overseas. For What?
विदेश जाना। किस लिये?

Rimpy: Hi, Lovely, how are you?
हाइ, लवली, कैसी हो?

Lovely: Fine, very fine.
बढ़िया, बहुत बढ़िया।

R.: Won't you ask about me?
क्या आप मेरे बारे में नहीं पूछेंगी?

L.: No, because you'll tell about yourself voluntarily.
नहीं, क्योंकि मैं जानती हूं कि आप अपने बारे में अपने आप बताएंगी।

R.: You're so naughty.
तुम तो बहुत शरारती हो।

L.: May–be, well !
हो सकता है, ठीक है।

R.: I'm thinking of going overseas.
मैं विदेश जाने की सोच रही हूं।

L.: Why?
क्यों?

R.: That's the toughest question to answer.
यही तो उत्तर देने के लिए सबसे कठिन प्रश्न है।

L.: Why?
क्यों?

R.: Again why?
फिर क्यों?

L.: Then?
तो?

R.: You're a girl and so am I.

आप एक लड़की हैं और मै भी।

L.: What then?

तब क्या?

R.: Can't you understand that a girl's marriage prospects get greatly enhanced if she has lived abroad for a few years?

क्या आप यह बात नहीं समझ सकती कि यदि कोई लडकी विदेश कुछ वर्ष बिता आये तो उसके विवाह की भविष्य में सम्भावनाएं बहुत बढ़ जाती हैं?

L.: Now, tell me who's naughty, you or I?

अब तुम बताओ कौन शरारती है, तुम या मैं?

R.: I think, both.

मेरा विचार है, दोनों।

(They laugh)

वे हँसती हं।

CONVERSATION NO. – 280

About A Cine Fan

एक सिनेमा प्रशंसक के बारे में

A.: Hello, Mr. B, I hope you're living up to your reputation?
हेलो, श्रीमान् ए, मुझे आशा है कि तुम अपनी प्रसिद्धी को कायम रखे हुए हो?

B.: Hello, sir. But tell me what do you mean by my reputation?
हेलो, श्रीमान् जी! परन्तु मुझे यह बताइये कि आप मेरी प्रसिद्धी के बारे में क्या कहना चाहते हैं?

A.: Mr. B, everybody knows that you're a great cine fan.
श्री बी., हर कोई जानता है कि तुम एक बड़े सिनेमा प्रशंसक हो।

B.: Then?
तब?

A.: I guess that even at present you're going to see a picture.
मेरा अनुमान है कि तुम इस समय भी एक पिक्चर देखने जा रहे हो।

B.: Yes, of course.
हां, सचमुच।

A.: Which one?
कौन–सी?

B.: Jurasic Park
जुरासिक पार्क।

A.: Where is it being shown?
यह कहां दिखाई जा रही है?

B.: At Minerva.
मिनर्वा में।

A.: Can you name a few important pictures which are at present being shown in various theatres?
क्या तुम कुछ महत्त्वपूर्ण पिक्चरों का नाम ले सकते हो जो कि भिन्न–भिन्न थिएटरों में दिखाई जा रही हैं?

B.: Yes, I can.
हां, मैं ऐसा कर सकता हू।

A.: Yes, please do.
हां, कृपया कीजिये।

B.: Amaanat at Natraj, Ghaatak at Shringar, Madhoshi at Suraj Chand, Tauba Tauba at Malhar -------.
नटराज में अमानत, शृंगार में घातक, सूरज चांद में मदहोशी, मल्हार में तौबा–तौबा....।

A.: That's all, please, thanks.
बस बहुत है, कृपया जाने दीजिये, धन्यवाद।

CONVERSATION NO. – 281

About Pictures
चलचित्रों के बारे में

A.: Don't you think that some pictures become hitters while others flop?
क्या आप ऐसा नहीं सोचते कि कई पिक्चरें बहुत प्रसिद्ध हो जाती हैं जबकि दूसरी असफल हो जाती हैं?

B.: Yes.
हां।

A.: Can you think of any reason for this?
क्या आप इसका कोई कारण सोच सकते हैं?

B.: I think nothing can be said in particular.
मेरा विचार है कुछ भी विशेष रूप से नहीं कहा जा सकता।

A.: I think, generally good pictures become popular.
मेरा विचार है प्रायः अच्छी पिक्चरें सर्वप्रिय हो जाती हैं।

B.: Yes, it's that.
हां, यही बात है।

A.: But sometimes I feel that even some good pictures sometimes flop, for example "Mera Naam Joker".
परन्तु मैं महसूस करता हूं कि कई बार कई अच्छी पिक्चरें भी असफल हो जाती हैं जैसे कि "मेरा नाम जोकर"।

B.: Yes, you're right.
हां, तुम ठीक कहते हो।

A.: What are your views about "Pop Corn Khao Mast Ho Jao"?
आपका "पॉपकॉर्न खाओ मस्त हो जाओ" के बारे में क्या विचार है?

B.: I think it's a good picture and should hit.
मेरा विचार है कि यह एक अच्छी पिक्चर है और यह सफल होनी चाहिए।

A.: It's about dreams, desires, aspirations, love and loss.
यह स्वप्नों, इच्छाओं, आशाओं, प्रेम और हानि के बारे में है।

B.: Yes.

हां।

A.: Let's go to see it.

आओ इसे देखने चलें।

B.: Yes.

हां।

(They go)

वे चले जाते हैं।

CONVERSATION NO. – 282

Helping a Poor Patient
एक गरीब रोगी की सहायता

A.: Why are you riveting your eyes so much on this particular page of the newspaper?

आप समाचार पत्र के इस विशिष्ट पृष्ठ पर क्यों इतना ध्यान से देख रहे हैं?

B.: There's something special.

कोई विशेष बात है।

A.: What's that?

वह क्या है?

B.: A poor man is in great distress.

एक निर्धन पुरुष अति संकट में है।

A.: How?

कैसे?

B.: Both his kidneys have failed.

उसके दोनों गुर्दे खराब हो गये हैं।

A.: Who says this?

यह कौन कहता है?

B.: The hospital kidney specialists.

अस्पताल के गुर्दा विशेषज्ञ।

A.: Why doesn't some relative of his donate one of his kidneys to him?

उसका कोई सम्बन्धी उसे अपनी एक किडनी दान क्यों नहीं कर देता?

B.: His father is old and is a patient of diabetes. The doctors have refused to transplant his kidney.

उसके पिता बूढ़े हैं और मधुमेह–ग्रसित हैं। डाक्टरों ने उनकी किडनी लेने से मना कर दिया है।

A.: What about his wife?

और उसकी पत्नी?

B.: She is pregnant.

वह गर्भवती है।

A.: What do you propose now?

अब आपका क्या सुझाव है?

B.: I'll go and donate him one of my kidneys if the doctors are ready to accept it.

मैं जाऊंगा और उसे अपना एक गुर्दा दान दूंगा यदि डाक्टरों ने स्वीकार कर लिया तो।

A.: So great of you !

आप महान् हैं।

CONVERSATION NO. – 283

Regarding Industrial Plots
औद्योगिक भूखण्ड सम्बन्धी

Managing Director: Hello !

हेलो।

Industrialist: Sir, is this M.D., State Industries & Export Corporation?

श्रीमान् जी, क्या यह M.D. राज्य उद्योग तथा निर्यात कारपोरेशन है?

M.D.: Yes.

हां।

I.: Sir, I've learnt that you're allotting different industrial plots in industrial areas in different state towns at fixed rates?

श्रीमान् जी, मुझे पता चला है कि आप राज्य के भिन्न–२ नगरों के औद्योगिक इलाकों में निश्चित मूल्य पर औद्योगिक भूखण्ड दे रहे हैं?

M.D.: That's right

यह ठीक है।

I.: What is the rate per square metre, sir?

श्रीमान् जी, प्रति वर्ग मीटर कितनी दर है?

M.D.: There are different rates for different towns which you can read in our brochure.

भिन्न नगरों के लिए भिन्न रेट हैं जो कि आप हमारे विवरणिका में पढ़ सकते हैं।

I.: Meanwhile, may I request for some information?

इतने में क्या मैं कुछ सूचना प्राप्त कर सकता हूं?

M.D.: Yes.

हां।

I.: Sir, how is payment to be made?

श्रीमान् जी, पेमेंट कैसे करनी है?

M.D.: First you've to make payment of earnest money which is 10% of the total cost. You've to pay the remaining amount in equal 30 monthly instalments.

पहले आपको अर्नेस्ट मनी देनी है जो कि कुल कीमत का 10 प्रतिशत है। आपको बाकी रकम बराबर 30 मासिक किस्तों में देनी हैं।

I.: Thank you, sir.

धन्यवाद, श्रीमान् जी।

M.D.: Welcome.

स्वागत।

CONVERSATION NO. – 284

Engaging a Servant
एक नौकर रखना

S.H.O.: Hello !
हेलो!

Landlord: Is it police station, sir?
क्या यह पुलिस स्टेशन है, श्रीमान् जी?

S.H.O.: Yes.
हां।

Landlord: Who's that?
आप कौन है?

S.H.O.: S.H.O.
एस.एच.ओ.

L.l.: Sir, I want to engage a servant.
श्रीमान् जी, मैं एक नौकर रखना चाहता हूं?

S.H.O.: Have you anybody in mind?
क्या आपके दिमाग में कोई व्यक्ति है?

L.l.: Sir, my neighbour, Gursewak has recommended a Nepali, Jang Bahadur, as a trusted fellow.
श्रीमान् जी, मेरे पड़ोसी ने एक नेपाली जंग बहादुर की सिफारिश की है कि वह एक विश्वसनीय व्यक्ति है।

S.H.O.: Will he remain in your house for twenty four hours?
क्या वह आपके घर में 24 घंटे रहेगा?

L.l.: Yes.
हां।

S.H.O.: Then you should come here alongwith his name, address and other particulars alongwith his recent photograph and get his antecedents verified. Still better, if you can bring him personally here. If you don't mind it, we can send our investigators right at your house at the time most suitable to you.

तब तो आपको यहां आना चाहिए। आप उसका नाम, पता और बाकी विवरण तथा उसका हाल ही में खींचा गया फोटाग्राफ साथ ले आयें और उसकी पिछली गतिविधियों की छानबीन करवा लें। इससे भी बेहतर होगा यदि आप उसे व्यक्तिगत रूप में यहां साथ ला सकते हैं। यदि आप बुरा न मानें तो हम अपने खोजी सीधे आपके घर भेज सकते हैं उस समय जो आपको बिल्कुल उचित हो।

L.I.: Thank you, sir. I'll act upon your advice.

धन्यवाद। श्रीमान् जी। मैं आपके परामर्श पर कार्यवाही करूंगा।

CONVERSATION NO. – 285

Student Leader's Meeting with the Principal

प्रधानाचार्य से छात्रनेता की भेंट (मुलाकात)

Student Leader: Sir, the peon has informed me that you've called me.

श्रीमान् जी, चपरासी ने मुझे बताया है कि आपने मुझे बुलाया है।

Principal: Yes.

हां।

S. l.: That's why I've come to you, sir.

यही कारण है कि मैं आपके पास आया हूं, श्रीमान् जी।

P.: Well, what are your demands?

ठीक है, आपकी मांगें क्या हैं?

S. l.: Sir, the major demand is that the fees which have been increased, should be rolled back.

श्रीमान् जी, बड़ी मांग तो यह है कि फीस जो कि बढ़ाई गई है, पुनः कम की जायें।

P.: You know that the government has reduced the grant and at the same time, the salaries of teachers have been increased.

तुम जानते हो कि सरकार ने अनुग्रह राशि कम कर दी है और साथ ही अध्यापकों के वेतन बढ़ा दिये गये हैं।

S. l.: But, sir, it is extremely difficult for the poor students to pay so high fees.

परन्तु श्रीमान् जी, निर्धन विद्यार्थियों के लिए यह अत्यन्त कठिन है कि वे इतना अधिक शुल्क दे सकें।

P.: We have decided to call for applications from the poorest students. We'll screen them and grant full or half fee concessions to students whose parents belong to economically weaker sections of society.

हमने निर्णय किया है कि हम सबसे निर्धन विद्यार्थियों से प्रार्थना पत्र मांगेंगे। हम उनकी छंटाई करेंगे और जिन विद्यार्थियों के माता पिता आर्थिक रूप से समाज के कमजोर वर्गों से हैं, उनकी पूरी या आधी फीस माफ कर देंगे।

S.l.: Yes, this is right.

हां, यह ठीक है।

P.: We'll discuss your other demands later.

हम तुम्हारी बाकी मांगों पर फिर बातचीत करेंगे।

S. l.: No problem, sir.

श्रीमान् जी, कोई समस्या नहीं।

P.: So, will you call off strike now?

तो क्या अब तुम हड़ताल वापस ले लोगे?

S. l.: Yes, sir.

हां, श्रीमान् जी।

CONVERSATION NO. – 286

Regarding Cataract Surgery
मोतियाबिन्द की शल्यचिकित्सा

Dr. Praveen: Hello !
हेलो।

Patient: Is that Dr. Praveen?
क्या यह डाक्टर प्रवीण है?

Dr. P.: Yes.
हां।

P.: Sir, I've developed cataract in my both eyes.
श्रीमान् जी, मुझे दोनों आंखों में मोतियाबिन्द हो गया है।

Dr. P.: How do you know this?
आपको यह कैसे पता है?

P.: Sir, I got my eyes tested in your hospital last week and a junior doctor in your hospital told me this.
मैंने पिछले सप्ताह आपके अस्पताल में अपनी आंखें टेस्ट करवाई और आपके अस्पताल के एक जूनियर डॉक्टर ने मुझे यह बताया।

Dr. P.: Then what did he advise?
तो उसने क्या सलाह दी?

P.: He advised surgery.
उसने कहा कि सर्जरी करानी होगी।

Dr. P.: Then why haven't you come earlier?
तो फिर आप पहले क्यों नहीं आये?

P.: Sir, I'm terribly afraid of surgery.
श्रीमान् जी, मुझे सर्जरी से बहुत भय लगता है।

Dr. P.: Oh no, now surgery is not that old painful one.
ओह नहीं, अब वह पहले वाली दर्द भरी सर्जरी नहीं।

P.: Then how will you cure cataract?
तो आप मोतियाबिन्द कैसे ठीक करेंगे?

Dr. P.: First, I'll operate upon one of your eyes and sometime later upon the other eye. Now eye surgery is stitchless and painless. No injection is given. There is no patch and no hospitalisation. You just come, get operated upon and go. It's just walk-in and walk-out.

पहले मैं आपकी एक आंख का आपरेशन करूंगा और दूसरी आंख का कुछ समय बाद। अब आंखों की सर्जरी बिना टाँके की होती है और कोई दर्द नहीं होता। कोई टीका नहीं लगाया जाता है। आप केवल आते हैं और आपरेशन करवा कर चले जाते हैं। अब तो केवल आने और जाने की बात है।

P.: All right. Then, I'll come tomorrow.

तो ठीक है। मैं कल आऊंगा।

CONVERSATION NO. – 287

Regarding Importance of Agricultural Training Camps

कृषि प्रशिक्षण शिविरों के महत्त्व सम्बन्धी

A.: I attended a training camp at Ludhiana yesterday.

मैं कल लुधियाना में एक प्रशिक्षण शिविर में शामिल हुआ था।

B.: What was it about?

यह किस बारे में था?

A.: It was about ring-pit method of sugar-cane planting.

यह गन्ने की फसल को रिंग–पिट ढंग से उगाने के बारे में था।

B.: What happens with this method?

इस ढंग से क्या होता है?

A.: The production of sugar-cane is greatly enhanced.

गन्ने की उपज बहुत बढ़ जाती है।

B.: Who organised this camp?

इस शिविर का किसने प्रबन्ध किया?

A.: The Jagraon Cooperative Sugar Mills.

जगराओ कोआपरेटिव शुगर मिल्स।

B.: Who attended this camp?

इस शिविर में कौन–कौन लोग शामिल हुए?

A.: The secretaries and chair–persons of all primary multipurpose cooperative societies and progressive farmers of the area.

सब प्राथमिक बहुउद्देशीय कोआपरेटिव सोसाइटियों के सेक्रेटरी तथा चेयरपर्सन्ज तथा इलाके के प्रोग्रेसिव किसान इस शिविर में सम्मिलित हुए।

B.: Don't you think such camps should be organised in respectal of all agricultural products to enhance production?

क्या आप नहीं समझते कि इस प्रकार के शिविर सब खेती–सम्बन्धित वस्तुओं के बारे में लगाये जाने चाहिएं ताकि उनकी उपज बढ़ाई जा सके?

A.: Yes, I also think so.

हां, मैं भी ऐसा ही समझता हूं।

B.: Let's send a suggestion to the Agriculture Minister.

आओ कृषि मन्त्री के पास एक सुझाव भेंजे।

A.: Yes.

हां।

CONVERSATION NO. – 288

About a Yoga Camp
योग शिविर के बारे में

Sandeep: Hello, Pradeep ! How are you?
हेलो, प्रदीप! कैसे हो?

Pradeep: I'm fine. What about you?
मैं ठीक हूं और आप?

S.: Me too.
मैं भी।

P.: Have you noticed any change in me?
क्या आपको मुझमें कुछ परिवर्तन दिखाई देता है?

S.: I feel that of late you've got some new energy and calmness in you.
मैं अनुभव करता हूं कि कुछ समय से आपमें कोई नई शक्ति और शांति आ गई है।

P.: Yes, you're right.
हां, आप ठीक कहते हैं।

S.: How has it been possible?
यह कैसे सम्भव हो सका है?

P.: I have started attending a yoga camp.
मैंने एक योग शिविर में शामिल होना आरम्भ कर दिया है।

S.: Since when?
कब से?

P.: For the last one fortnight.
पिछले दो सप्ताह से।

S.: Where is it held?
यह कहां लगता है?

P.: In the local government school ground.
स्थानीय सरकारी विद्यालय के मैदान में।

S.: When?
कब?

P.: In the morning from 5 a.m. to 7 a.m.
प्रातः 5 बजे से 7 बजे तक।

S.: Can I also attend it?
क्या मैं इसमें शामिल हो सकता हूं?

P.: Yes, everybody is welcome there.
हां, वहां प्रत्येक का स्वागत है।

S.: From tomorrow I'll also attend it regularly.
कल से मैं भी इसमें नियमानुसार शामिल होऊँगा।

P.: OK.
ठीक है।

CONVERSATION NO. – 289

Attending an All Religions' Conference

सर्वधर्म सम्मेलन में शामिल होना

A.: Have you ever attended an All Religions' Conference?
क्या आप कभी किसी सर्व धर्म सम्मेलन में शामिल हुए हैं?

B.: Yes, I attended one last Sunday.
हां, मैं पिछले रविवार को एक सम्मेलन में शामिल हुआ था।

A.: Who organised it?
इसका किसने प्रबन्ध किया?

B.: Swami Vivekananda Study Circle.
स्वामी विवेकानन्द स्टडी सर्कल ने।

A.: On what occasion was it held?
यह किस अवसर पर हुआ?

B.: On the occasion of the 111th anniversary of Swami Vivekananda.
स्वामी विवेकानन्द की एक सौ ग्यारहवीं वर्षगांठ पर।

A.: Where was it held?
यह कहां हुई?

B.: In the Satish Dhawan Hall of Government College of Boys.
लड़कों के सरकारी कॉलेज के सतीश धवन हॉल में।

A.: Who spoke there?
वहां किस–किस ने भाषण दिया?

B.: The leaders of all religions.
सब धर्मों के नेताओं ने।

A.: Was there any particular topic?
क्या कोई विशेष प्रकरण था?

B.: Yes, there was.
हां, था।

A.: What was it?
वह क्या था?

B.: It was "Apne dharam mein dusre dharmon ke prati samman ki bhavana."
यह था "अपने धर्म में दूसरे धर्मों के प्रति सम्मान की भावना"।

A.: What does it mean in English?
अंग्रेजी में इसका क्या अर्थ है?

B.: It means: "The spirit of respect for other religions in one's own".
इसका मतलब, "द स्पिरिट ऑफ रिस्पेक्ट फॉर अदर रिलिजनस इन वन्स ओन"।

A.: Thanks.
धन्यवाद।

B.: You're welcome.
आपका स्वागत है।

CONVERSATION NO. – 290

Regarding Importance of Books

पुस्तकों की महत्ता सम्बन्धी

A.: What are your views on books?

आपके पुस्तकों के बारे में क्या विचार हैं?

B.: I think, books are a precious store–house of knowledge.

मैं समझती हूँ कि पुस्तकें एक बहुमूल्य ज्ञान का भंडार हैं।

A.: Why do you think so?

आप ऐसा क्यों सोचते हैं?

B.: It is because they are so many in number now.

क्योंकि अब ये गिनती में बहुत ज्यादा हैं।

A.: Do you think all books are good?

क्या तुम्हारे विचार में सब पुस्तकें अच्छी होती हैं?

B.: No, I don't think so.

नहीं, मेरा ऐसा विचार नहीं।

A.: A good book demands hard labour, accuracy and a great amount of knowledge on the part of the author.

एक अच्छी पुस्तक एक लेखक की सख्त मेहनत, ठीक होना और बहुत ज्ञान होना, इन पर निर्भर होती है।

B.: Sometimes, one loves to read a book in youth, but loses the taste as one grows up. Isn't it?

कई बार कोई व्यक्ति युवाकाल में एक पुस्तक पढ़ना पसंद करता है, परन्तु ज्यों ही बडा हो जाता है, वह इसे पढ़ना इतना पसंद नहीं करता।

A.: I agree with you.

मैं आपके साथ सहमत हूँ।

B.: Still, there are certain books which a man doesn't like to read in youth but he appreciates them as he becomes mature.

फिर भी कुछ विशेष पुस्तकें ऐसी होती हैं जो एक व्यक्ति युवाकाल में पढ़ना पसंद नहीं करता परन्तु वह परिपक्व होने पर उनकी प्रशंसा करता है।

A.: Yes, certainly.

हाँ, अवश्य।

B.: Let's learn to love, respect and preserve books.

आओ हम पुस्तकों को प्यार करना, सम्मान करना और उन्हें सुरक्षित रखना सीखें।

A.: Yes.

हाँ।

YOUR SPACE

YOUR SPACE